21世纪经济管理新形态教材·工商管理系列

智能财务共享理论与实践

何曦 ◎ 主编
吴建功 罗姣 ◎ 副主编

清华大学出版社
北京

内 容 简 介

本书是结合产教融合与校企合作精心打造的新型教材，旨在响应"数字经济"等国家战略的号召，紧跟人工智能、大数据、云计算等现代信息技术的快速发展步伐，以满足财务工作方式和组织模式转型的需求。本书以当前先进的财务共享服务平台为基础，构建实训环境，紧密围绕企业实际工作场景，采用真实的企业工作任务作为教学内容。此外，教材还配备了丰富的教学资源，包括课件、教案、大纲和课程标准，以支持教学活动的开展。

本书既可作为财经类专业课程教学用书，也可作为社会相关人员参考用书。

本书封面贴有清华大学出版社防伪标签，无标签者不得销售。
版权所有，侵权必究。举报：010-62782989，beiqinquan@tup.tsinghua.edu.cn

图书在版编目（CIP）数据

智能财务共享理论与实践/何曦主编.—北京：清华大学出版社，2024.5
21世纪经济管理新形态教材. 工商管理系列
ISBN 978-7-302-66206-8

Ⅰ.①智… Ⅱ.①何… Ⅲ.①财务管理系统－高等学校－教材 Ⅳ.①F232

中国国家版本馆CIP数据核字(2024)第086691号

责任编辑：付潭娇
封面设计：汉风唐韵
责任校对：宋玉莲
责任印制：宋　林

出版发行：清华大学出版社
网　　址：https://www.tup.com.cn，https://www.wqxuetang.com
地　　址：北京清华大学学研大厦A座　　邮　编：100084
社 总 机：010-83470000　　邮　购：010-62786544
投稿与读者服务：010-62776969，c-service@tup.tsinghua.edu.cn
质 量 反 馈：010-62772015，zhiliang@tup.tsinghua.edu.cn
课 件 下 载：https://www.tup.com.cn，010-83470332

印 装 者：三河市少明印务有限公司
经　　销：全国新华书店
开　　本：185mm×260mm　　印　张：22.25　　字　数：514千字
版　　次：2024年7月第1版　　印　次：2024年7月第1次印刷
定　　价：69.00元

产品编号：106043-01

前　言

本书是产教融合、校企合作开发的新形态教材，响应"数字经济"等国家战略的号召，紧跟人工智能、大数据、云计算等现代信息技术快速发展的步伐，以满足财务工作方式和工作组织模式转型需要。同时，本书以用友新道财务共享服务平台为实训平台，基于企业工作场景，以企业真实工作任务为载体编写，并配套了丰富的数字化教学资源。教材内容选取具有很强的针对性和适用性，教材编写具有一定的创新性，并落实立德树人根本任务，强化课程思政，职业特色鲜明。

1. 紧跟数智化发展，贴合企业工作场景

本书紧跟数字化、智能化时代财务工作发展，及时纳入新业态、新技术、新财税法规等内容。校企（用友集团）双元开发，基于企业真实场景和工作任务，培养学生综合职业素养。

2. 配套数字资源，师生使用便捷

配套教学开发课程标准、教学日历、电子课件、教案、同步训练、试题库、案例库等数字资源。

3. 强化课程思政，践行立德树人

立德树人是人才培养的根本任务。本书系统构建思政元素框架体系，将思政元素与课程紧密结合，系统进行课程思政设计。每个项目都有明确的思政元素主题和实施路径，将"润物细无声"的课程思政内容内化于教学过程。

4. 工作任务载体，岗课赛证融通

本书采用项目、任务式编写方法，以学生为中心，以综合职业能力培养为目标，以典型工作任务为载体，将理论学习与实践学习相结合。课程内容与职业岗位、"1+X"财务数字化应用职业技能等级证书、全国职业院校技能大赛相融合。

本书由湖南应用技术学院何曦教授担任主编，湖南应用技术学院吴建功教授和新道科技股份有限公司罗姣担任副主编。何曦教授负责教材的总体框架设计与统稿，罗姣负责各章节实训的统筹设计与技术支持。各章节编写分工如下：湖南应用技术学院何曦负责第一章、新道科技股份有限公司徐萍负责第二章、湖南应用技术学院吴建功负责第三章、新道科技股份有限公司孙珣与湖南应用技术学院姚金武负责第四章、湖南应用技术学院冯言璐负责第五章、湖南应用技术学院程小军与麦琳娜负责第六章、新道科技股份有限公司陈捷与湖南应用技术学院周晴负责第七章、湖南应用技术学院张荷玲负责第八章、湖南应用技术学院罗友付负责第九章。

本书既可作为高等院校财经类专业财务共享服务课程教材，也可作为社会人员培训及自学用书。

由于编写时间仓促，编者水平和实践经验有限，书中不妥之处，恳请读者批评指正。

编　者

2024 年 3 月

目　录

第一章　财务转型始于财务共享 1
　　第一节　财务共享服务认知 1
　　第二节　FSSC 未来发展之大共享服务 11
　　同步训练 16
　　即测即练 16

第二章　财务共享服务流程优化与再造 17
　　第一节　战略规划 18
　　第二节　组织规划 36
　　第三节　流程规划 45
　　同步训练 64
　　即测即练 64

第三章　费用共享业务处理 65
　　第一节　智能差旅费报销服务 65
　　第二节　智能商旅服务 85
　　第三节　专项费用报销 99
　　第四节　收单机器人应用 111
　　同步训练 115
　　即测即练 115

第四章　采购管理与应付共享业务处理 116
　　第一节　备品备件采购业务共享 116
　　第二节　原燃料采购业务共享 131
　　第三节　付款结算 158
　　即测即练 172

第五章　销售管理与应收共享业务处理 173
　　第一节　产成品销售业务共享 173
　　第二节　其他商品销售业务共享 193
　　第三节　收款结算 207

　　　　即测即练 220

第六章　资金管理共享业务处理 221
　　第一节　资金上收 221
　　第二节　资金下拨 238
　　第三节　外部委托付款 244
　　即测即练 254

第七章　固定资产共享业务处理 255
　　第一节　固定资产新增 255
　　第二节　固定资产变动 271
　　第三节　固定资产折旧 275
　　同步训练 279
　　即测即练 279

第八章　总账报表与税务共享业务处理 280
　　第一节　总账报表共享与 RPA 机器人应用 280
　　第二节　税务云在 FSSC 的应用 298
　　第三节　电子会计档案共享 313
　　同步训练 325
　　即测即练 325

第九章　财务共享服务中心运营管理 326
　　第一节　财务共享作业绩效管理 326
　　第二节　财务共享作业稽核 339
　　同步训练 348
　　即测即练 348

参考文献 349

第一章 财务转型始于财务共享

◆ **学习目标**

1. 了解财务共享服务的含义与实质；
2. 了解财务共享服务中心的定位、产生背景；
3. 熟悉财务共享服务的模式及其发展；
4. 熟悉战略财务、业务财务、共享财务的职责划分；
5. 了解财务大共享服务的概念，熟悉数智化财务大共享的应用价值及其挑战；
6. 激发爱国情怀，培养共享思维。

◆ **德技并修**

思政主题：

爱国情怀　共享思维

实施路径：

通过对我国信息技术和财务共享服务发展的介绍，使学生充分了解我国的先进科学技术，增强学生对祖国的热爱之情和民族自豪感。通过对财务共享服务的含义、特征、分类、思维、应用场景体验等的介绍，培养学生共享思维。学生通过平台的安装、对运行界面的熟悉和对企业应用财务共享服务的进一步了解，深化共享思维。

第一节　财务共享服务认知

随着人工智能、大数据、云计算、移动互联网等现代信息技术的快速发展，电子发票、电子票据、电子档案、电子合同、数字货币相继出现，管理会计体系逐步完善，集团企业受到经济全球化、企业国际化的影响，带来企业财务管理模式转变，财务共享服务中心应运而生。目前世界 500 强企业中有 90% 以上的企业已经部署财务共享中心，国内的一些知名集团企业，如海尔、华为、中国移动等，也都纷纷建立集团财务共享服务中心。那么，什么是财务共享服务？财务共享服务的价值体现在哪些地方？财务共享服务是如何产生和发展起来的？财务共享服务的模式有哪些？

一、财务共享服务的含义与实质

（一）共享服务

共享服务是一种创新的管理模式：新的管理理念和新的组织架构。1998年芭芭拉·奎因在《分享服务：挖掘公司财富》中指出，"共享服务＝以客户为中心＋服务收费商业经营"。2004年布莱恩·伯杰伦在《服务共享精神》中提到："共享服务是一种将一部分现有的经营职能（business function）集中到一个新的半自主的业务单元的合作战略，设有专门的管理机构，目的是提高效率、创造价值、节约成本以及提高对母公司内部客户的服务质量。"

（二）财务共享服务

财务共享服务是集团企业将分散在各成员单元的同质化、重复性和易于标准化的财务工作剥离出来进行集中处理，这个集中处理的组织叫作财务共享服务中心（Financial Shared Service Center，FSSC）。简单讲，财务共享服务中心就是把成员单位的部分财务工作抽取出来集中处理，为成员单位提供财务相关服务。财务共享服务如图1-1所示。

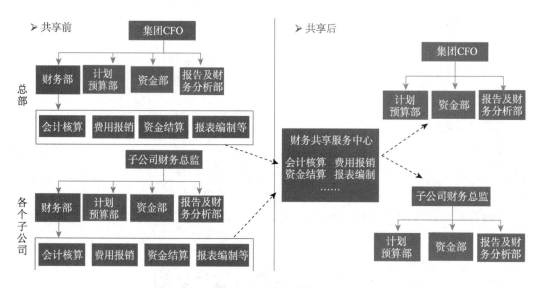

图1-1 财务共享服务

（三）财务共享的实质

财务共享是依托信息技术，以财务业务流程处理为基础，以优化组织结构、规范工作流程、提升管理效率、降低运营成本和创造服务价值为目的，将不同地域、不同法人、同一时间范围内的会计业务集中在一个平台来统一报账、统一核算和报告，从而保证会计记录和报告的标准规范和结构统一。

财务共享服务的具体做法，是将财务数据采集、处理、应用的责任清晰区分归属于以下三类组织。

（1）采集：通过业财系统集成与报账实现，源数据的质量责任归属于采集它的业务发生部门。

（2）处理：财务共享服务中心记账、审核、形成定制财务报告，并对这些财务数据的质量负责。

（3）应用：财务管理岗位在财务决策分析中调用各类数据（包括财务共享服务中心提供的数据），并对其分析结论负责。财务共享服务的实质如图1-2所示。

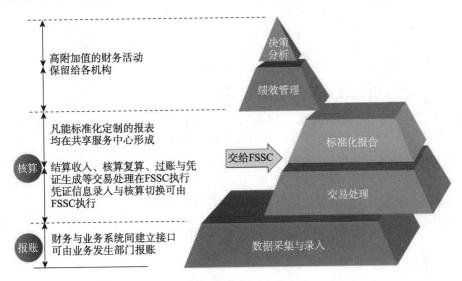

图1-2 财务共享服务的实质

二、财务共享服务中心的价值

财务共享服务中心是集团的财务服务平台，是各成员单位的会计业务运作中心、财务管理中心和服务中心。

财务共享服务中心从财务复核、会计核算、资金支付三个方面提供服务。集团财务部主要聚焦于预算管理、财务分析、风险控制、资产管理、资金管理的总部财务职能，对财务共享服务中心提供指导及进行风险控制。分、子公司的财务部按规定扫描原始单据，将原始单据与影像系统匹配，审核单据的真实性、合规性和完整性，并进行原始单据的保管。业务部门向财务共享服务中心提供真实、合规、完整的单据，在规定时间内将单据等信息传递到共享服务中心，财务共享服务中心审核业务的真实性和合规性。

财务共享服务实施给大型企业带来的价值主要体现在：财务共享中心建成后管控能力增强、信息标准统一、财务资源利用优化，如图1-3所示。

提升集团管控力
- 业务过程透明化
- 业务财务一体化
- 线上实时监管
- 集团对分散营业网点管控加强

标准化规范化
- 标准统一
- 口径一致
- 流程优化
- 有效执行财务政策
- 有效降低会计水平不齐带来的风险

资源共享平台
- 核算共享、结算共享
- 数据分析中心
- 以"存"为主,变为以"用"为主
- 企业后援中心,支持营业网点快速扩张

降本增效
- 减少重复岗位
- 专业化提升效率
- 人员要求降低

图 1-3 财务共享服务的价值

财务共享服务中心的价值具体来讲主要有如下两个方面。

(一)职责清晰、流程规范、有效管控

在集团管控方面为 CEO/CFO 提供决策支持,制定财务战略和规划,制定财务制度、规范和政策,进行资金和投融资管理、风险管控和绩效管理、税务筹划等。

在高效服务方面,主要体现在会计业务处理、财务信息管理、总账关账和财务报表、内部会计稽查、会计档案管理等方面。

在风险防控方面,主要是为各业务单元提供经营决策支持,管控业务经营过程中的风险,支持业务单元的计划、预算和预测,支持业务单元的投资分析、成本费用分析、盈利性分析以及其他财务分析。财务共享服务中心的价值如图 1-4 所示。

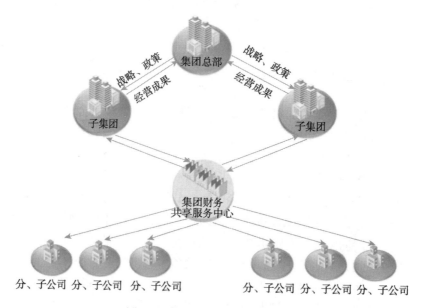

图 1-4 财务共享服务中心的价值

（二）适应形势、财务转型、决策支持

财务共享服务是管理会计和财务管控的数据基础、管理基础和组织基础。为数据仓库建立、数据挖掘 5A 级别的云服务提供支持，提供实时智能的财务信息。实现流程标准化、制度标准化，将制度规则内嵌在流程中予以控制和实现。实现交易处理团队、管理控制团队、决策支持团队的财务职能岗位分离。

三、财务共享服务中心产生的背景

企业集团化经营面临的内生困境和新兴技术应用引发的新外因，促使集团财务管理面临新挑战。

（一）集团财务管理变革的内因

为在跨区域范围内获得长期的竞争优势，集团企业不断探索新的管理模式。为保障企业在全球范围内运用各种能力，使整个集团的运作能力比各分散部门独立运作更加有效，共享服务管理模式应运而生。集团企业财务管理变革的内因如图 1-5 所示。

成本不断增加	管控难以统一	集团知情权受到挑战	经营和财务风险不断增加
如果每个分、子公司都需要设立财务部、人力资源部等职能机构，公司的成本将居高不下，这必然对公司的发展造成影响	不同地区分、子公司的财务管理、人力资源管理、资源配置等各自为政，没有统一的标准和规范进行协调，企业集团难以实现统一管控，难以做大做强，难以实现扩张	处在不同地域的分、子公司财务、绩效如果得不到正确反映，股东就无法预测投资结果，就不愿意盲目投资，会使企业的扩张受阻	一个分、子公司出现问题，可能会牵涉到其他公司，产生连锁反应，集团的发展扩张受到制约

图 1-5　集团企业财务管理变革的内因

（二）集团财务管理变革的外因

受经济全球化、企业国际化的影响，人工智能、大数据、云计算、移动互联网、区块链、物联网等现代信息技术快速发展，带来企业管理思想和管理模式转变。电子发票、电子票据、电子档案、电子合同的出现与普及，管理会计体系建设发展，新企业会计准则等财务相关政策制度相继出台，促使财务工作转型升级加快，集团财务管理工作向数据采集前端化、核算处理自动化、财务档案无纸化、会计职能服务化、会计核算智能化等方向发展，集团财务管理工作呈现全员化、智能化、多端化、社会化商业整合、大数据洞察等发展趋势，有利于企业提升效率、降低成本、控制风险和创造价值。集团财务管理变革的外因如图 1-6 所示。

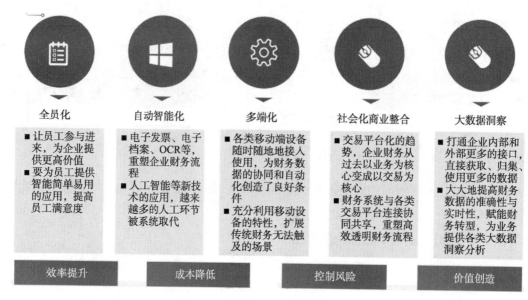

图 1-6　集团财务管理变革的外因

互联网模式下的财务变革与创新如图 1-7 所示。

图 1-7　互联网模式下的财务变革与创新

四、财务共享服务中心的模式

财务共享服务中心建设是一次财务变革，难度大、风险高；不同企业根据不同的管理基础、业务重点、行业特点以及风险偏好来选择不同模式的财务共享中心。中国企业财务共享服务中心的模式主要有单中心模式、多中心模式、专业化中心、灾备中心、联邦模式等。财务共享服务中心的模式如表 1-1 所示。

表 1-1 财务共享服务中心的模式

类型	特征说明	典型案例	考虑因素	客户画像
单中心模式	一套作业系统，一个FSSC，内部组织按照先业务后业态或地域设置	国开行、陕西移动、中国国旅、信发集团、博天环境、天瑞集团	• 管控力度：强 • 地域分布：广 • 业务独立性：较弱 • 主业明显，其他业态比例较小	集团体量规模小于上一类，管控力度强，多为运营管控。以单一集团较为常见
	一套作业系统或其他财务系统，一个FSSC，内部组织按照先业态或地域后业务设置	中兴通讯、北控水务	• 管控力度：强 • 地域分布：广 • 业务独立性：较弱 • 多业态平行发展	
多中心模式	• 多套作业系统，多个FSSC，相互间没有关联及协作关系 • 一套作业系统，多个FSSC，相互间没有关联及协作关系	• 中国铝业 • IBM、中国移动	• 管控力度：较弱 • 地域分布：广 • 业务独立性：强 • 集中难度：大 • 各中心业务差异性：大	多为超大型集团，有多个子集团，集团对于子集团是战略管控或财务管控 1. 各子集团业务相同，按照行政区域管理 2. 各子集团业务差异大，按照业务线管理
专业化中心	• 多中心模式下设专业化中心 • 单中心模式下设专业化分中心	• 运通公司 • 海尔集团	• 某类单一业务量足够大 • 其余同多中心或单中心模式	可按多中心模式或单中心模式建FSSC，对税务、资金等某类业务有独立管理需求
灾备中心	一套作业系统或财务系统，多个FSSC，同时作业，同时备份	中国平安	• 考虑资料备份，预防自然灾害 • 其余同多中心模式	企业对资料灾备安全要求极高 其余同多中心模式
联邦模式	一套作业系统，多个FSSC（按业态、区域）	TCL、鞍钢集团	• 各中心业务差异性：比较大 • 人员集中难度：大 • 业务统一难度：大	多为考虑实际情况后建设共享中心的过渡方案，将来一般会合并为一个

（一）单中心模式——业态模式

定义：按照不同产业细分共享服务中心，产业共享服务中心负责本产业单位财务共享业务处理。

适用条件：集团多业态并存，且每种业态内的业务单位多。

优点：可以根据产业单位的业务特点进行体系定义，体现产业业态的特点。

单中心模式——业态模式如图 1-8 所示。

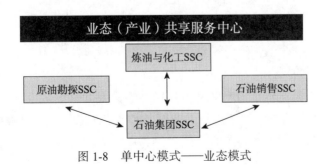

图 1-8 单中心模式——业态模式

（二）单中心模式——区域模式

定义：在区域设置共享服务中心，负责该区域内不同产业单位财务共享业务处理。
适用条件：集团规模超大，区域内可服务的单位多。
优点：距离服务对象较近，业务响应快，便于沟通交流。
单中心模式——区域模式如图 1-9 所示。

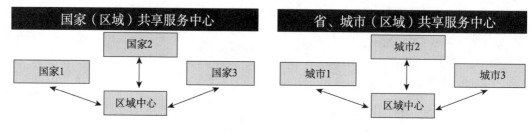

图 1-9　单中心模式——区域模式

在总部财务部下设立一个共享服务中心的优点是财务管理权限集中、便于与下属企业财务协同、政策执行力度强，缺点是对多种业态管理需求没有针对性。单中心模式示例如图 1-10 所示。

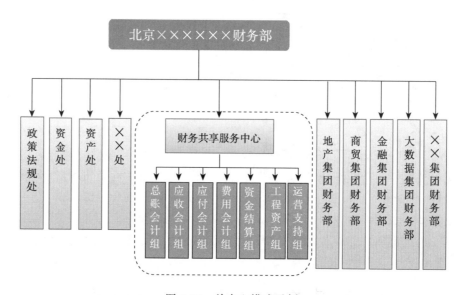

图 1-10　单中心模式示例

（三）多中心模式

多中心模式是一种在各集团财务部下按照业态建立共享服务中心的模式。优点是多种业态针对性强，贴近客户，便于进行专业服务和业务监督。缺点是财务管理权限分散，多个共享服务中心协同性差。多中心模式示例如图 1-11 所示。

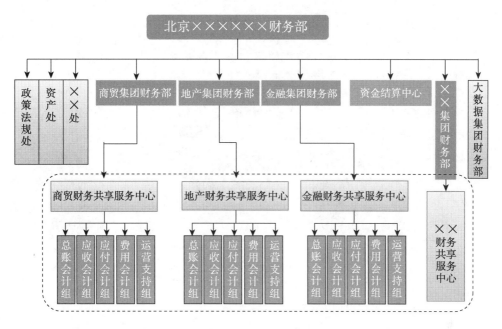

图 1-11　多中心模式示例

五、财务共享服务中心的发展

财务共享服务是集团财务管理应对挑战而采取的集权管控模式的变革。财务共享服务是企业集团财务管理的发展趋势，如图 1-12 所示。

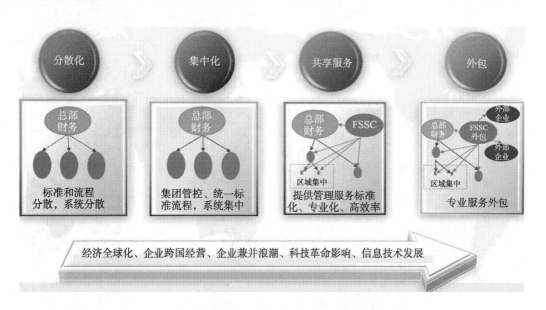

图 1-12　财务共享服务是企业集团财务管理的发展趋势

财务共享服务是大型企业财务管理的发展方向，如图 1-13 所示。

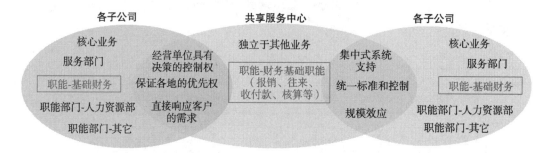

图 1-13 财务共享服务是大型企业财务管理的发展方向

财务共享服务中心的发展历程如图 1-14 所示。

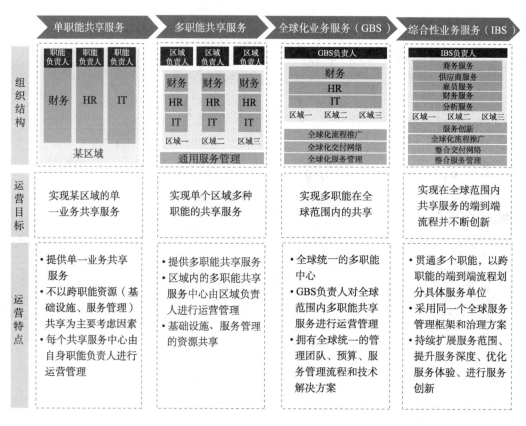

图 1-14 财务共享服务中心的发展历程

共享服务中心未来趋势如图 1-15 所示。

图 1-15　共享服务中心未来趋势

六、财务共享模式下财务权责划分

财务共享模式下财务权责划分为战略财务、共享财务和业务财务。财务共享模式下财务权责划分如图 1-16 所示。

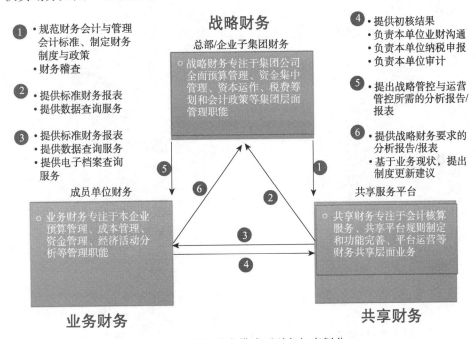

图 1-16　财务共享模式下财务权责划分

第二节　FSSC 未来发展之大共享服务

一、财务大共享服务的概念

随着企业财务共享服务的发展与业务模式的日益成熟，通常企业会在人力资源、信息管理、资金管理等生产经营各个领域效仿财务共享服务建立共享服务，进而推进企业管理模式及经营模式的重构，企业的管理正式进入大共享时代。大共享服务是指通过平台化的方式，将企业的服务资源进行整合和共享，以满足企业生产经营的需求，从而实现资源的最大化利用和社会效益的最大化。

（一）企业财务大共享服务的定义与特点

企业财务大共享服务（finance shared services，FSS）指的是企业内部将分散在各个业务单元中的财务活动和流程集中在一个统一的服务中心，通过高效的流程、先进的信息技术和专业化的人才队伍，为企业内部客户提供标准化、自动化、高质量的财务管理服务。

财务大共享服务具有如下几个特点。

（1）集中化：将分散在不同业务单元的财务职能集中到一个或几个服务中心。

（2）标准化：制定统一的工作流程和标准，确保服务的一致性和可比性。

（3）自动化：应用信息技术实现流程自动化，减少人为操作，提高效率。

（4）专业化：构建专业化团队，提升服务质量和专业能力。

（5）客户导向：以内部客户需求为导向，提供定制化服务。

从共享模式到大共享模式如图1-17所示。

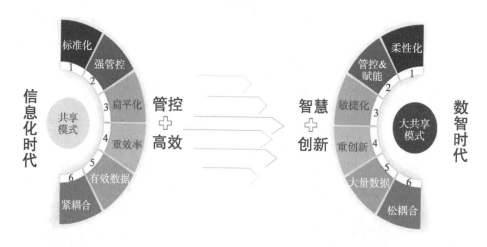

图1-17　从共享模式到大共享模式

（二）企业财务大共享服务的优势

企业财务大共享服务可以帮助企业实现财务数字化转型，提高财务管理的效率和准确性。具体来说，企业财务大共享服务具有以下几个方面的优势。

（1）数据集中管理：通过平台化的方式，将企业内部的财务数据进行整合和共享，实现数据集中管理和监控，避免了数据孤岛和信息不对称问题。

（2）智能化管理：通过人工智能、机器学习等技术，实现财务管理的自动化和智能化，提高管理效率和准确性。

（3）信息安全保障：通过加密、备份等技术手段，保障企业财务数据和信息的安全性和可靠性。

（4）便捷的服务：通过互联网和移动端等平台，提供全面、便捷的财务管理服务，满足企业对于财务管理的需求。

（三）企业财务大共享服务的构建步骤

（1）规划与设计。首先，企业需要对现有财务职能进行彻底的审查和评估，明确转型的目标和范围，这包括确定哪些功能可以共享、服务中心的地理位置、所需技术支持等。

（2）流程优化。在集中化之前，必须对现有流程进行优化，简化和标准化流程是实施共享服务模式的前提。

（3）技术支持。选择合适的信息技术系统对于实现流程自动化至关重要。这可能涉及ERP系统的升级或新系统的引入。

（4）组织架构调整。建立共享服务中心可能需要重新设计组织架构，包括成立新的团队、调整人员配置和职责分配等。

（5）迁移与实施。将选定的财务职能逐步迁移到共享服务中心，并确保平稳过渡。

（6）持续改进。共享服务中心建立后，需要持续监控服务质量，并根据反馈进行改进。企业财务大共享服务是一种新型的财务管理模式，它可以帮助企业实现数字化转型、提高财务管理效率和准确性，还能增强企业对市场变化的适应能力和决策支持能力。随着信息技术的不断发展和应用，大共享服务将在企业未来的经营管理中得到更加广泛的应用和推广。

二、从核算共享到数智化财务大共享：财务管理的新时代

（一）核算共享：传统财务管理的基石

核算共享是传统财务管理中的一种模式，其主要目的是通过共享财务数据和信息，提高财务管理的效率和准确性。在核算共享模式下，企业内部的各个部门可以共享同一套财务数据，避免了重复录入和不一致的问题。此外，核算共享还可以实现对财务数据的集中管理和监控，提高了数据安全性。然而，核算共享仍然存在着一些局限性。核算共享往往只涉及财务数据的共享，而对于其他非财务数据（如销售数据、采购数据等）的共享仍然存在障碍。此外，由于核算共享主要依赖人工操作和手工录入，容易出现人为错误和信息延迟等问题。

（二）数字化财务管理：迈向智能化的步伐

随着信息技术的快速发展，数字化财务管理逐渐成为企业追求的目标。数字化财务管理是指通过应用信息技术，将财务数据和流程数字化，实现财务管理的自动化、智能化和高效化。数字化财务管理不仅涉及财务数据的数字化处理，还包括财务流程的自动化、数据分析的应用等。

1. 数据数字化处理

在数字化财务管理中，数据数字化处理是一个重要环节。通过将纸质文档转换为电子文档，并应用光学字符识别（optical character recognition，OCR）等技术实现数据提取和识别，可以将财务数据从纸质形式转变为数字形式。这样可以极大地提高数据处理的效率和准确性。

2. 流程自动化

除了数据数字化处理，流程自动化也是数字化财务管理的关键。通过应用工作流程管理系统和自动化软件，可以实现财务流程的自动化处理。例如，审批流程、报销流程等可以通过系统自动触发和处理，减少人为干预和错误。

3. 数据分析与决策支持

数字化财务管理还包括对财务数据进行分析和应用。通过应用数据分析技术（如数据挖掘、机器学习等），可以从海量的财务数据中发现规律和趋势，为企业决策提供支持。例如，通过对销售数据进行分析，可以帮助企业预测市场需求和制定营销策略。

（三）数智化财务大共享：财务管理的新时代

数智化财务大共享是数字化财务管理发展到一个更高层次的产物。数智化财务大共享通过平台化的方式，将企业内部的财务资源进行整合和共享，实现多维度、全方位的财务信息交流与合作。数智化财务大共享业财融合如图1-18所示。

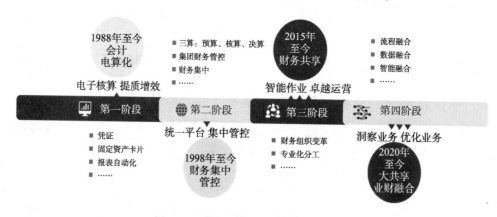

图1-18　数智化财务大共享业财融合

1. 平台化架构

数智化财务大共享依托于平台化架构。通过建立一个统一的平台，企业内部各个部门可以在同一平台上共享并访问财务数据和信息。这样可以避免出现"数据孤岛"和信息不对称问题，并提供一个便捷的沟通和合作平台。

2. 多维度共享

数智化财务大共享不仅仅涉及财务数据的共享，还包括其他非财务数据（如销售数据、采购数据等)的共享。通过多维度的数据共享，企业可以更全面地了解经营状况、市场趋势等，并做出更准确、科学的决策。

3. 智能化分析

数智化财务大共享还注重对财务数据进行智能化分析。通过应用人工智能、机器学习等技术，可以从海量的财务数据中挖掘出有价值的信息，并为企业提供智能化的决策支持。例如，通过对历史数据进行分析，可以帮助企业预测未来趋势和风险。

4. 安全与隐私保护

在数智化财务大共享中，安全与隐私保护是一个重要考虑因素。企业需要确保财务数据在共享过程中得到保护，并严格控制访问权限。采用加密技术、权限管理系统等措施可以有效保护数据安全和隐私。

三、数智化财务大共享的应用价值

1. 企业内部财务管理

在企业内部，数智化财务大共享可以帮助企业实现更高效、更准确的财务管理。通过数智化技术和平台化的方式，企业可以将不同部门和业务单元的财务数据进行整合和共享。这样一来，企业可以更好地监控和控制自身的财务状况，及时发现问题并采取相应措施。同时，数智化财务大共享还可以提供更准确、更全面的数据分析和报告，帮助企业做出更明智的决策。

2. 跨企业合作与融资

数智化财务大共享还可以促进企业之间的合作与融资。通过平台化的方式，企业可以将自身的财务数据和信息与其他企业进行共享和交流。这样一来，企业可以更好地了解其他企业的财务状况和潜力，寻找合作机会或进行融资。同时，在数智化财务大共享平台上，企业还可以获取更多投资者的关注和资金支持，实现更好的融资效果。

四、数智化财务大共享面临的挑战

（一）数据隐私与安全

在数智化财务大共享中，数据隐私与安全是一个重要问题。由于涉及大量敏感的财务数据和信息，如果不加以妥善保护，可能会导致数据泄露或滥用等问题。因此，在建立数智化财务大共享平台时，需要采取严格的数据隐私保护措施，并遵守相关法律法规。

（二）技术与标准

实现数智化财务大共享需要依赖先进的技术和标准。然而，在不同企业和行业之间存在着技术和标准差异，这可能导致数据兼容性和集成性方面的问题。因此，在推动数智化财务大共享时，需要制定统一的技术标准，并提供相应的技术支持和培训。

(三)知识与人才

数智化财务大共享需要具备相关知识和技能的人才支持。然而,在当前人才市场上,缺乏熟悉数智化技术和财务管理领域的人才。因此,在推动数智化财务大共享时,需要加强相关领域人才的培养和引进。

同步训练

观看财务共享服务中心视频,思考哪些新技术可以应用于财务共享服务平台,形成"FSSC 新科技"PPT 文档,上交分享。

即测即练

自学自测　扫描此码

第二章

财务共享服务流程优化与再造

学习目标

1. 掌握财务共享服务中心的构建方法论；
2. 熟悉 FSSC 战略定位及模式的概念及规划方法，不同阶段组织职能定位的概念和特征；
3. 熟悉 FSSC 选址的规划和评估方法；
4. 熟悉战略财务、业务财务、共享财务的总体职责划分，财务共享服务中心定责、定岗、定编的原则和方法；
5. 了解流程优化路径的含义、端到端业务流程设计原则；
6. 能够在沙盘盘面上进行战略规划区、组织规划区和流程规划区的初始状态摆盘；
7. 能够阅读案例资料，给出企业 FSSC 战略定位、组织职能定位、建设模式的建议；
8. 能够收集 FSSC 候选城市的相关信息，并使用"财务共享选址决策评分表"进行评估和选择，能绘制多维度的雷达图；
9. 能够根据三角财务组织的职责边界，调整原有财务部门及其职责；
10. 能够给出企业 FSSC 部门、职责、岗位的设置建议，推算 FSSC 不同人员的编制数量；
11. 能够给出案例企业财务共享流程优化路径的建议，编制《业务职责切分表》；
12. 能够基于动作、角色、单据实现一个首要优化流程设计的摆盘推演；
13. 能够根据沙盘模拟结果撰写和呈现 FSSC 高阶规划方案；
14. 培养计划意识和精益求精的工匠精神，团队协作和沟通协调能力。

德技并修

思政主题：

计划意识　工匠精神

实施路径：

通过对财务共享服务中心战略规划、组织规划和流程规划的学习，使学生认识到做好职业规划很重要,预则立不预则废,引导学生明确职业规范。通过流程优化与再造,培养学生精益求精的工匠精神。

第一节 战略规划

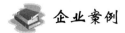

案例 2.1 鸿途集团始创于 1987 年,经过三十余年的发展,已成为集水泥、旅游、铸造为主体的多元化股份制企业,其组织架构如图 2-1 所示。2018 年,鸿途集团以 160 亿元的营业收入进入 2018 年中国企业 500 强,位列第 380。各板块营业收入中水泥 80 亿元,旅游 32 亿元,铸造 24 亿元,煤焦化 22.4 亿元,其他 1.6 亿元。新三年,集团提出"产业多元化、产品专业化、管理现代化、市场国际化"的总体发展战略,借助于现代化、信息化手段,全力打造"数字鸿途"。2019 年初,集团制定了营收提高 20% 的经营目标,即将实现 192 亿元的总营收。

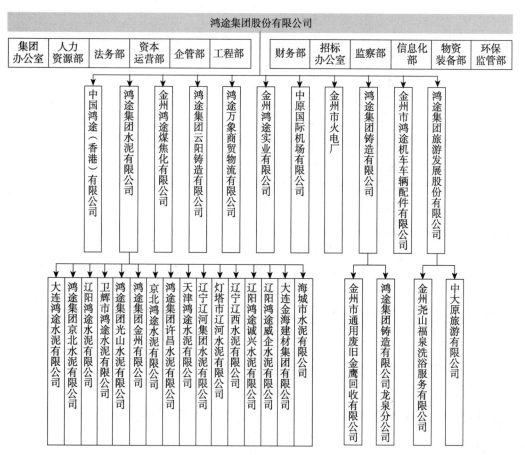

图 2-1 鸿途集团组织架构

鸿途集团水泥有限公司,是国家重点支持的前三家水泥企业(集团)之一,是工信部重点支持兼并重组的五大水泥企业之一,2011年12月23日,鸿途水泥在港交所主板成功上市。截至目前,鸿途水泥总产能超1.5亿吨,旗下公司覆盖河南、辽宁、山东、安徽、山西、内蒙古、新疆、天津等省区市。鸿途集团积极利用国家及行业政策的变化,凭借先进的技术装备、合理的区域布局、充足的资源储备、规范的管理及品牌优势,致力于环境保护及可持续发展,实现快速发展,并维持及加强河南和辽宁两省的市场领导地位。

要求:阅读案例资料,给出企业FSSC战略定位、组织职能定位、建设模式的建议;收集FSSC候选城市的相关信息,并使用"财务共享选址决策评分表"进行评估和选择,绘制多维度的雷达图。

一、财务共享服务中心的构建方法

财务共享服务体系的建设是一个长期的、系统的、动态的过程。公司现有的经营环境、战略目标、运营模式、企业财务制度和财务管理战略、企业信息系统建设程度等,均会对财务共享服务中心的建设产生重大影响。

为了构建财务共享服务中心,首先需要确定案例公司财务共享服务的定位和目标,然后对案例公司的关键因素进行评估和规范。影响财务共享体系建设成功与否的因素包括地点(site)、流程(process)、组织人员(organization & people)、政策法规(regulation)、技术(technology)、服务关系管理(service relationship management)六要素,简称SPORTS。构建要素的决策过程示意图如图2-2所示。

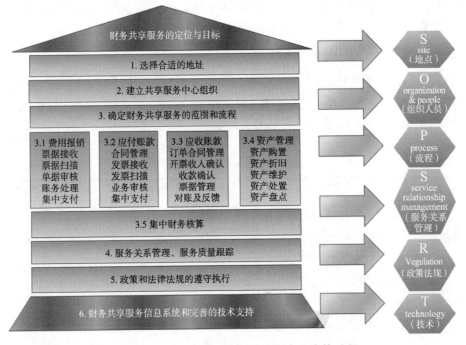

图 2-2 财务共享服务中心构建要素的决策过程

二、FSSC 战略定位与模式选择方法

（一）确定 FSSC 的战略定位

FSSC 战略定位有以下几个方面，企业需要根据自身的企业战略来进行优先级排序和选择。

（1）加强集团管控。这种战略定位的财务共享服务中心更侧重于其管理职能，通过制定统一的流程制度、建设统一的管理信息系统，形成集团集中化和标准化管理模式，整合财务管理和风险控制资源，对集团下属公司实施财务全程化、实时性监控，提高集团的综合掌控能力、支撑集团公司的发展战略。

（2）降低财务成本。通过对基础性、事务性工作的集中处理，一个财务人员可以处理几个公司的相同岗位的业务，从而在业务量不变的同时减少了人员。原来成百上千人在不同的子公司完成的工作由一个财务共享服务中心完成，提高了财务核算的效率，降低了原分散在各单位工作量的处理费用，节约了人工成本。

（3）支持企业发展。公司在新的地区建立子公司或收购其他公司，财务共享服务中心能马上为这些新建的子公司提供服务，使得公司管理人员能将精力集中在公司的核心业务，而其他业务及工作由财务共享服务中心完成即可。同时，使更多财务人员从会计核算中解脱出来，能够为公司业务部门的经营管理和高层领导的战略决策提供高质量的财务决策支持，促进核心业务发展。

（4）挖掘数据价值。随着企业体量的增大、层级的增多，管理决策的复杂性也越来越大，因此，财务需要发挥更多的管理职能，才能为决策层提供具有参考价值的决策分析数据和报表。财务核算也必须更加细致化和专业化，才能为企业提供更加具有管理价值的财务分析数据，而 FSSC 是企业集团集聚数据资源的最佳平台。

（二）确定 FSSC 的建设目标

FSSC 建设首先应该立足财务本身，与公司财务管理战略目标保持一致，纵向服务于公司发展战略，横向匹配公司 IT 信息化建设战略规划，在此基础上明确 FSSC 战略定位，定义 FSSC 建设的短期目标、中期目标和长期目标。FSSC 建设目标如表 2-1 所示。

表 2-1　FSSC 建设目标

类别	1~2 年短期目标	3~5 年中期目标	6~10 年长期目标
公司发展战略	向平台化管理转型，提升效率	并购扩张，全球化	持续盈利，稳健增长
财务战略规划	从核算监督向管理型财务转型	搭建财务共享平台，支持业务扩张，并购整合	从管理型向价值提升型转变
IT 信息化规划	达到企业级应用水平，业财税系统贯通	实现集团集成性应用，业财税系统一体化	升级到社会级应用，实现企业内外系统互联互通
FSSC 战略定位	集团管控	集团管控兼财务服务	财务服务兼集团管控
FSSC 建设目标	标准化建设，推动企业财务转型（责任中心）	财务内包服务，降本增效（成本中心）	协议收费，提供"财务内包+外包服务"（利润中心）

（三）FSSC 推进路径选择

由于财务共享服务的引入是一次财务革命，因此，在建设中，不同企业会采用不同的建设路径。一般表现为两种推进路径：先试点后推广，即从单业务或单组织试点，逐步推广到全业务或全组织；一次性建设，即一次性在全业务全组织范围建设 FSSC。财务共享服务推进路径与选择建议如表 2-2。

表 2-2　财务共享服务推进路径与选择建议

推进路径	先试点后推广	一次性建设
适用客户群	• 管控力度较弱，执行力适中的集团企业；业务类型多样、业态较多、核算相对比较复杂、地域分布比较广的集团企业 • 适用于稳定期的集团企业	管控力度较强，执行力比较高的集团企业；业务类型不是很多样、不是很复杂、业态较少、核算相对比较简单的集团企业。信息系统相对单一，不存在太多异构系统对接的问题
优点	• 逐步推广，先点后面、易于控制风险；试点期变动较小，不会造成大的震荡，有益于变革推进 • 试点成功后可大规模快速复制	• 一鼓作气，能够造成大的声势引起高层高度重视，对项目推进有帮助；不会产生多次实施，人员疲惫厌倦的负面情绪 • 一次性建设完成共享信息系统，应用价值高
缺点	• 对于试点机构的选择要慎重，既要考虑业务的全面性，也要考虑执行力、机构分布、管理现状、信息化现状等实际问题 • 业务在发展过程中，存在未知的可能性，试点完成推广时业务可能发生变化	• 需要做好全面可行的规划；制订好科学严格的项目计划和管理制度。对于项目管理要求高；对于信息化基础要求高 • 沟通面广，需要加强共享中心内部管理，建立呼叫中心等沟通渠道
选择建议	选择推进路径时，最好做项目可研分析。结合企业现状，进行必要性、可行性分析。选择最具有代表性的机构进行试点，并制订好相应的推进计划	

（四）FSSC 的模式选择

FSSC 模式选择的考虑因素如图 2-3 所示。

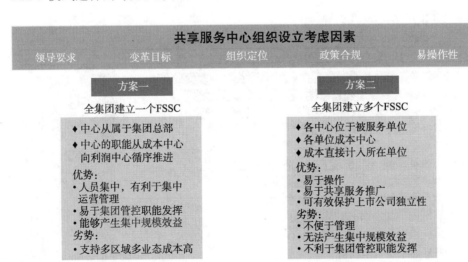

图 2-3　FSSC 模式选择的考虑因素

（五）FSSC 的组织职能定位

从组织维度来看，共享服务中心可以经历以下三个阶段的发展。

（1）成本组织：隶属于财务组织，完成财务核算的工作，不进行独立考核。

（2）利润中心：建立内部模拟考核机制，和被服务组织之间需要进行内部结算。

（3）财务服务公司：提供市场化服务，不仅仅服务于集团内部，也对外承接业务，提供市场化服务。

共享服务中心组织定位的发展阶段如图 2-4 所示。

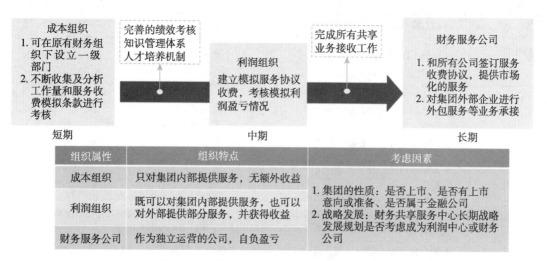

图 2-4　共享服务中心组织定位的发展阶段

（六）确定 FSSC 的服务内容

纳入共享服务中心的服务范围可参照《2018 年中国共享服务领域调研报告》（图 2-5）。

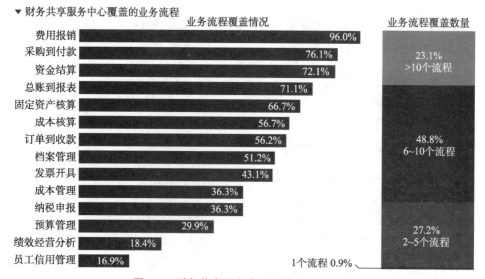

图 2-5　财务共享服务中心覆盖的业务流程

权威机构调查显示：80%的核算业务都能够纳入共享服务中心。纳入共享服务中心业务的筛选原则主要包括：①从集中管控的维度：集中管理的必要性；集中管控力度的要求；业务的重要程度；异地处理的业务。②从减少财务工作的维度：占财务工作时间最长的业务；财务工作量最大的业务。③从成本效益原则的维度：考虑管理成本的增幅；对管理水平的提高。

三、FSSC 选址规划方法

从国际经验来看，财务共享服务中心的办公地址选择，需要兼顾地区的政治、经济及公司的战略等因素，选址的结果将直接影响能否充分共享和投产比，且限制业务执行情况。选址规划考虑的因素如表 2-3 所示。这些选择从总体来看，受制于中心定位、运营模式、长远战略、企业规模大小等多个因素。具体的因素有：投入产出分析、高效益的人力数量、薪酬待遇、网络资源等基础设施、优惠政策等因素。

表 2-3　选址规划考虑因素

因素	方向	权重	影响因子	备选城市××		
				数据资料来源	评分	得分
成本	▲人力成本：考虑当地薪资水平、现有财务人员的搬迁安置成本等	7%	薪酬	1. 政府相关网站 2. 权威机构报告 3. 招聘网站相关岗位薪资水平		
		5%	房价	1. 政府相关网站 2. 权威机构报告 3. 房屋中介公司网站		
	▲交通成本：考虑人员业务沟通的往返差旅成本、单据运输或邮寄成本等	2%	铁路	1. 政府相关网站 2. 权威机构报告		
		2%	公路	1. 政府相关网站 2. 权威机构报告		
		2%	机场	1. 政府相关网站 2. 权威机构报告		
	▲办公成本：考虑办公固定成本，如办公大楼购买成本或办公室租金	7%	房价或房租	1. 政府相关网站 2. 权威机构报告 3. 房屋中介公司网站		
人力资源	▲人员技能及知识水平：可通过市场调查、公开数据等渠道获得相关信息	3%	财务培训机构数量	1. 政府相关网站 2. 权威机构报告		
	▲人才供给及流动性等：人才供给不足或人员流动性大会造成 FSSC 用人困难。例如，强生在苏州建立 FSSC 时就曾因为人员招聘困难，严重影响其业务的开展	10%	财经类院校数量	1. 政府相关网站 2. 权威机构报告		
		2%	城市人口	1. 政府相关网站 2. 权威机构报告		

续表

因素	方向	权重	影响因子	备选城市××		
				数据资料来源	评分	得分
基础设施	▲ IT、通信设备的可靠性：FSSC 的有效运营非常依赖强大技术的支撑，这就要求畅通、安全、稳定的主干网络	8%	5G 试点城市	1. 政府相关网站 2. 权威机构报告 3. 设备服务商报告		
	▲ 通信成本：较高的通信成本会增加 FSSC 的运营成本，尤其是在一些通信网络不发达的地区	2%	信息化试点城市	1. 政府相关网站 2. 权威机构报告 3. 设备服务商报告		
	▲ 国际便利度：与国外市场联系是否方便也是众多有海外业务的公司需要考虑的因素	2%	世界 500 强在所在城市设立机构的数量	1. 政府相关网站 2. 权威机构报告		
		1%	吸引外商投资的额度	1. 政府相关网站 2. 权威机构报告		
	▲ 基础设施质量：考虑当地的高校、道路及其他配套设施的发展情况	1%	配套的教育资源	1. 政府相关网站 2. 权威机构报告 3. 高校官网		
		1%	配套的医疗资源	1. 政府相关网站 2. 权威机构报告		
环境	▲ 政府政策：如税收政策、发票管理政策、数据安全要求等	4%	税收及优惠政策（购买土地、引进人才、购房等）	1. 政府相关网站 2. 权威机构报告		
		4%	所在城市政府政策是否支持金融、生产服务业发展	1. "十四五"规划		
	▲ 发展能力：如市场潜力。部分跨国企业选将其 FSSC 建立在中国，就是看重中国巨大的市场容量 ▲ 城市竞争程度、人文环境等，在竞争较为激烈、压力比较大的城市，人员的稳定性会受到影响	4%	城市发展能力	1. 政府相关网站 2. 权威机构报告		
	▲ 客户群体集中度：目标市场区域	3%	面向客户服务	1. 政府相关网站 2. 权威机构报告		
集团管控力度	▲ 与总部（或区域总部）的沟通便利程度	20%	选址在总部所在地			
	▲ 总部（或区域总部）的影响，如战略发展定位	10%	选址在主管单位所在地/创始人祖籍所在地/客户所在地			

以上具体因素由总体因素决定，总体因素根据财务共享服务的战略定位确定。若战略定位主要是控制成本，将更多地考虑选址的成本因素，具体有人力成本、交通成本等。其中，对于人力资源的要求也很低，不会过多投入。若战略定位主要是加强集团管控或提升业务服务质量，则人力成本可能就不是最重要的考量因素。

事实上，能够兼顾所有标准的办公地址基本不存在，故而在决策时应进行排序，选择其中最适合的即可。地震、飓风、洪水等自然灾害都有可能引起业务中断，必须在选址时也加以考虑。实际操作时可以先确定几个备选城市，然后按照如下表所示的《FSSC 选址决策分析表》对每个备选城市进行数据资料收集、分项评分、加权汇总得到综合评分，以综合评分作为最终选址决策的重要依据。而因素的选取、权重的设计，均受 FSSC 战略定位的影响。

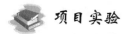
项目实验

一、沙盘模拟准备

财务共享沙盘模拟共分为三个工作阶段：初始状态摆盘、推演设计摆盘、方案撰写，财务共享沙盘模拟工作阶段及内容如表 2-4 所示。

表 2-4　财务共享沙盘模拟工作阶段及内容

序号	盘面分区	工作阶段及内容		
		一、初始状态摆盘	二、推演设计摆盘	三、方案撰写
1	战略规划区	集团基础信息	战略目标；模式设计（服务对象，服务内容）；中心选址	完成该环节汇报方案撰写；统筹整体工作推进，组织最终汇报呈现
2	组织设计区	共享前财务组织结构，包含集团财务部、板块公司财务部的部门、岗位、职责	FSSC 组织设计；人员"三定"（定岗、定责、定编）设计	向其他成员讲解该区域工作内容，完成该环节汇报方案撰写
3	流程优化区	共享前流程设计区财务核算业务流程图	流程优化路径设计；业务职责切分；流程优化设计；信息系统与新技术应用	向其他成员讲解该区域工作内容，完成该环节汇报方案撰写

特别注意：
（1）战略规划区面向全集团下所有组织进行规划设计。
（2）组织设计区与流程设计区以集团财务部及水泥板块为代表进行设计推演。

（一）小组分工

为了提高工作效率和负载均衡，组长要将本组成员进行分工。沙盘模拟的组员角色与职责分工如图 2-6 所示。

```
项目经理——组长            组织架构师（2~3人）         流程设计师（2~3人）
┌─────────────────┐       ┌─────────────────┐        ┌─────────────────┐
│ 资深财务高管      │       │ 财务专业/HR专业  │        │ 财务专业/IT专业  │
│ 制定中心建设目标  │       │ 组织架构设计     │        │ 流程优化设计     │
│ 设计中心建设模式  │       │ 组织变革管理     │        │ 流程管理落地     │
│ 设计中心服务范围  │       │ 定岗定责定级     │        │ 信息系统设计     │
│ 组织确定中心选址  │       │ 人员能力转型     │        │ 项目实施落地     │
│ 确定中心定位特色  │       │                  │        │                  │
└─────────────────┘       └─────────────────┘        └─────────────────┘
```

图 2-6　沙盘模拟的组员角色与职责分工

组长担任项目经理，负责整个小组的规划设计项目推进；指定每个组员的角色后，登记《项目分工表》中的"负责人""执行人"及"计划完成时间"，并进行持续的进度跟踪。项目分工表如表2-5所示。

表2-5 项目分工表

项目任务	任务分解	负责人	执行人	计划完成时间
战略规划	鸿途集团基础信息表	项目经理	全体	
	战略定位	项目经理	全体	
	模式设计	项目经理	全体	
	选址设计	项目经理	指定	
	方案撰写及汇报	项目经理	项目经理	
组织规划	组织架构初始摆盘			
	组织架构设计推演			
	方案撰写及汇报			
流程规划	流程清单梳理			
	流程初始摆盘			
	业务职责切分			
	流程路径规划			
	流程设计推演			
	方案撰写及汇报			

（二）认知盘面

沙盘盘面有挂盘和摆盘两种，两种盘面除了材质不同外，在布局上也略有差别，但组成要素基本一致，以下内容以挂盘为例。该沙盘以财务共享服务中心构建方法论为依据，将盘面提炼为"3区9要素"。具体包含战略规划区、流程规划区、组织规划区3个区域，财务共享服务中心规划沙盘盘面如图2-7所示。

战略规划区：完成FSSC战略定位、FSSC模式、FSSC选址等要素的规划与设计。

组织规划区：完成组织架构、职责调整、人员"三定"（定岗、定责、定编）等要素的规划与设计。

流程规划区：完成流程优化路径、业务职责切分、首选流程优化设计（含制度与技术）等要素的规划与设计。

（三）认知卡片

沙盘的3个规划区使用的卡片，用不同的分类色条来区分。战略规划区卡片分类色条为红色，组织规划区卡片分类色条为橙色，流程规划区卡片分类色条为蓝色。沙盘卡片样式及相关信息如图2-8所示。

（四）教具清点

组长申请盘面和卡片，分发给每个规划区的负责人，由后者对卡片进行清点。各规划区卡片清单详见表2-6、表2-7、表2-8。

第二章 财务共享服务流程优化与再造

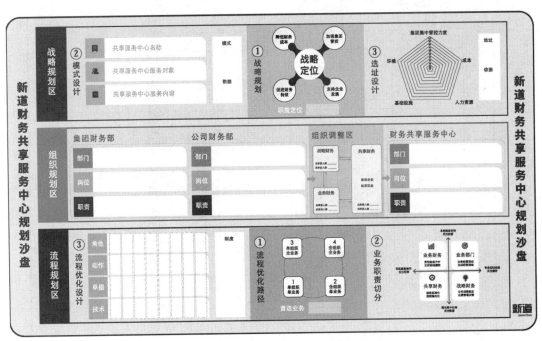

图 2-7 财务共享服务中心规划沙盘盘面

图 2-8 沙盘卡片样式及相关信息

表 2-6 战略规划区卡片清单

	战略规划区：28 个			小计（单位：个）
职能定位	成本中心	利润中心	财务服务公司	3
建设模式	单中心	多中心—业态	多中心—区域	专长中心	4
服务对象	鸿途集团水泥有限公司	鸿途集团股份有限公司	金州鸿途煤焦化有限公司	鸿途集团万象商贸物流有限公司	12
	鸿途集团水泥中部区公司 4 家	鸿途集团铸造板块公司 4 家	鸿途集团水泥北部区公司 12 家	鸿途集团旅游板块公司 3 家	
	中国鸿途（香港）有限公司	金州市火电厂	金州鸿途实业有限公司	中原大福国际机场有限公司	
服务内容	费用共享	采购到应付共享	销售到应收共享	总账报表共享	6
	固定资产共享	资金结算共享			
选址设计	大连	郑州	天津		3

表 2-7 组织规划卡片清单

组织规划区：80 个

								小计
集团部门	预算与考核管理处	税务与资金管理处	信息化与综合处		结算审核处	会计核算处	资产管理处	6
集团岗位	财务总监	预算与考核管理处（ ）人	税务与资金管理处（ ）人	结算会计	信息化与综合处（ ）人	会计核算处处长	核算会计	11
集团职责	出纳	资产会计	结算会计	纳税筹划与资金运作	资产管理处处长	结算审核处长		12
公司部门	财务战略	预算管理与业绩考核	资产核算 WL25	资金支付 WL650	信息化与财务监督	资产管理政策	费用复核 WL360	4
公司岗位	费用核算 WL360	鸿途集团旅游财务部（50 人）	鸿途集团水泥财务部	鸿途集团铸造财务部（45 人）	鸿途集团煤焦化财务部（40 人）	付款复核 WL650	财务政策	10
公司职责	财务经理（ ）人	总账会计（ ）人	采购会计（ ）人	结算会计（ ）人	销售会计（ ）人	资产会计（ ）人		13
FSSC 部门	税务会计（ ）人	预算会计（ ）人	出纳（ ）人	成本会计（ ）人	资产核算 EWL23.5	成本核算 EWL0.3	总账核算 EWL13	8
FSSC 岗位	费用核算 EWL353	应收审核 EWL294	应收对账 EWL23.5	应付审核 EWL294	应付对账 EWL29.4	收款付款 EWL639.7		8
FSSC 职责	财务分析	成本分析	税务筹划					8
FSSC 部门 X8								
FSSC 岗位 X8								
FSSC 职责 X8								

表2-8 流程规划区卡片清单

流程规划区：132个

											小计
单据	实物单据X6	实物档案X2	影像单据X4	电子档案							13
角色	业务人员	业务经理	分管副总裁	本地财务	本地财务审核	本地出纳	本地归档员	FSSC财务审核岗	FSSC财务复核岗	FSSC出纳	FSSC归档员	扫描员	12
动作	填单报账	业务审批X2	财务审核	财务复核	线下支付	录入凭证	本地纸质档案归档					17
	线上业务审批	影像扫描	自动生成单据	自动生成凭证	线上集中结算	档案邮寄	纸质档案归档	电子档案归档				
技术	财务共享服务平台	资金结算系统	财务核算系统	商旅服务平台	影像管理系统	银企直联	电子档案	移动报账	企业报账平台	税务云	电子发票	财务机器人	采购云	业务系统	条码/二维码	15
制度与审核依据	费用制度：报销业务范围	费用制度：报销填报时间	费用制度：住宿标准	费用制度：出差补助	费用制度：报销支付银行	费用制度：出差借款	审核依据：报销与凭证一致性	审核依据：影像与原始凭证真实性					26
	应收制度：应收入账依据	应收制度：应收入账要求	应收制度：应收信用等级	应收制度：结算方式	应收制度：结算银行账户	应收制度：应收账龄区间	应收制度：应收结账日期	应收制度：应收坏账比例					
	应付制度：应付对账方式	应付制度：应付对账日期	应付制度：应付入账步骤	应付制度：应付入账要求	应付制度：应付信用等级	应付制度：结算银行账户	应付制度：结算方式	应付制度：应付付款日期	应付制度：应付付款流程	应付制度：结算方式			

续表

流程规划区：132 个

业务												小计
采购到付款（PTP业务）	签订采购订单	审批采购订单	采购入库	录入采购发票	审核应付单	审核记账凭证	生成应付账龄分析表	审定采购财务政策	扫描发票上传	提交付款单	审批付款单	审核付款单	支付应付款	15
销售到收款（OTC业务）	录入销售订单	审批销售订单	销售发货出库	录入销售发票	提交应收单	审核应收单	审核记账凭证	生成应收账龄分析表	录入收款单	扫描银行回单并上传	审核收款单	确认收款结算		13
固定资产业务	审核政策合规性	初步审核申请单	资产相关账务处理	资产折旧入账	制定固定资产管理政策								6
费用业务	制定费用政策与制度	填制报销单	业务审批	本地初审报销凭证	报销支付	审核报销凭证	分析报表						9
总账报表业务	预提需求审核	预提需求申请	月结关账	会计政策	月结申请	财务制度							6

30

（五）初始摆盘

初始摆盘，就是将鸿途集团的现状信息在沙盘盘面上进行复盘。初始摆盘既是一个熟悉沙盘盘面和卡片的过程，更是一个复习和加深对案例企业现状的理解的过程。

1. 战略规划区初始摆盘

根据案例企业的现状数据填写下面的表 2-9《鸿途集团基础信息表》。

表 2-9　鸿途集团基础信息表

名称	年营业收入	财务人员数量	财务人员效率	财务管理人员数量（5级及以上）	财务管理人员占比
鸿途集团	160 亿元	300 人	5300 万元/人	42 人	14%
水泥板块					
旅游板块					
铸造板块					
煤焦化板块					
集团财务部					

备注：（1）财务管理人员为财务总监、财务高级专家、财务处长/财务经理、财务专家等 5 级及以上财务人员。在鸿途集团的人力资源系统中，级别数量越少、级别越高。

　　　（2）财务人员效率 = 年营业收入 / 财务人员数量。

2. 组织规划区初始摆盘

集团财务初始摆盘：根据案例资料，将共享前集团财务部组织结构进行摆盘，包含部门、岗位、职责，统计现有财务角色的人数并写在角色卡片的括号内。

公司财务初始摆盘：在"公司财务部"区内，将水泥板块各公司财务组织现状包含部门、岗位、职责全部卡片摆放完毕，统计现有财务角色的人数并写在角色卡片的括号内。初始状态摆盘示例——组织架构如图 2-9 所示。

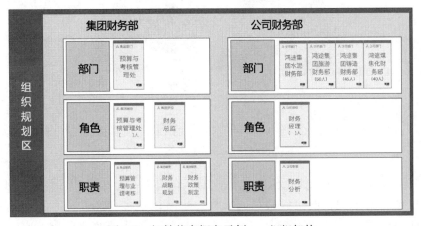

图 2-9　初始状态摆盘示例——组织架构

3. 流程规划区初始状态摆盘

共享前财务核算流程初始摆盘：在流程优化设计区将共享前财务核算报账业务流程摆

放完毕,包含动作、角色、单据卡片,初始状态摆盘示例——流程规划示例如图 2-10 所示。

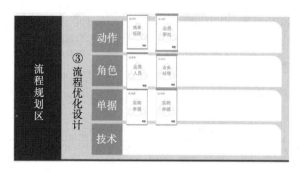

图 2-10　初始状态摆盘示例——流程规划

二、FSSC 战略定位与模式选择沙盘推演

(一)战略定位决策

小组召开 FSSC 战略规划会议,围绕案例确定鸿途集团 FSSC 建设目标及职能定位;将小组确定的战略目标按照顺序标注出来,同时分解目标,将关键动作填写在即时贴上并粘贴到对应目标下方;将确定的职能定位卡片摆放到战略定位区。沙盘推演摆盘示例——战略定位如图 2-11 所示。

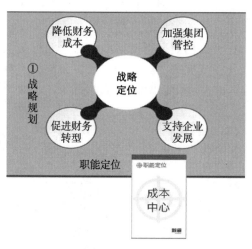

图 2-11　沙盘推演摆盘示例——战略定位

财务共享服务中心的职能定位不是唯一的,在财务共享服务中心运营的不同时期,其职能定位也有所不同,既可以是单一职能,也可以是多职能并存。案例企业鸿途集团属于多业态经营的大型集团企业,目前集团对分、子公司的业务财务比较分散,很难从集团层面进行集中管理控制,此外各分、子公司财务人员工作量不一致,有些公司财务部门出现人员冗余,结合以上问题,鸿途集团前期建设财务共享服务中心的战略定位应该是以加强集团管控和降低财务成本为主要目标,因此财务共享服务中心的

职能定位为成本中心比较合理。

(二) 模式设计

分析案例企业管控方式及业态构成特点,选择合适的共享中心建设模式,将对应模式卡片摆放在中心名称区,并给出设计依据。模式设计摆盘如图 2-12 所示。

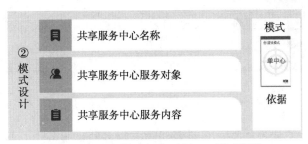

图 2-12　沙盘推演摆盘示例——模式设计

鸿途集团财务共享服务中心选择单中心模式较为合理,其依据是该集团财务共享服务中心的战略定位是加强集团管控和降低财务运营成本,结合这两个建设目标的特点,在几种模式设计里单中心最为合适。

(三) 服务对象确定

根据共享服务中心模式及案例企业信息,确定共享服务中心服务对象,将对应卡片摆放至服务对象区。服务对象沙盘推演如图 2-13 所示。

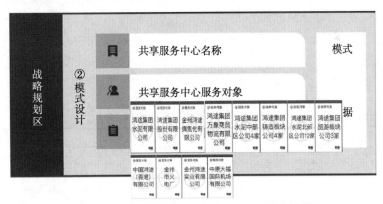

图 2-13　沙盘推演摆盘示例——服务对象确定

鸿途集团的经营业态较多,行业跨度也比较大,但是各行业的财务核算规则与流程并没有特殊性,相对来说财务的基础数据比较好统一,业务流程易于标准化,所以可以将各业务板块的所有分、子公司纳入财务共享服务中心的服务范围。

(四) 服务内容设计

根据课程预习任务的输出结果《流程清单梳理》,以及第 3.4.1 小节所介绍的方法,确定纳入鸿途集团财务共享服务中心的服务内容,即业务范围,将对应卡片摆放至沙盘服务内容。服务内容设计沙盘推演如图 2-14 所示。

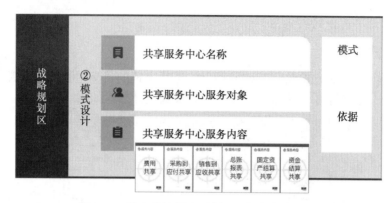

图 2-14 沙盘推演摆盘示例——服务内容设计

财务共享服务中心建设初期,各企业对纳入财务共享服务中心服务的内容大多采用由易到难循序渐进的策略,案例企业中的业务纷繁复杂,各分、子公司之间同类业务的流程也不一致,但是像费用报销、采购应付、销售应收、总账报表等业务流程比较简单,易于统一及标准化,所以在前期将这些业务纳入服务范围比较合适。

三、FSSC 选址规划沙盘推演

根据案例企业鸿途集团的业务版图,鸿途集团的业务主要集中在中原地区和辽宁省区。因此,集团先初选了郑州、大连和天津这三个候选地点。

团队通过各种渠道自行收集三个候选地点的相关信息,并在"财务共享选址的决策评分表"中进行分析和评分;在"财务共享选址的决策评分表"中,将分析结果使用雷达图在沙盘选址区域画出来,并将最终确定的财务共享服务中心选定的城市卡片放至沙盘盘面对应区域。财务共享选址决策评分表如表 2-10 所示。财务共享服务中心选址沙盘推演如图 2-15 所示。

表 2-10 财务共享选址决策评分表

因素	方向	权重	影响因子	备选城市—郑州		
				数据资料来源	评分	得分
成本	▲人力成本:考虑当地薪资水平、现有财务人员的搬迁安置成本等	7%	薪酬	1. 政府相关网站 2. 权威机构报告 3. 招聘网站相关岗位薪资水平		
		5%	房价	1. 政府相关网站 2. 权威机构报告 3. 房屋中介公司网站		
	▲交通成本:考虑人员业务沟通的往返差旅成本、单据运输或邮寄成本等	2%	铁路	1. 政府相关网站 2. 权威机构报告		
		2%	公路	1. 政府相关网站 2. 权威机构报告		
		2%	机场	1. 政府相关网站 2. 权威机构报告		

续表

因素	方向	权重	影响因子	备选城市—郑州		
				数据资料来源	评分	得分
	▲办公成本：考虑办公固定成本，如办公大楼购买成本或办公室租金	7%	房价或房租	1. 政府相关网站 2. 权威机构报告 3. 房屋中介公司网站		
人力资源	▲人员技能及知识水平：可通过市场调查、公开数据等渠道获得相关信息	3%	财务培训机构数量	1. 政府相关网站 2. 权威机构报告		
	▲人才供给及流动性等：人才供给不足或人员流动性大会造成 FSSC 用人困难。例如，强生在苏州建立 FSSC 时就曾因为人员招聘困难，严重影响其业务的开展	10%	财经类院校数量	1. 政府相关网站 2. 权威机构报告		
		2%	城市人口	1. 政府相关网站 2. 权威机构报告		
基础设施	▲IT、通信设备的可靠性：FSSC 的有效运营非常依赖强大技术的支撑，这就要求畅通、安全、稳定的主干网络	8%	5G 试点城市	1. 政府相关网站 2. 权威机构报告 3. 设备服务商报告		
	▲通信成本：较高的通信成本会抬高 FSSC 的运营成本，尤其是在一些通信网络不发达的地区	2%	信息化试点城市	1. 政府相关网站 2. 权威机构报告 3. 设备服务商报告		
	▲国际便利度：与国外市场联系是否方便也是众多有海外业务的公司需要考虑的因素	2%	世界 500 强在所在城市设立机构的数量	1. 政府相关网站 2. 权威机构报告		
		1%	吸引外商投资的额度	1. 政府相关网站 2. 权威机构报告		
	▲基础设施质量：考虑当地的高校、道路及其他配套设施的发展情况	1%	配套的教育资源	1. 政府相关网站 2. 权威机构报告 3. 高校官网		
		1%	配套的医疗资源	1. 政府相关网站 2. 权威机构报告		
环境	▲政府政策：如税收政策、发票管理政策、数据安全要求等	4%	税收及优惠政策（购买土地、引进人才、购房等）	1. 政府相关网站 2. 权威机构报告		
		4%	所在城市政府政策是否支持金融、生产服务业发展	十四五规划		
	▲发展能力：如市场潜力。部分跨国企业选择将其 FSSC 建立在中国，就是看重中国巨大的市场容量 ▲城市竞争程度、人文环境等，在竞争较为激烈、压力比较大的城市，人员的稳定性会受到影响	4%	城市发展能力	1. 政府相关网站 2. 权威机构报告		
	▲客户群体集中度：目标市场区域	3%	面向客户服务	1. 政府相关网站 2. 权威机构报告		
集团管控力度	▲与总部（或区域总部）的沟通便利程度	20%	选址在总部所在地			
	▲总部（或区域总部）的影响，如战略发展定位	10%	选址在主管单位所在地/创始人祖籍所在地/客户所在地			

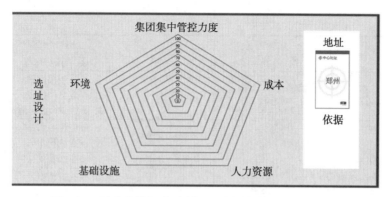

图 2-15 沙盘推演摆盘示例——财务共享服务中心选址

从案例企业给出的三个备选城市来进行分析,三个城市的成本、基础设施、人力资源、环境基本没有太大差别,但从这个要素进行分析我们很难进行选择。但是,该案例企业财务共享服务中心最初的战略定位是加强集团管控,而备选城市中郑州恰好是该企业的集团总部所在城市,从加强集团管控的角度出发,总部所在的城市具有先天优势,所以在其他要素无差别的情况下,将财务共享服务中心选址定在郑州最为合适。

第二节 组 织 规 划

要求:阅读案例 2.1,进行组织和人员规划,给出企业 FSSC 部门、职责、岗位的设置建议,推算 FSSC 不同人员的编制数量。

一、FSSC 组织和人员规划方法

(一)财务组织的总体结构

大型集团企业基于共享服务中心的财务管理体系建设蓝图如图 2-16 所示。

(二)职责调整

当基于财务共享的财务组织向三角财务组织转换后,势必要对相关岗位和职责进行调整,即依据三角财务组织转型,明确划分战略财务、共享财务与业务财务职能的边界。

总体上的做法是,通过适当的财务工作专业分层、分工,形成三角财务组织:战略财务、业务财务、共享财务,共享模式下的三角财务组织及其职责划分如图 2-17 所示。

(1)战略财务。集团财务部作为战略财务负责集团运营监控和决策支持,行使对下属企业财务管理职能,包括制定和监督财务会计政策、支撑集团投资决策、进行风险控制,对集团税务筹划、全面预算、成本进行统筹管理等管控型、专家型财务工作。

(2)业务财务。各业务版块或业务单元的财务部门作为业务财务参与到业务全过程,作为业务前端合作伙伴及时发现经营问题,基于财务角度对业务过程进行支持和控制,承担业财融合职责。其中总部财务部门,受集团财务领导,负责本公司及下属分支机构

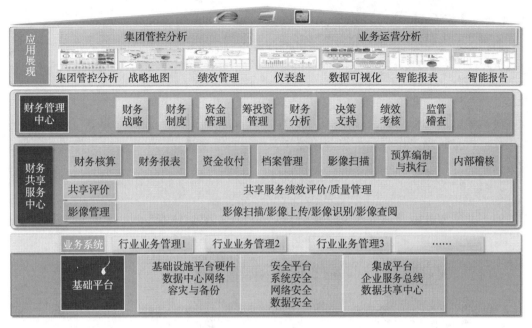

图 2-16 大型集团财务管理体系建设蓝图

		财务会计				管理会计		
		财务运作	财务报告	资金管理	税务管理	经营绩效管理	预算与经营预测	成本管理
战略财务	指导	集团会计政策 集团会计流程 会计分录审核及批准 财务核算稽核	合并报表管理 法定披露要求 外部审计要求 财务报表合规性管理	集团现金流筹划 集团资金调度 资金统一支付 集团资金解决方案	集团税务规划 税务合规性政策及流程 税务知识库	管理报告体系 KPI考核流程/规则/指标定义 激励政策	预算制定流程及规则 战略规划及战略目标的设定 预算模型设计 集团预算组织	成本战略 成本核算及管理流程 成本激励
业务财务	控制	授权及权限管理 财务运营协调 本地财务制度	本地财务报表合规性管理 财务报表内部检查 本地财务报表调整	本地现金流平衡 汇率控制	国家商务模式 税务合规性管理	经营业绩预测 经营业绩分析及推动	预算编制及申报 预算过程控制 预算分析考核	设计成本控制 项目成本控制 生产成本控制 费用控制
共享财务	执行	销售及应收流程 采购及应付流程 固定资产流程 工资流程 项目流程 特殊事项流程	定期关账 财务报表制作 内部往来清理 财务报表自查报告	银行对账 下达支付指令	税务核算 税务报表制作 税务检查支持	全程利润报表制作 责任现金流报表 发货报表制作 库存周转报表制作	预算执行数据加工 预算执行标准报表 费用分析报表	成本核算 成本报表

图 2-17 共享模式下的三角财务组织及其职责划分

一般财务监督、成本费用审核、总部纳税筹划、经营财务分析与决策支持；分支机构财务部负责财务业务监督控制、决策支撑和高附加值的运营管控型及现场型财务工作。

（3）共享财务。财务共享服务中心负责集团各公司及分支机构的会计基础核算、费用、资金结算等规模性、重复性可标准化处理的财务工作。共享财务要做到专业化、标准化、流程化、集约化。

(三) FSSC 人员"三定"

所谓人员"三定",是指建立财务共享服务中心后,全集团财务人员的定责、定岗、定编。

1. 定责

将从事标准化工作的会计核算人员分离出来,调整到财务共享服务中心,将财务核算工作和财务管理工作分开,使会计核算工作集中后按专业岗位进行分工作业,实现由财务共享服务中心集中处理基础性核算服务,有效控制成本与风险。

2. 定岗

财务共享服务中心岗位设置的原则及设置模式如图 2-18 所示。

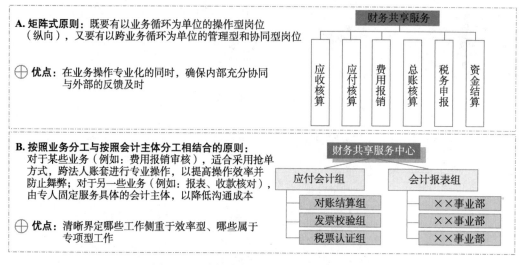

图 2-18 财务共享服务中心岗位设置模式

集团财务部、原板块及业务单位财务部的岗位中,如果职责保留则岗位保留,否则将取消相应岗位,人员待转岗。

3. 定编

财务共享服务中心岗位人员配置测算方法有三种:业务分析法、对标评测法和数据测算法。

(1) 业务分析法:业务分析法是基于业务性质的特点,并结合现有管理人员及业务人员经验,进行分析评估,最终确定人员需求数量的方法。

(2) 对标评测法:对标评测法是对于原先没有岗位设置、无经验值参考、无法进行数据测算的业务,选取相近口径其他单位的业务进行对标,并在此基础上进行估测。

(3) 数据测算法:数据测算法又称"工时法",是在业务量和工作效率(人均业务量)确定的基础上,确定人员需求数量的方法。此方法适用于对能够提取到可靠业务量,并能够对单笔业务量所用时间进行测量的项目。

二、FSSC 组织规划沙盘推演

（一）设定部门

（1）依据战略规划—模式—服务内容，设置鸿途集团财务共享服务中心的交易类部门，将部门名称写在部门卡片上（或用即时贴书写并粘贴在部门卡片上），并放至沙盘对应区。部门设置沙盘推演如图 2-19 所示。

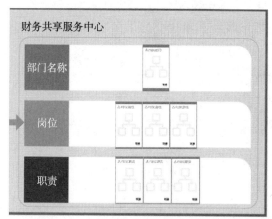

图 2-19　沙盘推演摆盘示例——部门设置

部门名称：销售核算处、采购核算处、费用资产处、总账成本处、资金结算处。

岗位：应付初审、应付复核、资金支付、费用初审、费用复核、资产核算、总账核算、资金结算。

职责：应付报账原始票据影像合规审核、应付报账财务制度合规审核、费用报账原始票据影像合规审核、费用报账财务制度合规审核、固定资产业务账务处理、总账凭证处理、报账资金结算支付。

（2）鸿途集团财务共享服务中心除交易类部门外另需设置运营管理部，将该部门名称写在部门卡片上（或用即时贴书写并粘贴在部门卡片上），并放至沙盘对应区。部门摆盘推演如图 2-20 所示。

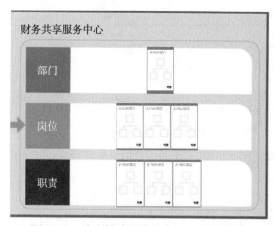

图 2-20　沙盘推演摆盘示例——部门摆盘

部门名称：财务共享服务中心运营管理处。

岗位：中心运营管理工作、流程管理与优化、质量稽核、呼叫服务、票据及档案管理。

职责：财务共享服务中心运营管理分析、业务流程配置及优化、财务共享服务中心单据审核质量管理、报账问题解答、演示票据及影像管理。

（二）职责调整

1. 鸿途集团共享后财务职能分工

根据鸿途集团财务职能现状，集团设计了共享后的财务职能如表 2-11 所示。

表 2-11 共享后财务职能

职能类别	职能细分	战略财务	板块财务	企业财务	共享财务
基础业务核算职能	交易处理与会计核算			△	▲
	财务报表管理			△	▲
	薪酬税务及财务其他事项			▲	△
	资金收付			△	▲
	票据与档案管理			△	▲
财务运行监控	财务政策与制度	▲	△		
	财务内控与风险管理	△	▲		△
	财务监督检查	▲	▲		
价值创造	投筹资管理	▲	△	△	
	资金运作	▲	△		
	纳税筹划	▲	△		
决策支持	财务战略	▲			
	全面预算管理	▲	△	△	
	业绩考核与报告	▲	△	▲	
	公司经济运行监控	▲	△	▲	
	财务状况分析	▲	△	▲	

图示：▲——主导功能

△——辅助功能。

企业财务及板块财务统称为公司财务。

2. 职责分类调整

依据鸿途集团共享后的财务职能分工，将当前集团财务、公司财务职责卡片逐一进行职责类型判断，将规模型职责纳入职责调整区、管控型职责纳入战略财务、经营型职责纳入业务财务；对调整区职责卡片合并同类，与共享服务中心下设部门比对，将可纳入中心的职责卡片摆放到对应部门下方职责区；职责调整后，将财务关系卡片摆放在三角财务组织转型区，标注战略财务、业务财务、中心财务之间的关系。

（三）人员"三定"

1. 定责

在上一步骤完成的情况下，对于共享后职责为零的原集团或板块（企业）财务人员全部撤到调整区，等待优化调岗。

2. 定岗

（1）共享前财务岗位职级现状如表2-12和表2-13所示。

表2-12 共享前集团财务部岗位职责信息（25人）

序号	处室	岗位名称	级别	职责
1		财务总监	M3	财务战略
				财务政策
2	预算与考核管理处	预算与考核管理处6人	M4、M5	预算管理
				业绩考核
3	税务与资金管理处	税务与资金管理处4人	M4、M5	纳税筹划
				资金运作
4	信息化与综合处	信息化与综合处7人	M4、M6	信息化
				财务监督
5	结算审核处	处长	M4	付款复核
6		会计	M6	付款审核
7		出纳	M7	资金支付
8	会计核算处	处长	M4	费用复核
9		会计	M6	费用核算
10	资产管理处	处长	M4	资产管理政策
11		会计	M6	资产核算

表2-13 共享前水泥板块各公司财务岗位职责信息（140人）

序号	岗位名称	工作内容	级别	设置此岗位人员公司数
1	财务经理	财务分析	M4	17
2	总账会计	总账核算	M6	17
3	采购会计	应付审核	M6	17
		应付对账		
4	结算会计	费用核算	M6	17
5	销售会计	应收审核	M6	17
		应收对账		
6	资产会计	资产核算	M6	15
7	成本会计	成本分析	M6	9
		成本核算		
8	税务会计	税务筹划	M6	8
9	出纳	收款付款	M7	15
10	预算会计	预算编制	M6	8

（2）共享后财务岗位职级薪酬设计。鸿途集团在同时考虑共享后的职责分工、财务人员职级薪酬现状后，设计了如表 2-14 所示的共享后财务岗位职级和薪酬水平。

表 2-14　共享后财务岗位职级和薪酬水平

集团职级	战略财务职级序列		板块财务职级序列		共享财务职级序列		年薪（万元）—平均 13 月薪
	经营管理序列 M	专业技术序列 P	经营管理序列 M	专业技术序列 P	经营管理序列 M	专业技术序列 P	
3 级	财务总监/部长	首席专家					20
4 级	集团财务处长	高级专家	财务经理/部长	高级专家	总经理/主任	高级专家	18
5 级	集团财务主管	专家	财务处长	专家	共享财务处长	专家	15
6 级	集团财务主管	助理专家	主管	助理专家	主管	助理专家	12
7 级	业务员		主办		主办		10
8 级					业务员		8

备注：3~5 级为财务管理人员。

3. 定编

1）定编方法

集团财务：战略财务全面向管控指导型高端财务人员转型，拟增 2 名财务专家。

业务财务：共享后，水泥公司业务财务全面向业财融合的管理会计及成本管控专家转型，初期每家公司（包含拟新建公司）保留 3 名财务编制，包含财务经理 1 人、专家 2 人。

共享服务中心财务：鸿途集团财务共享服务中心人员包含管理人员、业务人员、运营人员，其中管理人员包含中心主任及各处处长。业务交易处理人员采用工时法定编；运营人员采用对标评测法定编；管理人员采用业务分析法定编。

2）数据调研

（1）鸿途集团财务工作总量调研结果如表 2-15 至 2-17 所示。

表 2-15　集团财务部月度工作量统计表　　　　单位：亿元

应收核算	应收对账（月度发生业务的客户数量　单位：个）	应付审核	应付复核	应付对账（月度发生业务的供应商数量　单位：个）	费用核算
300	28	350	350	30	360
费用复核	资产核算	成本核算	总账报表	资金结算	
360	25	0.3	15	650	

表 2-16　中部地区鸿途水泥相关财务工作月度工作量明细（单数/月）　　单位：亿元

公司名称	应收核算	应收对账（月度发生业务的客户数量 单位：个）	应付审核	应付复核	应付对账（月度发生业务的供应商数量 单位：个）	费用核算	费用复核	资产核算	成本核算	总账报表	资金结算
鸿途集团水泥有限公司	500	40	600	600	50	600	600	40	0.5	26	1087

续表

公司名称	应收核算	应收对账（月度发生业务的客户数量 单位：个）	应付审核	应付复核	应付对账（月度发生业务的供应商数量 单位：个）	费用核算	费用复核	资产核算	成本核算	总账报表	资金结算
卫辉市鸿途水泥有限公司	400	32	480	480	40	480	480	32	0.4	21	870
鸿途集团光山水泥有限公司	400	32	480	480	40	480	480	32	0.4	21	870
京北鸿途水泥有限公司	150	12	180	180	15	180	180	12	0.2	8	326
鸿途集团许昌水泥有限公司	225	18	270	270	25	270	270	18	0.225	12	490

表2-17 北部地区鸿途水泥相关财务工作月度工作量明细（单数/月）　　　单位：亿元

公司名称	应收核算	应收对账（月度发生业务的客户数量 单位：个）	应付审核	应付复核	应付对账（月度发生业务的供应商数量 单位：个）	费用核算	费用复核	资产核算	成本核算	总账报表	资金结算
大连鸿途水泥有限公司	475	36	540	540	45	540	540	36	0.45	24	988
鸿途集团京北水泥有限公司	350	28	420	420	35	420	420	28	0.35	18	760
辽阳鸿途水泥有限公司	300	28	350	350	30	360	360	25	0.3	15	650
鸿途集团金州水泥有限公司	500	40	670	670	50	660	660	40	0.5	26	1182
天津鸿途水泥有限公司	250	20	300	300	25	300	300	20	0.25	13	543
辽宁辽河集团水泥有限公司	300	22	330	330	28	330	330	22	0.275	15	607
灯塔市辽河水泥有限公司	200	16	240	240	20	240	240	16	0.2	11	435
辽宁辽西水泥集团有限公司	125	10	150	150	13	150	150	10	0.125	7	272
辽阳鸿途诚兴水泥有限公司	175	14	210	210	18	210	210	15	0.175	9	380
辽阳鸿途威企水泥有限公司	175	14	210	210	18	210	210	16	0.175	9	380
大连金海建材集团有限公司	200	16	240	240	20	240	240	16	0.2	11	435
海城市水泥有限公司	275	22	330	330	28	330	330	22	0.275	14	600

假设：2019年拟新建水泥公司纳入中心各项工作月度工作量按17家平均工作量估算，即等于卡片中EWL值。

（2）同行业标杆企业调研结果如表2-18和表2-19所示。

表2-18 财务共享服务中心各岗位人均业务量

序号	业务类型	人均业务量（笔/月）
1	应收核算	1000
2	应收对账（月度发生业务的客户数量）	2000
3	应付核算	800
4	应付复核	2000
5	应付对账（月度发生业务的供应商数量）	16000
6	费用核算	1000
7	费用复核	2000
8	资产核算	500
9	存货成本核算	80
10	成本分析	160
11	总账报表	80
12	资金结算（收付款）	2000
13	单据归档	7000

表2-19 财务共享服务中心定岗示例

部门	岗位	测算方法			全面上线		需求人数
		业务分析法	工时法	对标评测法	总工作量	人均工作量	
中心领导	主任	√					1
销售核算处	处长	√					1
应收审核岗				√	5500	1000	6
……	……	……	……	……	……	……	42
经营管理处	处长	√					1
呼叫服务岗				√			1
票据综合岗			√				1
质量稽核岗				√			1

注：该标杆企业共享服务中心交易处理人员规模为50人，运营组4人，可支撑中心日常运营工作开展。

3）定编计算

（1）登录教学系统，从"快捷入口—下载中心—xlsx"下载"共享服务中心人员测算表"。

（2）根据上述调研结果，采用指定的人员测算方法，计算并完成财务人员定岗设定。

（3）将岗位名称及人数填写到岗位卡片上并摆放到沙盘对应位置。

4）人员定岗

职责为零的岗位，原岗位人员需要转岗。

转岗方向：对待岗财务人员基于其能力、经验竞聘上岗，可以转岗方向包含战略财务（财务专家）、业务财务（财务经理、财务专家）、共享服务中心财务（中心主任、部门负责人、主办、运营岗）、业务（营销人员）。

内部优先：优先考虑内部转岗。将新岗位名称、人数填写到即时贴上并粘贴到原岗位卡片上。

外部招聘：财务管理人员（财务经理、财务专家、高级专家、处长、中心主任）外部招聘薪酬较内部转岗上调 10%；将新招聘岗位名称、人数填写到即时贴上并粘贴到空白岗位卡片上。

辞退原则：人员辞退按照法规，需要给予 N＋1 赔偿（N 为工作年限）。

根据上述计算结果，填写表 2-20 的《2023 年鸿途集团共享后各板块财务人员数量测算表》。

表 2-20　2023 年鸿途集团共享后各板块财务人员数量测算表

板块名称	财务人数	新招聘人数	转岗人数	优化人数
战略财务部				
水泥公司财务部				
共享服务中心财务部				
旅游板块财务部				
铸造板块财务部				
煤焦化板块财务部				
合计				

三、价值分析

小组讨论财务共享过程中组织优化设计为企业带来的价值，使用即时贴贴在沙盘盘面上的价值分析区。

第三节　流 程 规 划

要求：阅读案例 2-1，给出案例企业财务共享流程优化路径的建议，编制《业务职责切分表》；基于动作、角色、单据完成一个优化流程设计的摆盘推演；根据沙盘模拟结果撰写和呈现 FSSC 高阶规划方案；在用友 NCC 中完成 FSSC 规划结果的建模和测试工作。

一、FSSC 流程规划方法

（一）流程优化路径

所谓流程优化路径，是指企业采取怎样的计划，将财务共享的业务范围和组织范围逐步扩大。选择流程优化路径时，要考虑以下因素：对现有业务、组织和人员的影响；人力资源和技能的就绪度；财务共享的实施周期；项目推进难度；系统和基础设施就绪度。

假设：

（1）代表单一业务、单一组织实施共享。

（2）代表单一业务、全组织实施共享。
（3）代表全业务、单一组织实施共享。
（4）代表全业务、全组织实施共享。

则常见的流程优化路径选择如表 2-21 所示。

表 2-21 流程优化路径

路径选择	概要描述
（3）—（4）	• 从单一公司开始试点，将全部业务纳入共享服务中心进行试点 • 等试点公司全部业务稳定运行后，再扩展到全部公司
（2）—（4）	• 将全部公司的某一业务纳入共享服务中心进行试点 • 等试点业务稳定运行后，再逐步将其他业务纳入共享服务中心
（1）—（3）—（4）	• 先将单一公司的某一业务纳入共享服务中心进行试点 • 等试点业务稳定运行后，再将试点公司的所有业务纳入共享服务中心，再扩大范围将其他子公司纳入共享服务中心
（1）—（2）—（4）	• 先将单一公司的某一业务纳入共享服务中心进行试点 • 等试点业务稳定运行后，再将这项试点业务推广到所有子公司，再逐步将其他业务纳入共享服务中心

（二）业务职责切分

FSSC 流程梳理和优化的核心是对于财务共享服务中心产生业务交互的流程进行重新评估与再造。借助财务共享服务中心所带来的组织和业务交互模式变革，改善企业在成本、质量服务与响应速度的绩效。

1. 职责切分工作步骤

（1）流程梳理分类。基于各成员单位的业务模式，对财务核算流程进行梳理分类，整理会计核算流程并逐级细分。

（2）流程节点拆分。拆分至每个流程节点，对不同组织的同质流程每个节点的业务规则进行对比分析。

（3）属地分析。对每个流程节点的归属地、岗位和职责进行识别，分析其属地、岗位和职责的合理性以及将其纳入共享的可行性。

（4）关键问题分析。结合财务共享需要，平衡流程效率和风险，根据流程清单梳理结果，对差异和问题进行总结分析，识别影响流程的关键因素和影响共享实施的关键问题。

（5）信息系统分析。根据流程中的信息传递分析每个流程环节的系统支撑是否到位和合理，结合财务共享服务项目目标，识别系统功能的改进方向。

2. 可纳入财务共享服务中心的业务选择

通过一系列包括"风险、复杂和专业程度""规模经济收益""与业务紧密程度""技术可行性"以及"经济可行性"的特质分析，可以确定组织内适合建立共享服务的财务工作/流程。如图 2-21 所示，企业现有的流程通过该滤镜层层过滤，可以找出适合共享的流程。

第二章 财务共享服务流程优化与再造

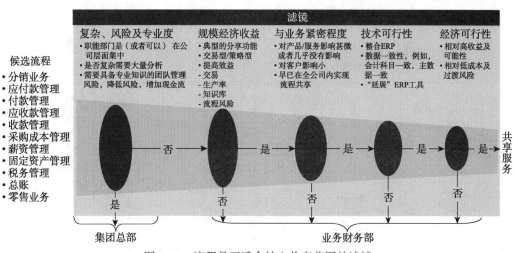

图 2-21 流程是否适合纳入共享范围的滤镜

财务共享流程设计，需要结合财务共享业务范围（如费用共享、核算共享、资金共享、报表共享等）进行梳理，建议需要重点设计的流程如图 2-22 所示。

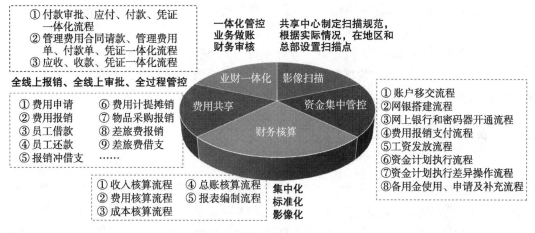

图 2-22 财务共享需要重点设计的流程

（三）端到端业务流程设计原则

"端"指企业外部的输入或输出点，这些外部的输入或输出点包括客户、市场、外部政府或机构以及企业的利益相关者。"端到端流程"是指以客户、市场、外部政府或机构及企业利益相关者为输入或输出点的，一系列连贯、有序的活动的组合。图 2-23 是一个企业端到端业务流程的示例。

（1）业务组织与财务组织地域分离原则。①原始单据的传递：需要对影像扫描进行设计，包括制单人扫描、专岗扫描。②原始单据的归档：需要对档案管理进行设计，包括本地归档、共享中心归档、电子档案、纸质档案等。③内控的管理要求：由于地域分离带来的对内控的管理设计。

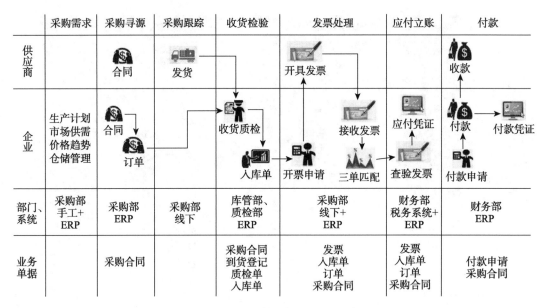

图 2-23 企业端到端业务流程示例

（2）跨业务组织流程的标准化原则。业务形态差异、信息系统差异、审批流程差异、业务环节差异、主数据差异等的标准化。

（3）信息系统的现状与集成原则。业务系统与 FSSC 系统一体化与异构化。

（4）新技术应用原则。共享服务模式是在信息技术支持下的管理变革，实现业务财务、流程财务的有效协同，推动财务管理向更高价值领域迈进。

二、政策和法律法规的遵守执行

共享服务中心必须对其业务覆盖地的法律、法规进行认真研究，并定期了解地方政策法规的更新信息，因为法规方面的要求可能会影响共享服务中心的业务流程、信息系统和组织结构等。比如国内企业在国内设立财务共享服务中心时，主要考虑了《会计法》、财政部《会计档案管理办法》、国家税务总局关于"纳税检查"的规定等相关法律、法规，重点了解会计机构设置、会计档案归档和保管、账簿凭证管理和各地的税收法规等内容。

国内企业在国内设计服务于国内分支机构的财务共享服务中心时或许没有太多法律方面的障碍，但是在运行时，要重点考虑各地方性法规的差异。同时，由于各地子公司在面对财税大检查时要有齐全的会计凭证，企业在制定会计档案管理制度时，可能需要在出完财务报告后将相关凭证返还各地公司保管、备查。

三、信息系统技术规划

（一）FSSC 总体信息化流程

财务共享服务中心总体信息化流程如图 2-24 所示。

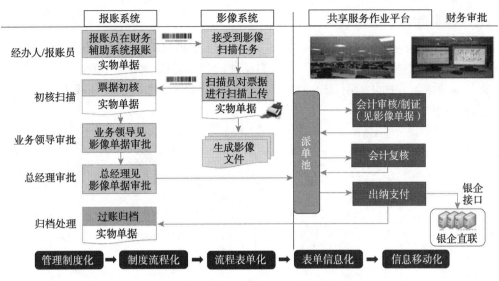

图 2-24　信息技术对 FSSC 支持的总体流程

（二）FSSC 建设所需的关键技术

财务共享服务中心的建设依托比较发达的信息技术水平，财务信息系统的建设与完善是实现财务共享的必要手段。以下这些关键技术是财务共享服务中心建设时所涉及的关键技术。

1. 自助服务

自助服务的含义及自助系统示例，如图 2-25 所示。

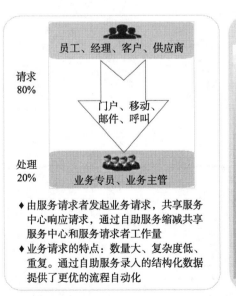

图 2-25　自助服务的含义及自助系统示例

2. 流程平台

工作流对于共享服务中心至关重要。共享服务流程再造的特点就是标准化、自动化，以此来提高工作效率。实现流程标准化、自动化的技术基础就是工作流。通过工作流平台，将各项业务流程固化，并通过消息平台，实现自动任务驱动、任务找人。流程平台如图2-26和图2-27所示。

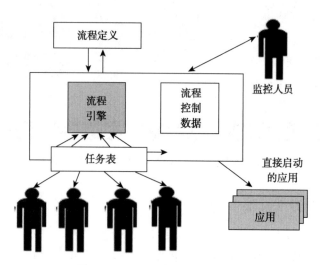

图 2-26　流程平台的原理结构图

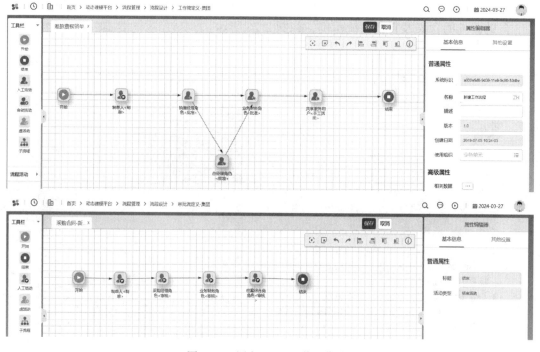

图 2-27　用友 NCC 工作流平台

3. 动态组织建模

动态组织建模是共享服务中心的一项重要技术。建立共享服务的一个目的就是支撑企业快速发展，收购、兼并、重组、拆分等，如图 2-28 所示。通过动态组织建模，可以快速应对组织机构变化。通过服务委托关系设置，业务单位发起的请求，可以由对应的共享服务中心快速响应。

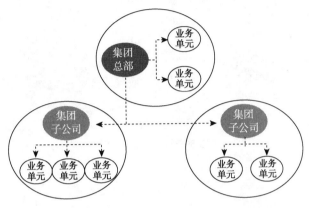

图 2-28　动态组织建模——支撑企业快速变化

按业务单位+共享服务内容，设置对应的财务共享服务中心，如图 2-29 所示。

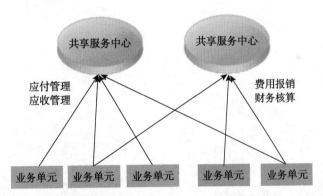

图 2-29　动态组织建模——支持新组织快速纳入共享服务体系

4. 影像管理系统

影像管理是财务共享服务的关键技术之一。所有纸质原始单据存放在业务单位处，共享服务中心人员可查看原始单据影像，如图 2-30 所示。影像管理系统解决了原始单据流转问题、原始凭证调阅问题、离岸处理问题、业务处理的分工和效率问题。影像管理系统进行扫描设备的管理，统一分辨率设置及扫描规范；进行影像缓存及分时上传管理。

影像管理主要有两种常见方案：一是与专业影像系统集成，二是利用手机拍照/扫描＋附件管理。

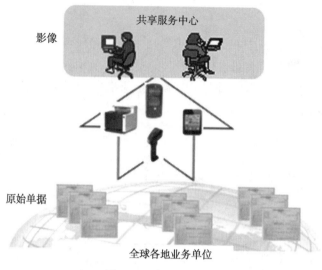

图 2-30 影像管理系统

5. 二维码/条码

二维码/条码也是共享服务中心重要技术之一。粘贴单二维码打印，便于混乱单据的批量扫描及分拣提醒。单据归档时能够借助二维码快速实现凭证及审批流程打印。二维码识别还可离线快速获知报销人、金额、原始单据数量等信息。具体如图 2-31 至图 2-33 所示。

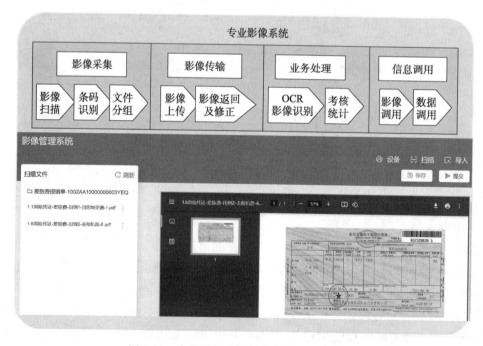

图 2-31 专业影像系统与共享服务系统集成

第二章　财务共享服务流程优化与再造

图 2-32　利用已经普及的智能手机实现影像采集

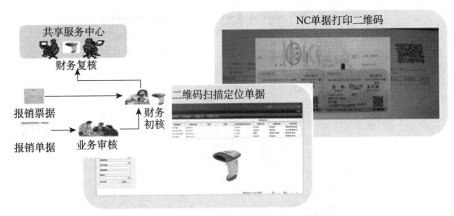

图 2-33　二维码/条码加速共享中心作业处理

6. FSSC 作业处理平台（图 2-34）

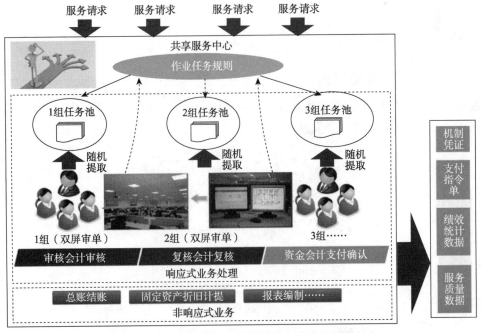

图 2-34　FSSC 作业处理平台是共享服务的信息门户

FSSC 作业审核要点主要有：是否符合财务制度；生成凭证所需的业务数据是否完整；影像文件是否完整等。

FSSC 质量复核要点主要有：是否符合会计制证要求；是否符合内审要求等。

共享支付环节确认要点主要有：付款信息是否完整；是否符合企业当期资金计划等。

7. 移动报账

在企业的财务共享服务中心中，最常应用的信息系统有财务核算系统、银企互联系统、电子影像系统、资金管理系统、电子档案系统、电子报账系统等。移动报账系统界面如图 2-35 所示。

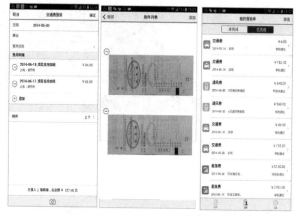

图 2-35　移动报账系统界面示例

一、流程规划沙盘推演

（一）流程优化路径规划

在沙盘上用彩笔标注出流程优化路径（从 1 到 4），确定首选流程优化业务，写在沙盘盘面上如图 2-36 所示的对应位置。

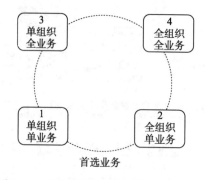

图 2-36　流程优化路径及首选业务沙盘区

（二）业务职责切分

对不同业务流程进行职责切分，将某一业务卡片（比如费用）按照矩阵进行切分，在沙盘盘面上将动作卡片与部门匹配（图2-37）。

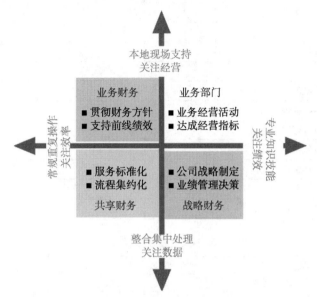

图2-37 沙盘的业务职责切分区

另外，将业务职责切分结果在下面的《业务职责切分表》中标注，如表2-22至表2-26所示。

表2-22 采购到应付（PTP）业务

业务流程：动作	公司业务部门	公司业务财务	共享服务中心财务	战略财务
签订采购订单	√			
PTP业务：审批采购订单	√			
PTP业务：采购入库	√			
PTP业务：录入采购发票		√		
PTP业务：审批应付单		√		
PTP业务：审核应付单			√	
PTP业务：审核记账凭证			√	
PTP业务：生成应付账龄分析表			√	
PTP业务：审定采购财务政策				√
PTP业务：扫描发票上传	√			
PTP业务：提交付款单		√		
PTP业务：提交应付单		√		
PTP业务：审批付款单		√		
PTP业务：审核付款单			√	
PTP业务：支付应付款			√	

表 2-23　销售到应收（OTC）业务

业务流程：动作	公司业务部门	公司业务财务	共享服务中心财务	战略财务
OTC 业务：录入销售订单	√			
OTC 业务：审批销售订单	√			
OTC 业务：销售发货出库	√			
OTC 业务：录入销售发票		√		
OTC 业务：扫描发票上传		√		
OTC 业务：提交应收单		√		
OTC 业务：审核应收单			√	
OTC 业务：审核记账凭证			√	
OTC 业务：生成应收账龄分析表			√	
OTC 业务：录入收款单		√		
OTC 业务：扫描银行回单并上传		√		
OTC 业务：审核收款单			√	
OTC 业务：确认收款结算			√	

表 2-24　费用报销业务

业务流程：动作	公司业务部门	公司业务财务	共享服务中心财务	战略财务
费用业务：制定费用政策与制度				√
费用业务：填制报销单	√			
费用业务：业务审批	√			
费用业务：本地初审报销凭证		√		
费用业务：审核报销凭证			√	
费用业务：报销支付			√	
费用业务：审核记账凭证			√	
费用业务：报表			√	
费用业务；分析		√		

表 2-25　固定资产业务

业务流程：动作	公司业务部门	公司业务财务	共享服务中心财务	战略财务
固定资产业务：审核政策合规性			√	
固定资产业务：初步审核申请单	√			
固定资产业务：资产相关账务处理申请		√		
固定资产业务：资产相关账务处理			√	
固定资产业务：资产折旧入账			√	
固定资产业务：制定固定资产管理政策				√

表 2-26　总账报表业务

业务流程：动作	公司业务部门	公司业务财务	共享服务中心财务	战略财务
总账报表业务：预提需求申请	√			
总账报表业务：预提需求审核			√	
总账报表业务：月结关账			√	

续表

业务流程：动作	公司业务部门	公司业务财务	共享服务中心财务	战略财务
总账报表业务：会计政策				√
总账报表业务：月结申请		√		
总账报表业务：财务制度				√

（三）流程优化设计——动作、角色、单据

对初始状态摆盘所摆的财务核算流程，做共享后流程优化设计，注意扫描设置、档案管理等，将优化后的财务核算流程（业务动作、角色及单据）用卡片摆出。流程设计如图2-38、图2-39、图2-40、图2-41、图2-42所示。

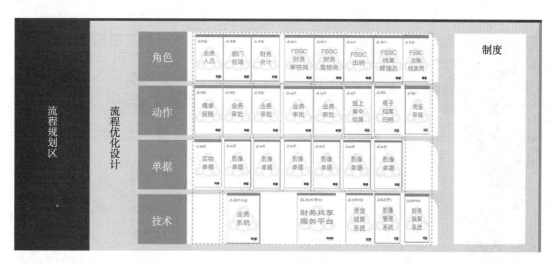

图 2-38　费用共享流程设计

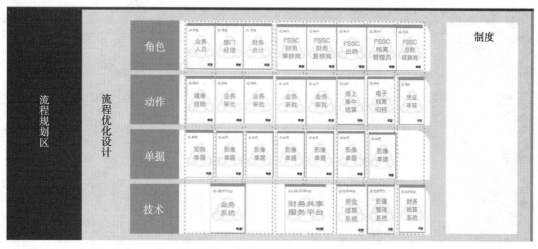

图 2-39　采购应付共享流程设计

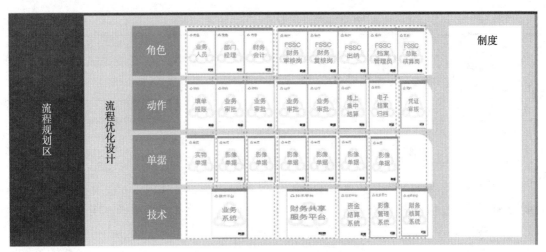

图 2-40　销售应收共享流程设计

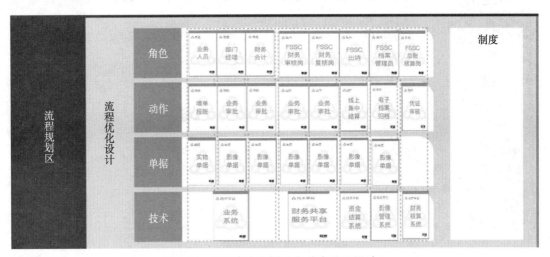

图 2-41　固定资产新增业务共享流程设计 1

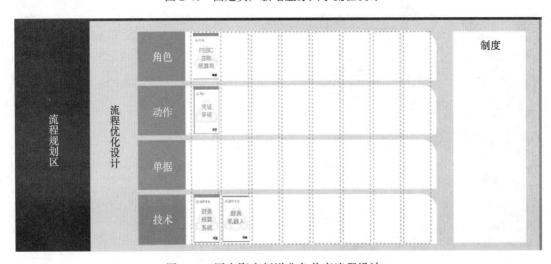

图 2-42　固定资产新增业务共享流程设计 2

二、制度规划沙盘推演

在制度规划沙盘推演中,审核依据就是公司的规章制度。学生在进行业务流程设计的过程中,需要将匹配业务财务与共享中心财务的审核依据卡片,摆放到沙盘盘面的"制度"区域,如图 2-43 所示。

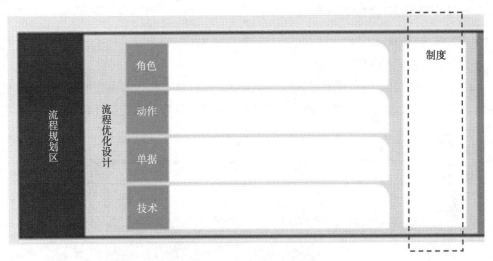

图 2-43　沙盘的制度(审核依据)区

三、信息系统技术规划沙盘推演

在流程设计的过程中,流程角色可使用信息系统或新技术完成此业务操作,从而提高工作效率。请将对应信息系统或新技术卡片放至各业务动作下方技术区,如图 2-44 所示。

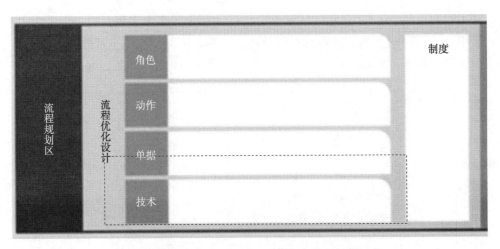

图 2-44　沙盘盘面的技术(信息系统)规划区

四、财务共享服务中心的构建

在用友 NCC 系统中完成 FSSC 规划结果的建模工作。所谓构建，就是将规划设计结果在信息系统中进行初始设置、加以固化，并用一个经济事项或业务数据在信息系统中运行，来验证构建的正确与否。

（一）FSSC 构建配置

1. FSSC 构建配置

1）FSSC 作业平台基础设置

每组以小组长的身份登录并进入共享服务中心建模任务，点击课程平台的"开始任务"按钮。点击以后进入 NCC 界面，按照测试用例的时间修改右上角登录日期，如图 2-45 所示。

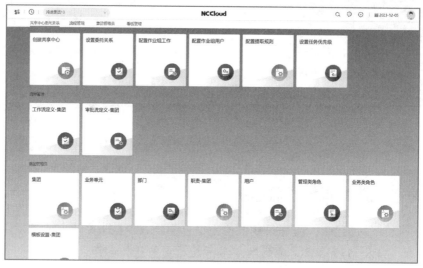

图 2-45　NCC 界面

进入平台以后，点击"创建共享服务中心"，为了便于多个小组在同一个系统中学习，我们要把每个小组的数据加以隔离、避免相互影响。示例：末尾不带数字，表示是第 1 组实训所用的数据。末尾带数字（如 13）的，表示第 13 组，如图 2-46 所示。

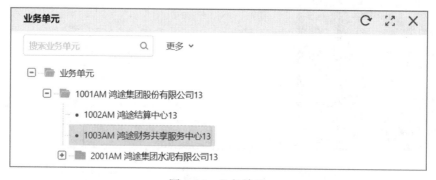

图 2-46　业务单元

共享服务中心编码以小组命名，如第一组输入“001”、第二组输入“002”。这样确保每个小组的编码数据不完全相同。以第 13 组为例，编码输入“013”，名称输入“第十三组财务共享服务中心”，业务单元的对话框所有的小组都选择“鸿途财务共享服务中心 13”。创建完的财务共享服务中心如图 2-47 所示。

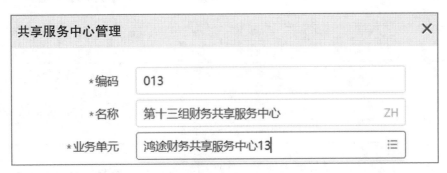

图 2-47　第十三组财务共享服务中心

2）设置委托关系

设置委托关系就是设置共享服务中心的服务对象和服务内容，即设置鸿途集团财务共享服务中心服务于鸿途集团水泥有限公司及其下属的 16 家水泥子公司。设置委托关系如图 2-48 所示。

序号	业务单元编码	业务单元	所属集团	费用管理	应收管理	应付管理	固定资产	现金管理	工单	总账	收付款合同
1	2001AM	鸿途集团水泥有	鸿途集团13	是	是	是	是	是	是	是	是
2	2002AM	大连鸿途水泥有...	鸿途集团13	是	是	是	是	是	是	是	是
3	2003AM	鸿途集团京北水...	鸿途集团13	是	是	是	是	是	是	是	是
4	2004AM	辽阳鸿途水泥有	鸿途集团13	是	是	是	是	是	是	是	是
5	2005AM	卫辉市鸿途水泥...	鸿途集团13	是	是	是	是	是	是	是	是
6	2006AM	鸿途集团光山水...	鸿途集团13	是	是	是	是	是	是	是	是
7	2007AM	鸿途集团金州水...	鸿途集团13	是	是	是	是	是	是	是	是
8	2008AM	京北鸿途水泥有...	鸿途集团13	是	是	是	是	是	是	是	是
9	2009AM	鸿途集团许昌水...	鸿途集团13	是	是	是	是	是	是	是	是
10	2010AM	天津鸿途水泥有...	鸿途集团13	是	是	是	是	是	是	是	是
11	2011AM	辽宁辽河集团水...	鸿途集团13	是	是	是	是	是	是	是	是
12	2012AM	灯塔市辽河水泥...	鸿途集团13	是	是	是	是	是	是	是	是
13	2013AM	辽宁辽西水泥集...	鸿途集团13	是	是	是	是	是	是	是	是
14	2014AM	辽阳鸿途诚兴水	鸿途集团13	是	是	是	是	是	是	是	是
15	2015AM	辽阳鸿途威企水...	鸿途集团13	是	是	是	是	是	是	是	是
16	2016AM	大连金海建材集...	鸿途集团13	是	是	是	是	是	是	是	是
17	2017AM	海城市水泥有限...	鸿途集团13	是	是	是	是	是	是	是	是

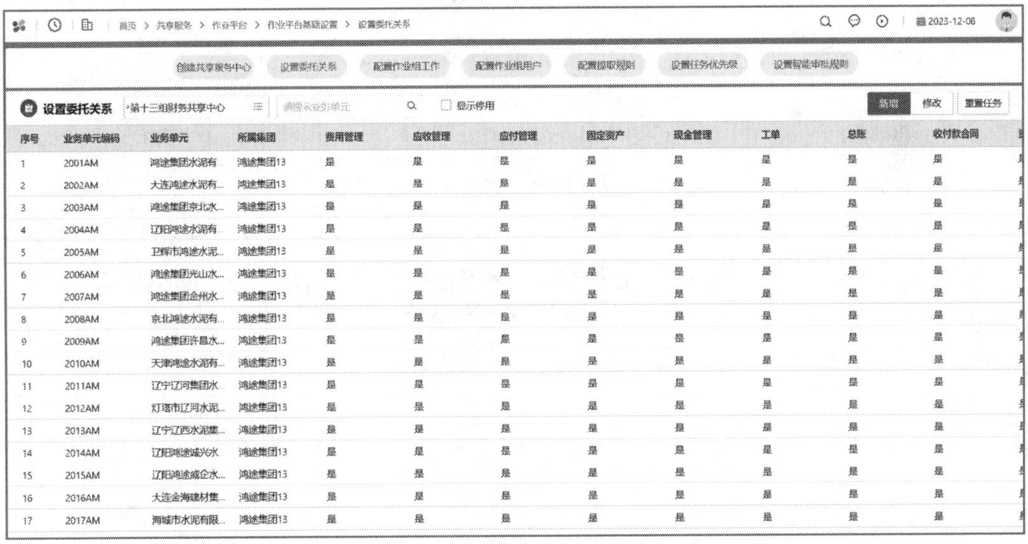

图 2-48　设置委托关系

3）配置作业组工作

配置共享服务中心作业组。根据沙盘模拟时所设计的财务共享服务中心部门进行设置。如果某个作业组还需要复审，则需要再设置初审和复审两个下级分组。为了满足本课程后续学习项目的需要，此次试验只设置初审环节，此外还要设置业务相关的作业组，具体如表2-27所示。

表2-27 共享服务中心作业组

编码	作业组名称	作业组职责
01	费用共享组	处理费用类业务的单据，包括费用申请单、费用预提单、主借款单和主报销单等单据
02	应付共享组	处理应付付款类单据，包括付款申请单、应付单和付款单等单据
03	应收共享组	处理应收收款类单据，包括应收单和收款单等单据
04	资产共享组	处理资产类业务单据，包括资产变动、资产报废、资产减少和新增资产审批单等单据
05	档案综合组	处理档案综合类业务单据，包括供应商申请单、供应商银行账号申请单、付款合同和收款合同等单据

设置作业组规则。设置规则名称时在作业组后面加上"规则"二字便可。

设置共享环节。如果是单级审核或两级审核的初审作业组，则共享环节选"共享审核"；如果是复审作业组，则共享环节选"共享复核"。

设置单据类型。设置作业组相关单据，例如应付单、付款单、主付款结算单等。具体如表2-28所示。

表2-28 单据类型

作业组	单据类型
费用共享组	费用申请单、费用预提单、主借款单、主报销单
应付共享组	付款申请、付款单、应付单
应收共享组	应收单、收款单
资产共享组	资产变动、资产报废、资产减少、新增资产审批单
档案综合组	供应商申请单、供应商银行账号申请单、付款合同、收款合同

设置交易类型和单位范围。"交易类型"不作设置，即默认一个单据类型下面的全部交易类型都交由同样的作业组处理。"单位范围"的选择会同步设置委托关系的水泥板块所有的企业。设置完的共享服务中心作业组如图2-49所示。

图2-49 共享服务中心作业组

4）配置作业组用户

根据表 2-29 添加不同作业组的人员。

表 2-29　作业组用户

用户编码	用户名称	作业组	角色
z0**001	张春艳	应付共享组	应付初审岗角色
z0**002	王希	应收共享组	应收审核岗角色
z0**003	龚紫琪	费用共享组	费用初审岗角色
z0**006	丁军	档案综合组	档案综合岗角色
Z0**007	刘飞	资产共享组	资产核算岗角色

参照表 2-29 设置完的共享服务中心作业组用户如图 2-50 所示。

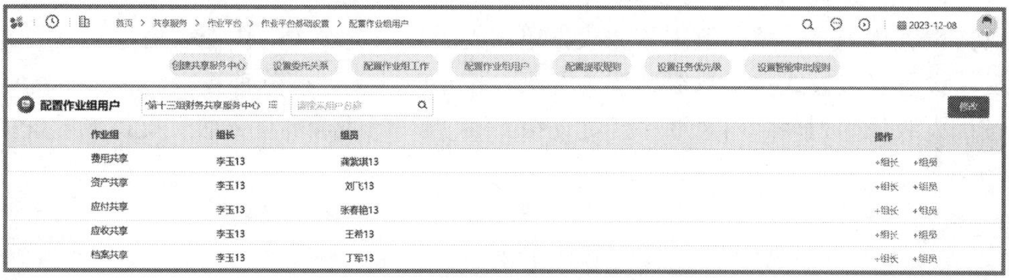

图 2-50　共享服务中心作业组人员

5）配置提取规则

配置提取规则，此次试验配置的规则对所有的共享服务中心作业组都会生效。具体内容如图 2-51 所示。

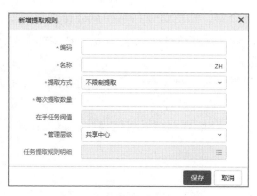

图 2-51　新增提取规则界面

各个属性含义如下。

（1）提取方式：对作业人员提取任务时的控制方式，支持以下三种控制方式。①不限制提取：作业人员可以无限次地提取任务。②处理完毕后提取：作业人员必须把当前任务处理完后才能提取下一次任务。③阈值限制：当作业人员当前在手任务数量不大于阈值的时候，可再次提取。

（2）每次提取任务量：作业人员每次可以提取到手的最大任务数。

（3）在手任务量阈值：该字段与提取方式配合使用，当提取方式限制选择"阈值限制"的时候，限制在手任务量必填，且必须为正整数；当提取方式限制选择其他两种方式的时候，限制在手任务量不可用。

（4）管理层级：该提取规则的使用范围，支持两种级次。①共享服务组织：适用于整个共享服务中心内的所有岗位。②岗位：适用于该规则所包含的岗位。如果两个层级都定义了，优先匹配岗位级。

6）设置任务优先级

设置在同一作业任务池中，用友 NCC 系统允许设置任务提取的优先级，保障重要紧急的任务能被优先提取。需要按末级作业组设置优先级规则。

支持设置优先级的条件范围，如收款单优先级高、金额大的优先级高等。

支持设置晋级模式：不晋级、按天晋级、按小时晋级、按分钟晋级。

按优先级规则列表的序号顺序排优先级，第"1"行为最高优先级。支持调整优先级顺序。

同步训练

1. 阅读鸿途集团案例资料，利用财务共享沙盘进行战略规划，给出企业 FSSC 战略定位、组织职能定位、建设模式的建议；收集 FSSC 候选城市的相关信息，并使用"财务共享选址决策评分表"进行评估和选择，绘制多维度的雷达图。

2. 阅读鸿途集团案例资料，利用财务共享沙盘进行组织规划，给出企业 FSSC 部门、职责、岗位的设置建议，推算 FSSC 不同人员的编制数量。

3. 阅读鸿途集团案例资料，利用财务共享沙盘进行流程规划，给出案例企业财务共享流程优化路径的建议，编制《业务职责切分表》；基于动作、角色、单据实现一个首要优化流程设计的摆盘推演。

4. 根据沙盘模拟结果撰写和呈现 FSSC 高阶规划方案，分组派代表陈述目标、模式决策结果及决策原因，陈述后教师点评。

5. 在用友 NCC 中完成 FSSC 规划结果的建模和测试工作。

即测即练

自学自测　扫描此码

第三章

费用共享业务处理

学习目标

1. 了解费用报销的内容、应用场景、控制要点和费用管理的层级与目标；
2. 熟悉差旅费报销、智能商旅服务、专项费用报销和跨组织费用分摊的应用场景；
3. 能够阅读企业财务报销制度并整理出差旅费用报销相关规定；
4. 能够绘制集团共享前和共享后的差旅费报销、商旅服务、专项费用跨组织分摊流程图；
5. 能够在财务共享服务平台中完成差旅费报销、商旅服务、专项费用报销和跨组织分摊报销业务；
6. 培养爱岗敬业、诚实守信的会计职业道德，精益求精的工匠精神，团队协作和沟通协调能力。

德技并修

思政主题：

合规意识　诚实守信

实施路径：

通过费用报销学习，使学生认识到费用单据必须合规。引导学生正确认识具有良好职业道德的重要性和职业道德缺失的危害性，增强诚实守信的职业道德培养，培养规矩意识和诚信。

第一节　智能差旅费报销服务

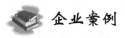
企业案例

鸿途集团水泥有限公司采用单共享服务中心模式，该集团公司所有收付款均以网银

（银企直联）方式完成，为了让共享服务中心审核有据，所有进入 FSSC 审核的业务单据，必须随附外部原始凭证的影像，走作业组的业务单据，用影像上传的方法随附影像，不走作业组的业务单据，用拍照后添加附件的方法随附影像。为了简化测试工作，共享后流程中审批环节最高只设计到子公司总经理。

要求：阅读企业财务报销制度并整理出差旅费用报销相关规定；绘制集团共享前和共享后的差旅费报销流程图；根据案例 3-1 和案例 3-2 资料，在用友 NCC 中完成差旅费用报销的完整流程。

案例 3.1 鸿途集团水泥有限公司销售服务办公室的销售员李军从郑州出差去北京。员工报销的"结算方式"为网银，"单位银行账号"选择较大的账户（支出户）。相关单据如图 3-1、图 3-2、图 3-3、图 3-4 所示。

图 3-1　往返车票

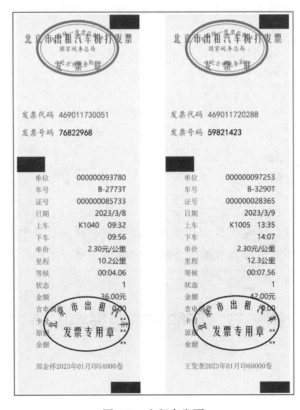

图 3-2　出租车发票

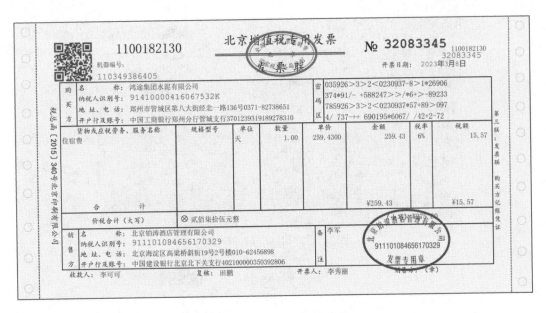

图 3-3　住宿费发票发票联

图 3-4　住宿费发票抵扣联

案例 3.2　鸿途集团水泥有限公司销售服务办公室的销售员李军从郑州出差广州,事前已报备,出差回来报销。员工报销的"结算方式"为网银,"单位银行账号"为支出户账号,较大账户。由于广交会原因导致预算超标,报销审批时受费用预警型控制。预警型控制:费用报销超出报销标准,请检查。具体单据如图3-5、图3-6、图3-7、图3-8、图3-9、图3-10所示。

图 3-5 郑州—广州行程单

图 3-6 广州—郑州行程单

图 3-7 市内打车费发票 1

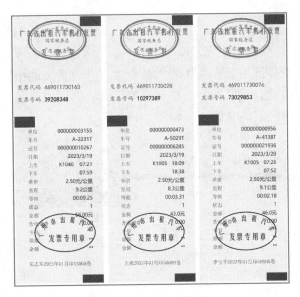

图 3-8　市内打车费发票 2

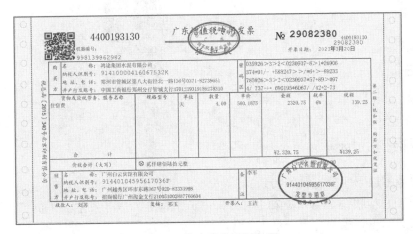

图 3-9　住宿费发票抵扣联

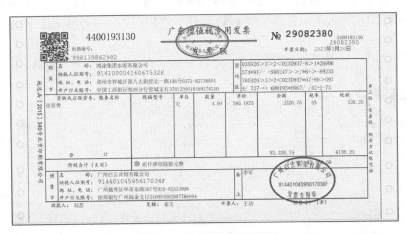

图 3-10　住宿费发票发票联

一、费用报销的内容

费用报销包括公司各部门日常发生的人员费用、办公费用的报销。人员费用主要包含：差旅费、业务招待费、日常费用、福利费等；办公费用主要包含：会务费、会议培训费、咨询费等。费用报销的总体过程如图 3-11 所示。

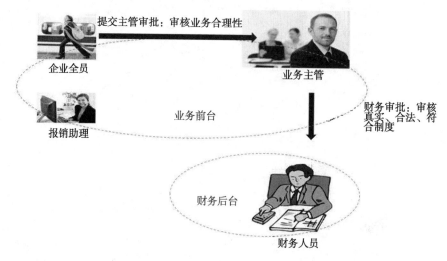

图 3-11　费用报销的总体过程

二、费用报销的场景

费用报销有以下四个主要的场景。

（1）员工直接报销。当业务发生时，先由员工垫资；业务发生后，员工进行报销，报销完成后公司将报销款支付给员工。

（2）员工借款报销。业务发生前，员工借款；业务发生时，员工付款；业务发生后，员工报账冲借款/还款/报销。员工直接报销和员工借款报销的典型流程如图 3-12 所示。

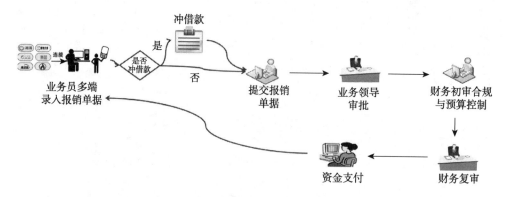

图 3-12　员工直接报销和员工借款报销的典型流程

（3）跨组织报销。报销人所属的组织（单位）与费用承担组织（单位）不同。跨组织报销中有一种情况是需要多个组织来承担（分摊）同一笔费用。例如，费用归口管理部门（比如是集团市场部）的张三报销会议费 1500 元，但按照分摊协议要由 A 公司 A1 部门和 B 公司 B1 部门分别承担 1000 元和 500 元，如图 3-13 所示。

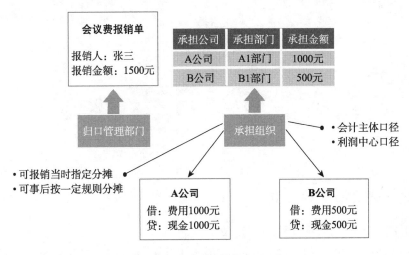

图 3-13　费用分摊的跨组织报销

（4）先申请再报销。指企业为达到费用事前控制的目的，要求在办理某些业务（如出差、营销活动）报销之前须先申请才能办理。企业年初做了全面预算，在具体业务发生时需每次申请明细的费用额度。如果需要支出企业做的全面预算或费用预算中未包括的费用，需要另行申请，申请获批后才可以支出，如图 3-14 所示。

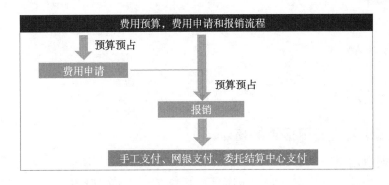

图 3-14　先申请再报销流程

三、费用报销的内控要点

费用报销的内部控制主要依据报销相关制度，重点从权限、制度说明、审批流程、报销标准、业务规则等方面进行控制，如图 3-15 所示。

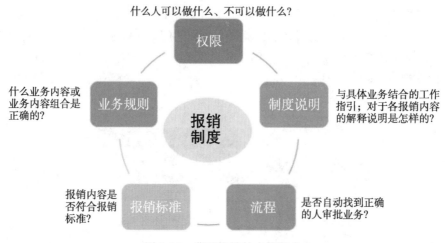

图 3-15　费用报销的内控要点

四、费用管理的层级与目标

费用报销的以下几个不同管理层级及目标。

（1）优化报销过程。目标是提高财务报销工作效率、提高员工满意度。这是见效最快的层级，管理程度浅。

（2）强化费用管理。实现费用预算管控，支撑按受益对象进行费用分摊，从而可以满足企业内部管理和考核的需要。这个层级的目标是提升管理水平。

（3）实现费用共享服务。目标是提高集团整体运行效率与服务水平，降低集团整体运营成本。这是最难的层级，也是管理程度最深的层级，且仅适用于集团管控力度大、专业化的大型集团企业。

项目实验

一、现状分析

（一）集团公司费用报销的痛点

集团公司费用报销主要存在以下痛点：各公司报销标准不统一，各自为政；整个业务审批与财务处理信息共享性差；手工处理核算量大，差错频出，耗用大量精力，核算质量有待提升；核算由人工进行处理，自动化程度低，核算标准化有待加强；同一业务不同人员、不同时间，可能出现处理方式的不一致。

（二）差旅费用报销流程现状

1. 集团/分、子公司差旅费用报销现状

集团/分、子公司差旅费用报销共享前工作流程和审批流程如图 3-16 和图 3-17 所示。

第三章 费用共享业务处理

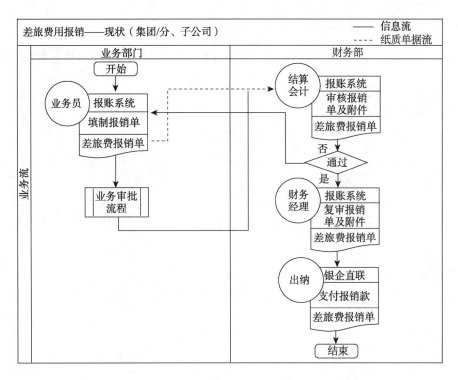

图 3-16 集团/分、子公司差旅费用报销共享前工作流程

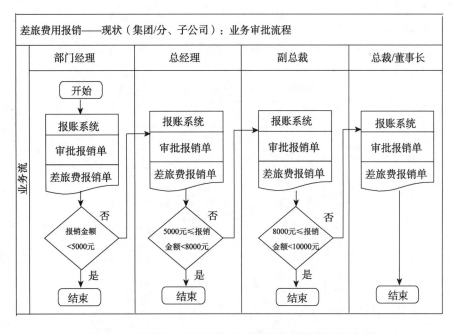

图 3-17 集团/分、子公司差旅费用报销共享前审批流程

2. 分、子公司（B公司）差旅费用报销现状

分、子公司（B公司）差旅费用报销共享前工作流程和审批流程如图 3-18 和图 3-19 所示。

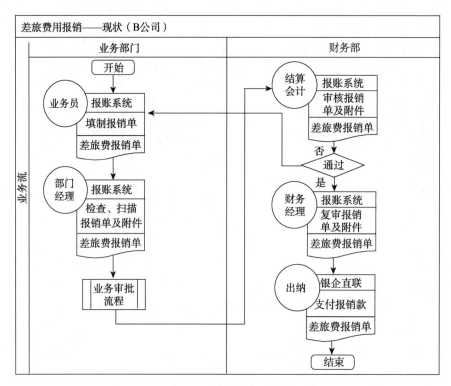

图 3-18　B 公司差旅费用报销共享前工作流程

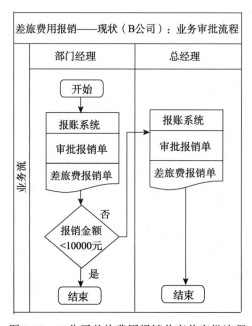

图 3-19　B 公司差旅费用报销共享前审批流程

用 Visio 绘制流程图,是信息化建设项目中最基本的能力之一,如图 3-20 所示。项目组内部成员之间、项目组与外部利益相关者之间能否通过流程图实现沟通和共识,是一个项目能否获得成功的关键因素之一。为此,每一个项目必须先确定一个流程图绘制的基本标准(图 3-21),标准不一定有好坏,但没有标准就会造成不同项目组成员绘制的流程图各表其意,让项目沟通变得很困难。

图 3-20　Microsoft Visio 的垂直跨职能流程图形状模板

编号	图形	名称	编号	图形	名称
1		职能带区（如部门）	7		信息系统/电子存档
2	负责人员 工作	最低一级工作步骤	8		非电子存档
3		引用/拆分的流程	9		批注/文字说明
4		文件/表单	10		离页引用
5		判断/决策	11		流程开始/结束
6		连接线	12		并行模式

图 3-21　Visio 流程图符号标准

二、规划设计

(一)规划财务共享服务业务单据(图 3-22)

是否进 FSSC：表示该业务单据的处理过程是否需要财务共享服务中心参与。"Y"

表示需要、"N"表示不需要。

是否属于作业组工作：表示是否需要分配到某个 FSSC 作业组、必须由该组成员从作业平台上提取进行处理。"Y"表示属于、"N"表示不属于。只有进 FSSC 的业务单据才有这个问题。

流程设计工具：表示用 NCC 的哪一个流程平台来对该业务单据进行流程建模。NCC 中有"业务流""工作流""审批流"三种流程建模平台，在本课程实训环节，业务流部分已经预置在教学平台中，因此只需要进行工作流或审批流的建模。

序号	名称	是否进FSSC	是否属于作业组工作	流程设计工具
1	差旅费报销单	Y	Y	工作流

图 3-22　费用共享业务单据

（二）共享后流程设计

根据鸿途集团差旅费用报销的流程现状，设计一个统一的共享后差旅费用报销流程。可使用 Visio 等工具软件完成共享后差旅费用报销业务流程设计，该流程将在用友 NCC 中构建测试和运行。鸿途集团共享后差旅费报销参考流程如图 3-23 所示，其中业务审批流程如图 3-24 所示。

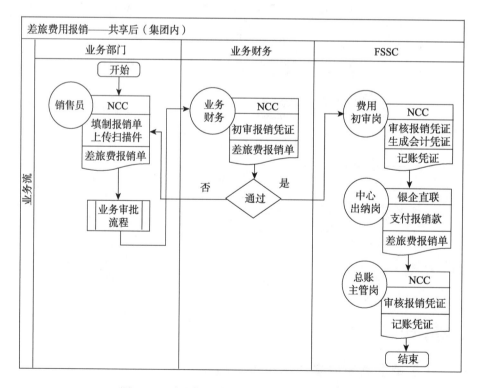

图 3-23　鸿途集团共享后差旅费报销参考流程

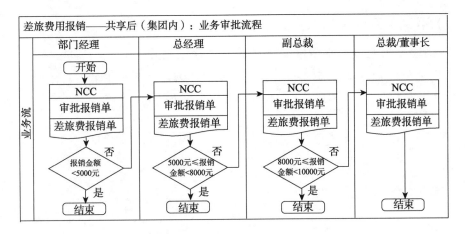

图 3-24　鸿途集团共享后差旅费报销审批流程

三、【实验项目】差旅费用报销业务

(一) 系统配置

(1) 点击"差旅费流程配置"任务,以集团管理员身份点击"开始任务",进入 NCC 平台轻量端,需要启用工作流定义——集团中的差旅费用报销单流程,如图 3-25 所示。

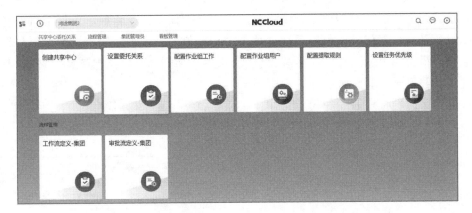

图 3-25　工作流定义

(2) 进入工作流定义(集团)窗口,选择"费用管理—主报销单—差旅费报销单",选中差旅费报销单流程,点击"启用",如图 3-26 所示。

图 3-26　差旅费用报销单流程

（二）案例 1 实验项目实操

1. 以销售员角色进入平台填制报销单，上传扫描件

以销售员角色进入 NCC 财务共享服务平台，选择报账平台下的"差旅费报销单"，根据案例 1 的信息填写相关内容，完成后"保存"，如图 3-27 所示。

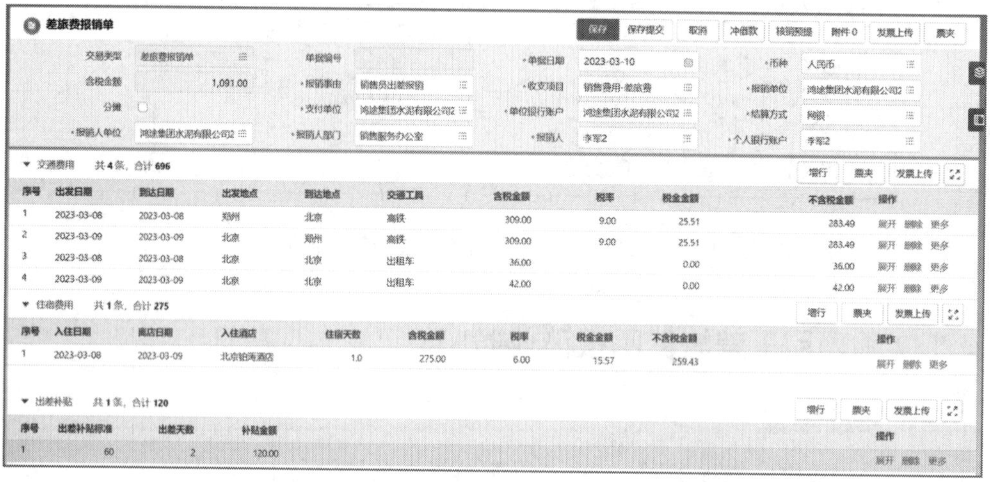

图 3-27　案例 1 差旅费用报销单

如果需要上传所附原始单据，则需要使用影像扫描系统，将原始单据分别上传至财务共享服务平台。影像上传可以采用高拍仪、扫描仪等设备将原始单据图像上传，也可导入已经扫描或拍摄的图片上传系统，使用影像扫描功能前必须确保已经安装高拍仪（或扫描仪），并且已经安装影像控件程序。

点击"影像扫描"或"导入"按钮，将原始单据图片上传后"保存""提交"，并将整个差旅费报销单提交，如图 3-28、图 3-29 所示。

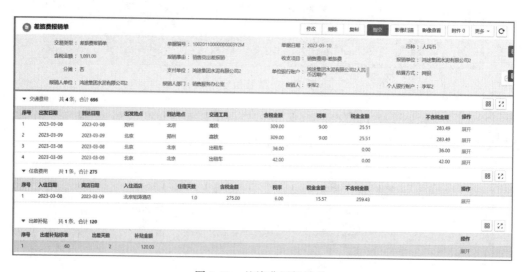

图 3-28　差旅费用报销单

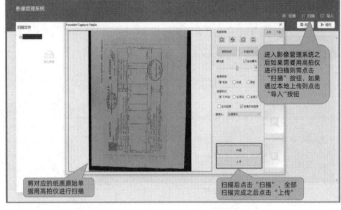

图 3-29　案例 1 影像扫描

扫描完成以后，点击"提交"，单据参照工作流程流转进入下一个岗位。

2. 以销售经理角色进入系统进行业务部门审批

以销售经理角色上岗并点击"开始任务"进入审批中心，点击"未处理 1"进入审批中心，如图 3-30 所示。

图 3-30　审批中心

点击该条记录即可打开差旅费用报销单，销售经理审核无误后，点击"销售经理角色批准"即可完成业务部门的审核，如图 3-31 所示。

图 3-31　业务经理审批

3. 以业务财务角色进入系统进行本地财务部门初审

以业务财务角色进入审批中心，点击"未处理1"，打开传递过来的差旅费报销单，点击"业务财务角色批准"完成审批工作，如图3-32所示。

图 3-32　业务财务初审

4. 以共享服务中心费用初审角色进入系统进行审批

以费用初审岗角色进入财务共享服务平台，点击"提取任务"，通过任务提取的形式提取该任务。提取完的任务通过待处理的状态查询此单据，点击单据编号，检查无误后点击"批准"即可完成共享服务中心的审批，如图3-33所示。

图 3-33　费用初审审核

※ 注意

①在共享服务中心中，电脑屏幕可以采用双屏方式进行审核，一个屏幕审核业务单据，另一个屏幕可用"影像查看"来联查相关影像资料。

②系统标准流程中未增加"共享中心的复核"节点，该节点的任务只需要用费用复核岗位上岗然后点击"完成任务"即可。

5. 以共享服务中心出纳角色进入平台，支付报销款

以共享服务中心出纳角色进入财务共享服务平台，点击"结算"，选择对应的财务和日期，点击"搜索"，系统即可筛选出待结算的单据，点击"待结算 1"，单击"业务单据编号"，通过"网上转账"的方式支付报销款，显示支付成功，如图 3-34 所示。

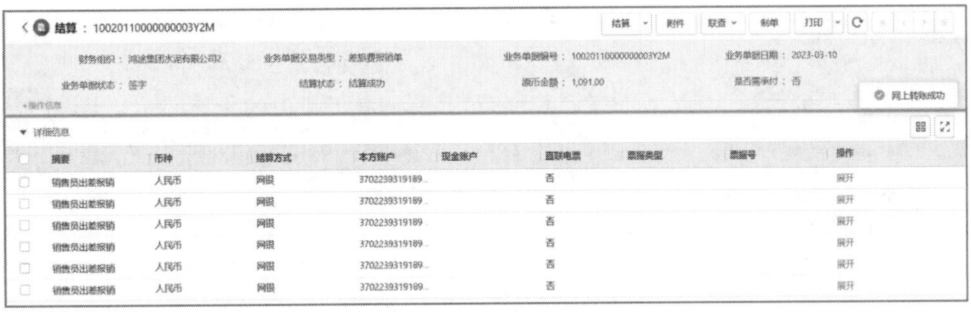

图 3-34　支付差旅费用

网上转账成功后，可以通过"工作应用—网上银行"，进入到网银系统，选择"费用共享—差旅费报销"任务，以刚才支付的账号（支出户：3703239319189278310）登录，输入密码"111111"，点击"查询业务"按钮可查询相关银行转账记录，如图 3-35、图 3-36 所示。

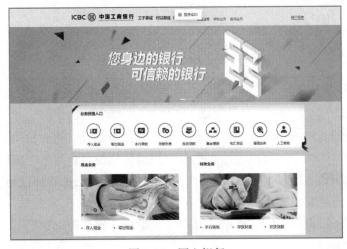

图 3-35　中国工商银行

图 3-36　网上银行

6. 以总账主管岗位角色进入平台，审核记账凭证

以总账主管岗位角色进入财务共享服务中心平台，选择"凭证审核"，选择核算账簿，单击"查询"按钮，查询差旅费报销的相关记账凭证，找到该任务点击"审核"即可，如图 3-37 所示。

图 3-37　差旅费用凭证审核

（三）案例 2　实验项目实操

1. 以销售员角色进入系统完成差旅费报销单的填写及提交

以销售员角色进入系统，点击"差旅费报销单"，根据案例资源填写相关信息，点击"保存"按钮，如图 3-38 所示。

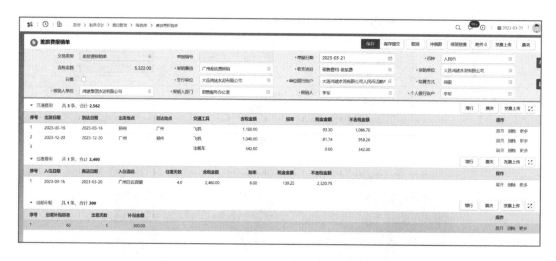

图 3-38　填写差旅费报销单

如果需要上传所附原始单据，则需要使用影像扫描系统，将原始单据分别上传至财务共享服务平台。影像上传可以采用高拍仪、扫描仪等设备将原始单据图像上传，也可导入已经扫描或拍摄的图片上传系统，使用影像扫描功能前必须确保已经安装高拍仪（或扫描仪），并且已经安装影像控件程序。

点击"更多—影像扫描"，点击"提交"，出现"预算控制预警"，点击"确定"按钮，如图 3-39 所示。

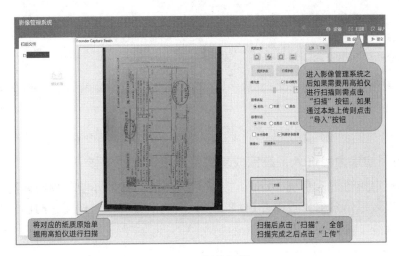

图 3-39 影像扫描

2. 以销售经理角色进入系统完成差旅费用报销单的审批

以销售经理角色上岗并点击"开始任务"进入审批中心,点击"未处理 1"进入审批中心,打开此报销单,点击批准,如图 3-40 所示。

图 3-40 销售经理审批

3. 以总经理角色进入系统完成差旅费用报销单的审批

以总经理身份进入系统,点击"审批中心—未处理 1",进行业务单据的审核,如图 3-41 所示。

图 3-41 总经理审批

4. 以业务财务角色进入系统完成差旅费用报销单的初审

以业务财务角色进入系统,点击"审批中心—未处理 1",点击"业务财务角色批准",如图 3-42 所示。

图 3-42　业务财务审批

5. 以费用初审角色进入系统完成差旅费用报销单的审核

以费用初审角色进入系统，点击"待提取"进入"我的作业"界面详情，点击"任务提取"，提取报销单据；点击此单据编号进入单据详情。出现预警型提示该报销超预算，点击"批准"按钮，如图 3-43 所示。

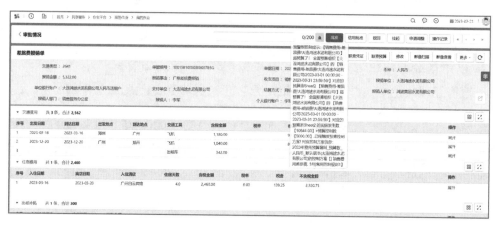

图 3-43　费用初审审批

按照费用复核角色进行上岗，点击"开始任务"按钮进入 NCC 系统，完成差旅费报销单的复核。如果工作流中没有设计共享复核环节则直接点击"完成任务"即可。

6. 以中心出纳角色进入系统完成差旅费用报销单的付款

以中心出纳进入系统，点击"结算"，进入结算页面，选择财务组织、日期，在"待结算"页签中点击"业务单据编号"进入结算详细信息界面，点击"支付""网上转账"，点击"确定"按钮完成网上转账，如图 3-44 所示。

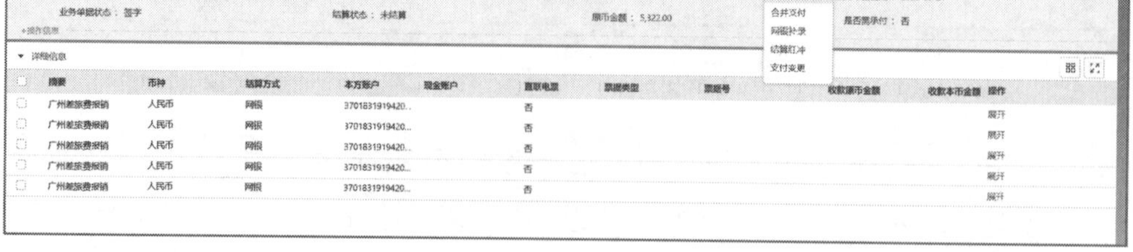

图 3-44　进行网上支付

7. 以总账主管角色进入系统完成差旅费用报销单的记账凭证审核

以总账主管角色进入系统，单击"凭证审核"，进入凭证审核界面，选择财务组织、日期，审核状态为"待审核"，点击"查询按钮"，已查询的凭证，双击凭证进入凭证详情界面，检查凭证，点击"审核"，审核该凭证，如图 3-45 所示。

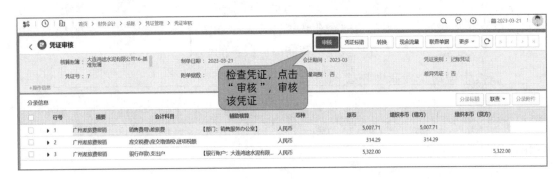

图 3-45　总账主管审核凭证

第二节　智能商旅服务

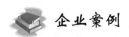

鸿途集团水泥有限公司采用单共享中心模式，该集团公司所有收付款均以网银（银企直联）方式完成，为了让共享服务中心审核有据，所有进入 FSSC 审核的业务单据，必须随附外部原始凭证的影像，走作业组的业务单据，用影像上传的方法随附影像，不走作业组的业务单据，用拍照后添加附件的方法随附影像。为了简化构建测试工作，共享后流程中审批环节最高只设计到子公司总经理。

要求：绘制集团共享前和共享后的智能商旅服务流程图；根据以下资料，用手机 APP、用友 NCC 完成商旅服务的完整流程。

鸿途集团水泥有限公司销售服务办公室的销售员李军从郑州出差到三亚，11 日下午 1 点与客户洽谈，12 日支持当地水泥市场推介活动，活动 5 点结束。鸿途集团水泥有限公司使用的商旅预定均为对公结算，9 日李军通过商旅平台完成机票、酒店预订服务，入住三亚凤凰岛酒店，酒店有免费接送机服务，同时通过滴滴完成住所（联合花园北门）到郑州新郑国际机场的往返交通出行。13 日出差结束，通过商旅平台报销完成。

根据《费用管理制度》，只能选用经济舱，住宿酒店标准 300 元/日/人。出差期间每天差旅补贴 60 元。

一、智能商旅服务模式

企业内部资金变革和外部新技术带动商旅管理的模式创新。

1. 企业内生资金管理的变革

随着员工出差前预借现金（借款）的场景在很多企业越来越少，员工出差垫资问题在很多企业非常普遍。员工垫资向企业垫资转化，企业垫资又进一步向服务商垫资转化的趋势，催生了很多由第三方平台提供智能商旅服务的模式。

2. 新技术带动企业商业模式创新

人工智能、云计算、大数据、移动互联网等现代信息技术带动企业商业模式创新，连接协同共享促进社会化商业，数据驱动数字企业，共享经济催生平台型企业，交易平台化，金融泛在化。

3. 智能商旅服务的模式

差旅管理，又称商旅管理。商旅管理公司（Travel Management Company，TMC）有如下这些模式。

个人预订+报销：个人预订、事后报销。

TMC 线下模式：单一 TMC，电话预订、统一结算。

TMC 线上模式：单一 TMC，TMC APP 预订、统一结算。

自建商旅平台：自建、外购第三方平台，整合多方资源，与内部系统打通，实现全流程商旅管理与服务。

商旅服务提供商如图 3-46 所示。

图 3-46　商旅服务提供商

二、智能商旅的价值分析

智能商旅采用前和采用后，对企业及不同层级员工的影响如表 3-1 所示。

表 3-1　智能商旅服务对传统模式的颠覆

层级	采用前	采用后
企业	• 企业差旅费用居高不下，费用管控力度低 • 企业的差旅报销制度不能很好落实 • 企业的报销流程烦琐，员工满意度低	移动互联网时代的智能商旅及报账服务连接社会化服务资源，企业可以自行设置差旅规则，对差旅申请、审批、预订、支付和报销等差旅全流程进行自动化管理
员工	• 报销差旅费用时，每次都要填写厚厚一沓报销单据 • 完成一次费用报销，需要拿着单据逐个找领导审批，审批领导经常出差、会议中 • 个人垫付资金，报销不及时	• 员工管理个人商务旅行，随时随地进行出差申请、商旅及出行预订、差旅费用报销等全线上应用，提高工作效率 • 员工免除垫付资金，不需要贴票报销、商旅报账方便快捷，提高员工满意度
部门经理	• 不能及时了解费用预算执行情况及剩余额度 • 审核待报销财务费用时，不能及时获得合法数据或相关材料支持	• 及时审批员工差旅申请，实时掌握费用预算达成情况 • 提升管理水平，提高部门管理满意度，实现管理升级
财务人员	• 员工单据填写不规范 • 报销审核工作占用大量时间，票据审核困难 • 无法掌控各项目、各部门以及异地分公司的费用发生情况 • 企业财务制度难以落实，员工出差商旅预订五花八门，缺少费用报销制度的监管	• 简化财务核算，极大提升财务效率 • 有效管理员工差旅行为和差旅费用 • 帮助企业优化差旅管理规范和流程，将差旅管理规范化、信息化，提高企业的专业形象 • 提高差旅透明度和合规性，更好地进行预算规划、费用管控
CEO	• 不清楚公司的费用支出是否合理，是否带来相匹配的效益 • 费用管理中肯定有疏漏现象，费用居高不下，成本难以降低 • 不能按照企业内部管理的要求获取准确的费用分析数据	• 有效地了解员工差旅行为、企业费用支出情况 • 为企业优化差旅制度、预算规划、员工行为管理、费用控制等提供决策依据

三、智能商旅服务的建设方向

智能商旅服务的建设方向，是打通企业商旅报账全流程、实现费用可视可控，如图 3-47 所示。

差旅申请
• 多端接入
• 预算控制前置
• 审批效率提升

行程预订
• 差旅标准嵌入服务预订过程
• 管控行程预订过程
• 自动甄别价格最低供应商

自动报账
• 自动传回消费记录
• 自动读取发票信息，作为报账依据
• 自动识别发票真伪

对账开票
• 线上实时对账
• 月末集中开票

付款结算
• 日常供应商垫付
• 月末统一结算
• 员工免垫付

核算
• 多维度核算
• 自动生成凭证

报告
• 月/季/年度报告
• 内部管理分析

图 3-47　智能商旅服务的建设方向

📚 项目实验

一、现状分析

（一）传统模式下的费控业务流程

传统报销系统模式下，费用管控在员工满意度、财务处理和分析等方面已无法满足管理需求。传统模式下的费控业务流程如图 3-48 所示。

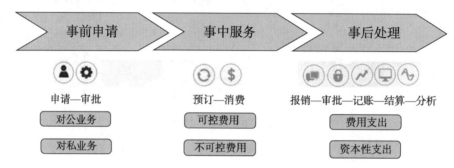

图 3-48 传统模式下的费控业务流程

（二）传统模式下企业费用管控的问题

传统报销系统模式下，企业费用管控存在的问题有以下几个方面。

（1）费用报销慢，效率低。填报不规范、报销不及时；审批环节多、审批周期长；审批责任不明确；单据人工校验，手工凭证。

（2）费用管控落后，管控弱。费用管控依靠人工，预算无法实现事前管控。

（3）数据信息不对称，风险高。业务数据真实性难以验证，增加财务风险；报表数据不及时不准确，增加管理风险。

（4）信息不完整，难及时管理。无法及时准确了解费用具体支出细节，难以对费用发生过程进行管控。

（三）企业差旅管理现状

（1）差旅申请：重事项，轻管控。员工差旅申请只重事项的审批，不太看重费用预算以及费用标准的管控。

（2）商旅预订：重结果，轻过程。商旅部分预订大部分由员工完成，在报账后才审核结果，对差旅预订过程无管控。

（3）差旅报账：重控制，轻服务。差旅报销单缺少住宿水单驳回，开票信息不准确单据驳回，报销填写不规范驳回。

二、规划设计

根据鸿途集团差旅费用报销的流程现状，设计一个统一的共享后智能商旅报销流程。

可使用 Visio 等工具软件完成共享后智能商旅报销业务流程设计,该流程将在用友 NCC 中构建测试和运行。鸿途集团共享后智能商旅服务报销参考流程如图 3-49,其中业务审批子流程如图 3-50 所示。

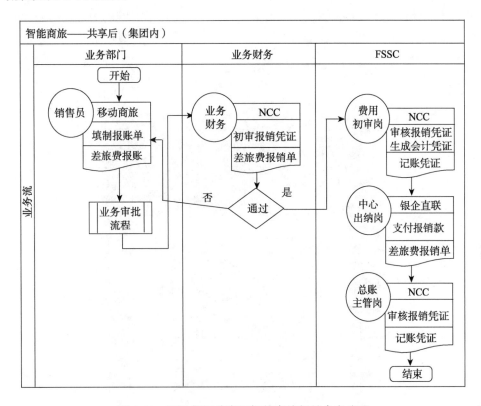

图 3-49　鸿途集团共享后智能商旅报销参考流程

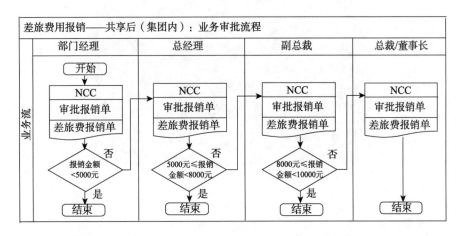

图 3-50　鸿途集团共享后智能商旅报销审批流程

三、【实验项目】智能商旅服务业务

（一）智能商旅订票

（1）机票预订。以销售员角色登录进入平台，通过扫描二维码的形式进行差旅费用的预订，此次试验我们利用 PC 端进行操作，点击图 3-51 的"请点击此处电脑访问"。

图 3-51　智能商旅

系统弹出智能商旅仿真系统界面，点击"订购机票"，出发地选择"郑州"，目的地选择"三亚"，日期选择"2023-3-11"，点击"搜索"，系统弹出机票预订界面，选择任一航班即可，如图 3-52 所示。

点击"下一步",按照测试用例信息,新增乘机人姓名、手机号和身份证号,新增完成以后,点击"确定",选择乘机人,补充完成联系人手机号,点击"去支付",如图 3-53 所示。

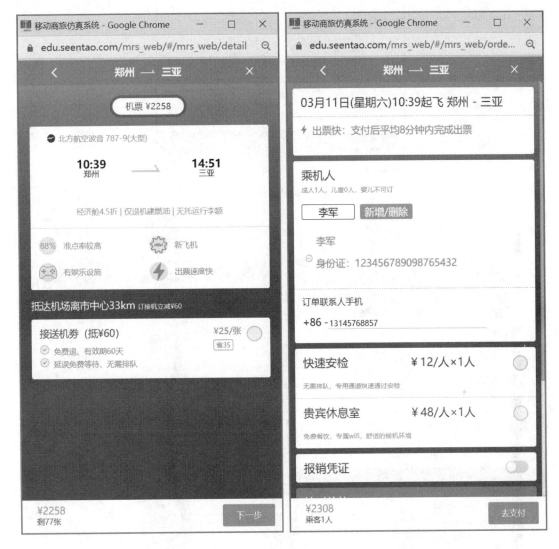

图 3-52　预订机票 1　　　　　　图 3-53　预订机票 2

点击"去支付",点击"企业支付",如图 3-54 所示。

参照以上从郑州到三亚机票预订的步骤,预定一张 3 月 12 日,从三亚回郑州的机票,如图 3-55 所示。

图 3-54 企业支付

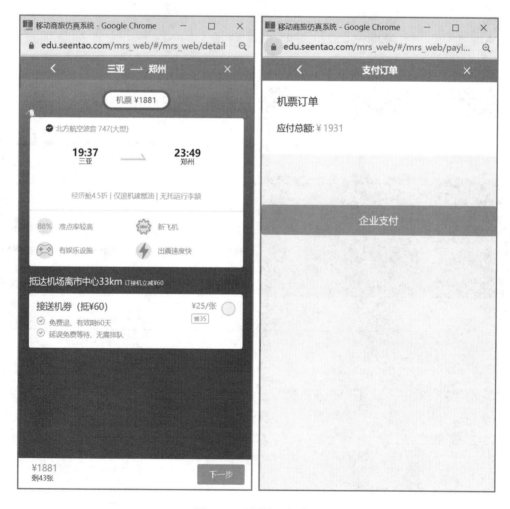

图 3-55 返程机票预订

（2）预约滴滴。点击返回按钮，返回商旅预订首页，点击"滴滴"，出发地选择"联合花园，北门"，目的地选择"郑州新郑国际机场"，点击"确认呼叫"。按照上述步骤预定从机场回家的网约车，如图 3-56 所示。

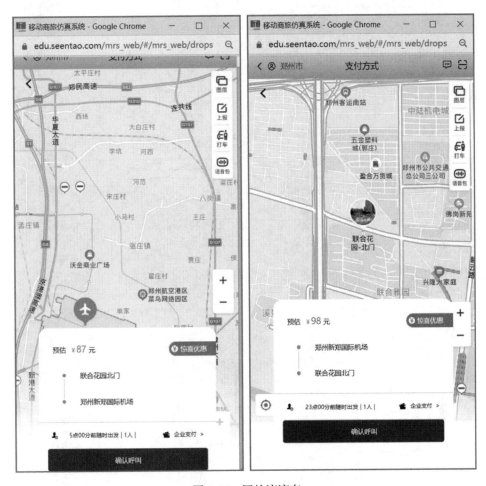

图 3-56 网约滴滴车

（3）预订酒店。点击返回按钮，返回商旅预订首页，点击"预订酒店"，地点为三亚，入住日期选择"2023 年 3 月 11 日"，离店日期选择"2023 年 3 月 12 日"，点击"开始搜索"，如图 3-57 所示。

选择"三亚凤凰岛酒店"，选择"花园大床房"，补充完成入住人姓名和手机号，点击"去支付"，如图 3-58 所示。

点击"企业支付"，系统提示"支付成功，即将跳转界面"。

（4）商旅报销。点击返回按钮，系统返回商旅报销预订界面，点击"报销"，打开差旅费报账界面，选择"差旅费报账"，报销日期选择"2023 年 3 月 13 日"，事由输入"差旅费用报销"，点击添加报销明细，打开可选明细界面，选择对应的预订信息，选择以后点击"确定""提交"，如图 3-59 所示。

图 3-57 预订酒店 1

图 3-58 预订酒店 2

图 3-59 差旅报销

（二）智能商旅审批

1. 以销售经理角色进入系统进行业务部门审批

以销售经理角色上岗并点击"开始任务"进入审批中心，点击"未处理1"进入审批中心，如图3-60所示。

图 3-60　审批中心

点击该条记录即可打开差旅费用报销单，业务经理审核无误后，点击"销售经理角色批准"即可完成业务部门的审核，如图3-61所示。

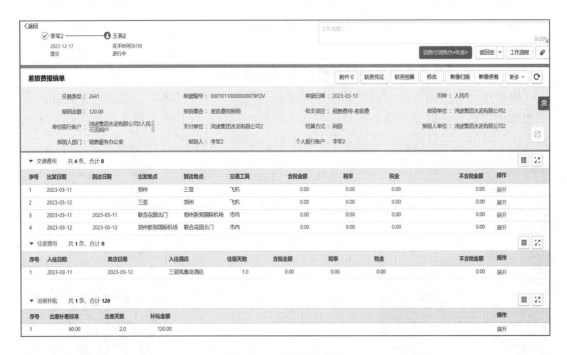

图 3-61　业务经理审批

2. 以业务财务角色进入系统进行本地财务部门初审

以业务财务角色进入审批中心，点击"未处理1"，打开传递过来的差旅费报销单，点击"业务财务角色批准"完成审批工作，如图3-62所示。

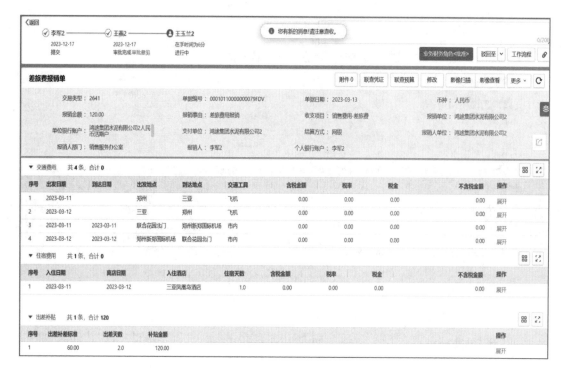

图 3-62　业务财务初审

3. 以共享服务中心费用初审角色进入系统进行审批

以费用初审岗角色进入财务共享服务平台，点击"提取任务"，通过任务提取的形式提取该任务。提取完的任务通过待处理的状态查询此单据，点击单据编号，检查无误后点击"批准"即可完成共享服务中心的审批，如图 3-63、图 3-64 所示。

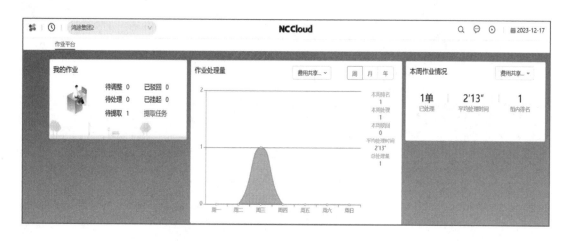

图 3-63　提取任务

图 3-64　审核报销单

> 注意
> ①在共享服务中心中，电脑屏幕可以采用双屏方式进行审核，一个屏幕审核业务单据，另一个屏幕可用"影像查看"来联查相关影像资料。
> ②系统标准流程中未增加"共享中心的复核"节点，该节点的任务只需要操作费用复核岗位上岗，然后点击"完成任务"即可。

4. 以共享服务中心出纳角色进入平台，支付报销款

以共享服务中心出纳角色进入财务共享服务平台，点击"结算"，选择对应的财务和日期，点击"搜索"，系统即可筛选出待结算的单据，点击"待结算 1"，单击"业务单据编号"，通过"网上转账"的方式支付报销款，显示支付成功，如图 3-65 所示。

图 3-65　支付差旅费

网上转账成功后，可以通过"工作应用—网上银行"，进入网银系统，选择"费用共享—差旅费报销"任务，以刚才支付的账号（支出户：3703239319189278310）登录，输入密码"111111"，点击"查询业务"按钮可查询相关银行转账记录，如图 3-66、图 3-67 所示。

图 3-66　中国工商银行

图 3-67　网上银行

5. 以总账主管岗位角色进入平台，审核记账凭证

以总账主管岗位角色进入财务共享服务中心平台，选择"凭证审核"，选择核算账簿，点击"查询"，查询差旅费报销的相关记账凭证，找到该任务点击"审核"即可，如图 3-68 所示。

图 3-68　差旅费用凭证审核

第三节 专项费用报销

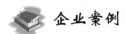

鸿途集团水泥有限公司采用单共享中心模式，该集团公司所有收付款均以网银（银企直联）方式完成，为了让共享服务中心审核有据，所有进入 FSSC 审核的业务单据，必须随附外部原始凭证的影像，走作业组的业务单据，用影像上传的方法随附影像，不走作业组的业务单据，用拍照后添加附件的方法随附影像。

要求：绘制集团共享前和共享后的专项费用报销流程图；根据案例 3.3 资料，在用友 NCC 完成申请审批、专项费用报销与分摊的完整流程。

水泥协会 2023 年 3 月 15 日在大连举办 2023 年水泥技术及装备展览会，鸿途集团水泥有限公司组织大连属地的子公司参加，会务费 2 万元，鸿途集团水泥有限公司统一支付，但具体由大连鸿途水泥有限公司等五家子公司承担。专项费用发生前需进行申请审批。

2023 年 3 月 5 日，鸿途集团水泥有限公司综合办公室专员发起费用申请，费用承担部门是各家单位的销售服务办公室，经鸿途集团水泥有限公司综合办公室经理、总经理和业务财务审批，通过后生效。

2023 年 3 月 16 日，鸿途集团水泥有限公司综合办公室专员发起会务费支付，支付给会展承办方：白云国际会议中心；由五家子公司的销售服务办公室承担各家公司的会务费。

具体信息如图 3-69、图 3-70、图 3-71、图 3-72、图 3-73 和图 3-74 所示。

会议费分摊表

公司	分摊比例
大连鸿途水泥有限公司	30%
鸿途集团京北水泥有限公司	15%
鸿途集团金州水泥有限公司	46%
大连金海建材集团有限公司	3%
海城市水泥有限公司	6%

制单人：谭定珍　　　　　批准人：杨天波
日　期：2023.3.7　　　　日　期：2023.3.8

图 3-69　会议费分摊

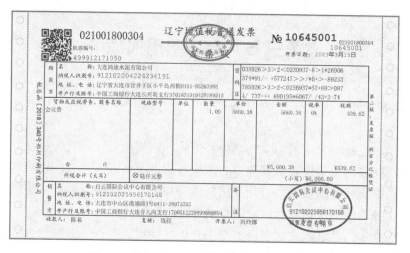

图 3-70　大连鸿途水泥有限公司会议费发票

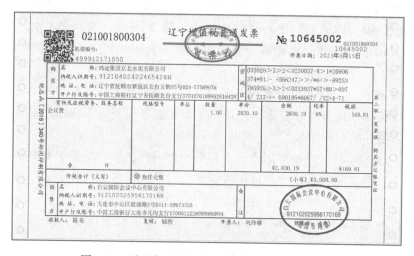

图 3-71　鸿途集团京北水泥有限公司会议费发票

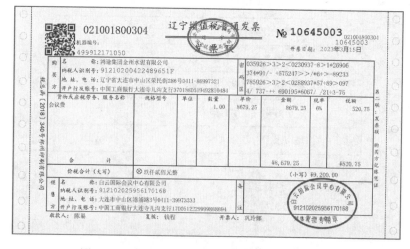

图 3-72　鸿途集团金州水泥有限公司会议费发票

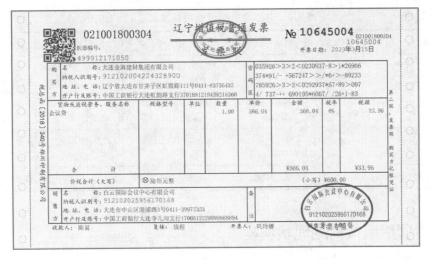

图 3-73　大连金海建材集团有限公司会议费发票

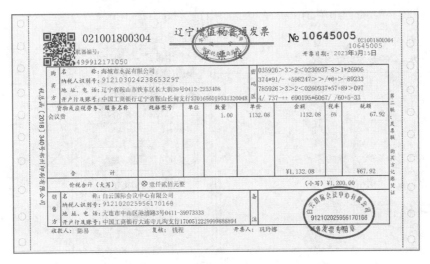

图 3-74　海城市水泥有限公司会议费发票

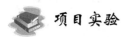

一、现状分析

（一）专项费用的管理

专项费用适用于因工作需要发生的广告、宣传、印刷、咨询、会议、培训等费用。专项费用实行的是预算单项控制，报销时必须对应正确的预算项目。超过1万元（含）的市场活动、培训等所有的费用必须事前进行专项预算审批。鸿途集团的专项费用标准如表3-2所示。

表 3-2　专项费用标准

业务审批人	财务审批人	交通费/通信费	招待费	差旅费	其他支出/借款
部门经理	分管财务会计—财务经理	0.04万元（不含）以下	0.1万元（不含）以下	0.5万元（不含）以下	1万元（不含）以下
总经理		0.04万~0.06万元（不含）	0.1万~0.2万元（不含）	0.5万~0.8万元（不含）	1万~3万元（不含）以下
副总裁		0.06万~0.1万元（不含）	0.2万~0.3万元（不含）	0.8万~1万元（不含）	3万~5万元（不含）
公司总裁/董事长		≥0.1万元	≥0.3万元	≥1万元	≥5万元

（二）专项费用报销的现状流程

1. 集团/部分分子公司

现有流程：专项费用申请——专项费用报销（图3-75）。

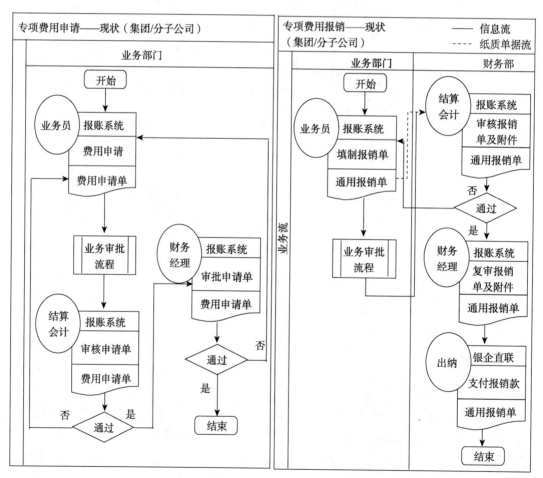

图 3-75　集团/部分分子公司专项费用报销流程现状

2. 分子公司（B 公司）

分子公司（B 公司）专项费用报销流程如图 3-76 所示。

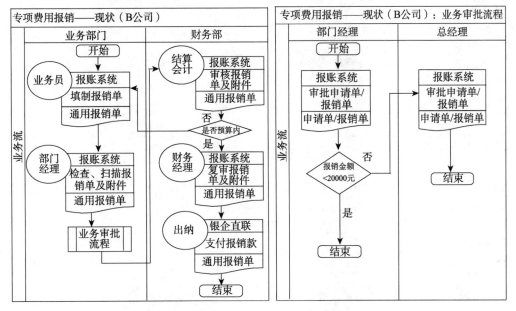

图 3-76　B 公司专项费用报销流程现状

二、规划设计

（一）规划财务共享服务业务单据

专项费用单据如表 3-3 所示。

表 3-3　专项费用单据

序号	名称	是否进 FSSC	是否属于作业组工作	流程设计工具
1	费用申请单	N	—	工作流
2	通用报销单	Y	Y	工作流

（二）共享后流程设计

根据鸿途集团专项费用报销的流程现状，设计一个统一的共享后专项费用报销流程。可使用 Visio 等工具软件完成共享后专项费用报销业务流程设计，该流程将在用友 NCC 中构建测试和运行。

三、业务实操

（一）系统配置

（1）点击"差旅费流程配置"任务，以集团管理员身份点击"开始任务"，进入 NCC

平台轻量端，需要启用工作流定义—集团中的费用申请单流程，如图 3-77 所示。

图 3-77　费用申请单工作流定义

（2）进入工作流定义（集团）窗口，选择"费用管理—主报销单—差旅费报销单"，选中差旅费报销单流程，点击"启用"，如图 3-78 所示。

图 3-78　费用报销单工作流定义

（二）专项费用申请实验项目

1. 以综合办公室专员角色进入平台填制费用申请单

以综合办公室专员角色进入 NCC 财务共享服务平台，选择"费用申请单"，根据案例的相关填写相关内容，完成后"保存提交"，如图 3-79 所示。

图 3-79　费用申请单

2. 以综合办公室经理角色进入平台审核费用申请单

以综合办公室经理进入平台，点击"未处理 1"进入审批中心，如图 3-80 所示。

图 3-80 审批中心

点击该条记录即可打开费用申请单，业务经理审核无误后，点击"综合办公室经理角色批准"即可完成业务部门的审核，如图 3-81 所示。

图 3-81 业务经理审批

3. 以总经理角色进入平台审核费用申请单

以总经理进入平台，点击"未处理 1"进入审批中心。点击该条记录即可打开费用申请单，业务经理审核无误后，点击"总经理角色批准"即可完成业务部门的审核，如图 3-82 所示。

图 3-82 总经理审批

4. 以业务财务角色进入系统进行本地财务部门初审

以业务财务角色进入审批中心，点击"未处理 1"，打开传递过来的费用申请单，点击"业务财务角色批准"完成审批工作，如图 3-83 所示。

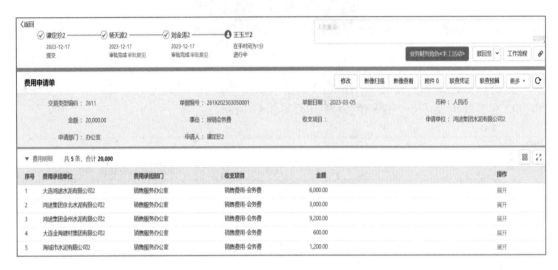

图 3-83　业务财务审批

（三）专项费用报销申请实验项目

1. 以综合办公室专员角色进入平台填制报销单，上传扫描件

以综合办公室专员角色进入平台，点击"通用报销单"，勾选"申请单"，如图 3-84 所示。

图 3-84　费用报销单

勾选费用申请单，点击"生成报销单"，补充完成单位银行账户，选择较大户，结算方式选择"网银"，收款单位选择"供应商"，供应商选择"白云国际会议中心有限公司"，如图 3-85 所示。

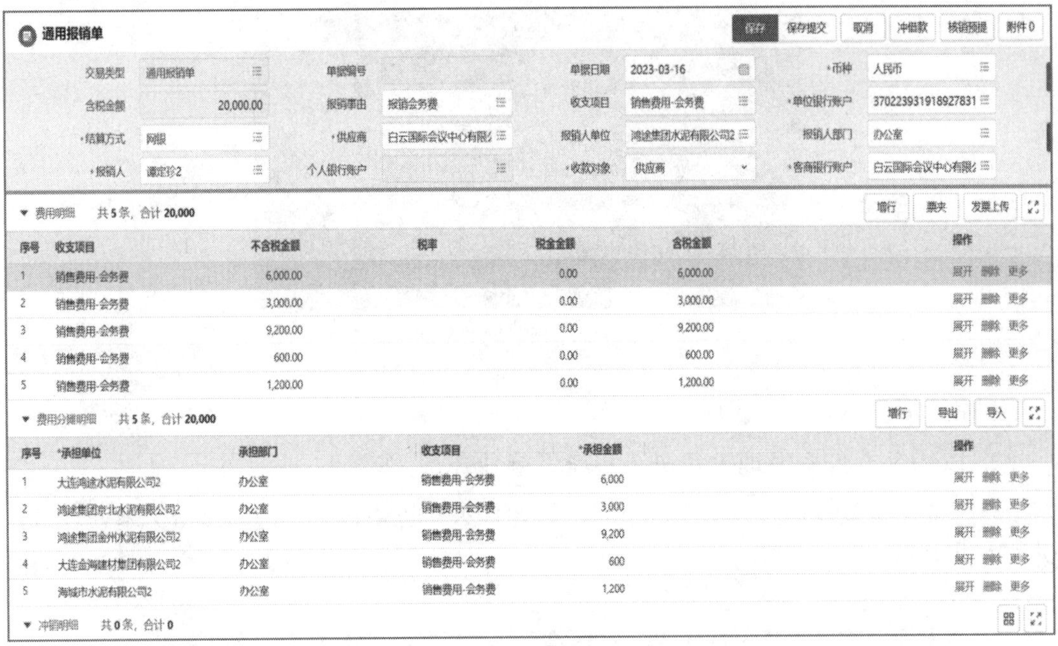

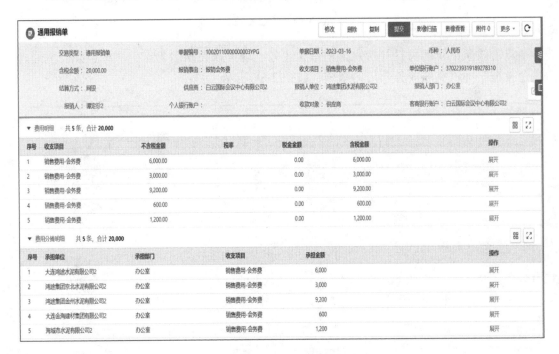

图 3-85 填写通用费用报销单

检查无误后点击"保存",如图 3-86 所示。

图 3-86 通用费用报销单

点击"影像扫描",扫描原始凭证,如图 3-87 所示。

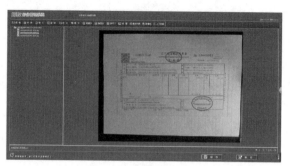

图 3-87　扫描原始凭证

扫描完成以后，点击"提交"。

2. 以综合办公室经理角色进入系统进行业务部门审批

以综合办公室经理角色上岗并点击"开始任务"进入审批中心，点击"未处理 1"进入审批中心，如图 3-88 所示。

图 3-88　审批中心

点击该条记录即可打开费用报销单，业务经理审核无误后，点击"综合办公室经理角色批准"即可完成业务部门的审核，如图 3-89 所示。

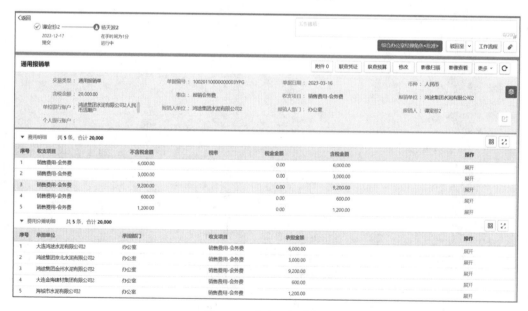

图 3-89　业务经理审批

3. 以总经理角色进入系统进行业务部门复审

以总经理角色进入审批中心，点击"未处理 1"，打开传递过来的费用报销单，点击"总经理角色批准"完成审批工作，如图 3-90 所示。

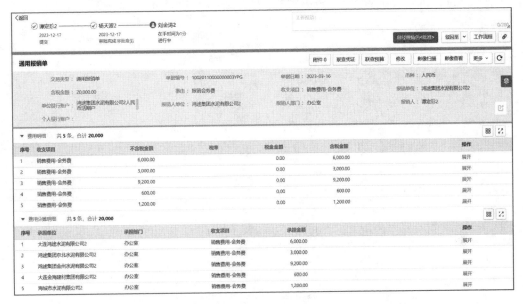

图 3-90　总经理审批

4. 以业务财务角色进入系统进行本地财务部门初审

以业务财务角色进入审批中心，点击"未处理 1"，打开传递过来的费用报销单，点击"业务财务角色批准"完成审批工作，如图 3-91 所示。

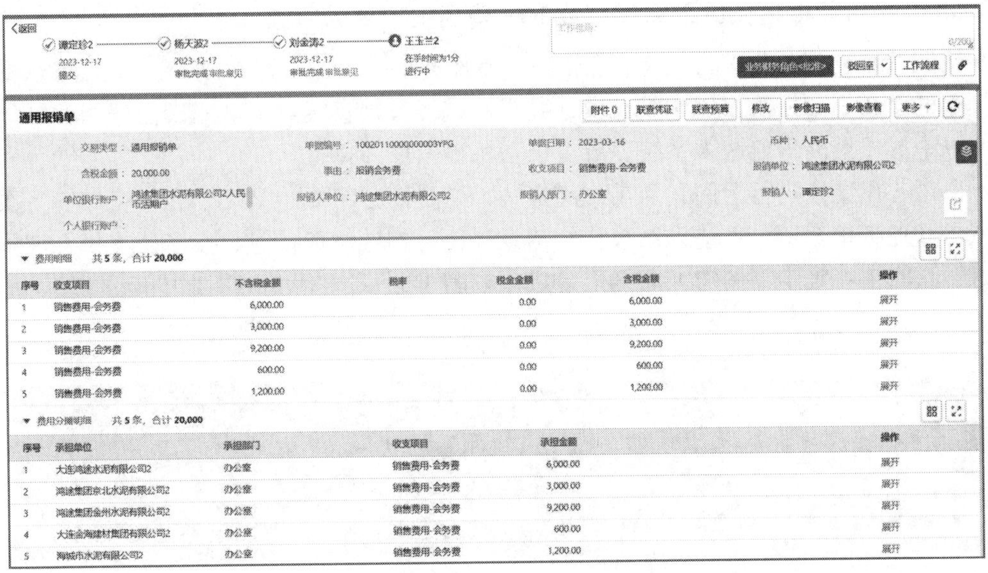

图 3-91　业务财务初审

5. 以共享服务中心费用初审角色进入系统进行审批

以费用初审岗角色进入财务共享服务平台,点击"提取任务",通过任务提取的形式提取该任务。提取完的任务通过待处理的状态查询此单据,点击单据编号,检查无误后点击"批准"即可完成共享服务中心的审批,如图 3-92 所示。

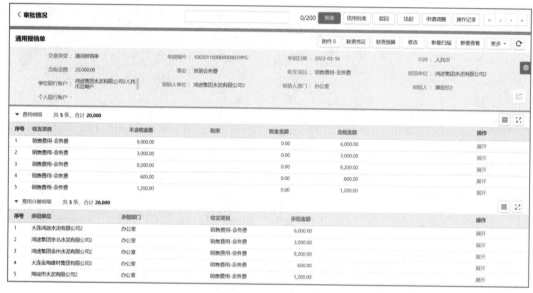

图 3-92　费用初审

> 注意
>
> 在共享中心中电脑屏幕可以采用双屏方式进行审核,一个屏幕审核业务单据,另一个屏幕可用"影像查看"来联查相关影像资料。

6. 以费用复核角色进入系统完成专项费用报销单的审核

按照费用复核角色进行上岗,点击"开始任务"按钮进入 NCC 系统,完成专项费用报销单的复核。如果工作流中没有设计共享复核环节则直接点击"完成任务"即可。

以中心出纳岗角色进入系统完成专项费用报销单的付款。

以中心出纳岗进行上岗,点击"结算",选择财务组织、日期,在"待结算"页签中点击"业务单据编号"进入结算详细信息界面,勾选凭证信息,点击"支付""网上转账",点击"确定"按钮完成网上转账,如图 3-93、图 3-94、图 3-95 所示。

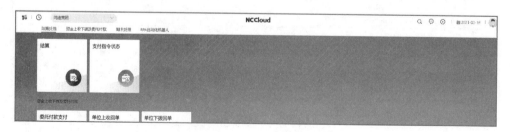

图 3-93　进入结算中心

图 3-94 进行网上转账

图 3-95 进行转账确认

7. 以总账主管角色进入系统完成专项费用报销单凭证审核

以总账主管进入系统，点击单击"凭证审核"，进入凭证审核界面，选择财务组织、日期，点击查询，点击"审核"，如图 3-96 所示。

图 3-96 总账主管审核凭证

第四节 收单机器人应用

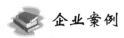
企业案例

鸿途集团水泥有限公司销售服务办公室的销售员李军于 2023 年 3 月 25 日从北京去往

天津出差，由于路程较近，其选择开车前往，期间给汽车加油花费 437.81 元（含税金额，税率为 13%），如图 3-97 所示，事前已报备，3 月 26 日报销差旅费。员工报销的“结算方式”为网银，“单位银行账号”选账号编码较大的账号（支出户）。根据《鸿途集团费用管理制度》规定出差期间每人差旅补贴 60 元/天，补贴天数按实际出差天数计算。

北京增值税电子普通发票

发票代码：011002000811
发票号码：55066257
开票日期：2023年3月25日
校验码：45820 07441 08328 05162

机器编号：661008387682

购买方 名称：鸿途集团水泥有限公司
纳税人识别号：91410000416067532K
地址、电话：郑州市管城区第八大街经北一路136号0371-82738651
开户行及账号：中国工商银行郑州分行管城支行3701239319189278310

货物或应税劳务、服务名称	规格型号	单位	数量	单价	金额	税率	税额
*汽油*95号	95号	升	66.74	5.8053	387.44	13%	50.37
合计					¥387.44		¥50.37

价税合计（大写）⊗肆佰叁拾柒圆捌角壹分 （小写）¥437.81

销售方 名称：中国石化销售股份有限公司北京石油分公司
纳税人识别号：911100008011253056

收款人：宋增井 复核：刘利 开票人：宋增井 销售方：（章）

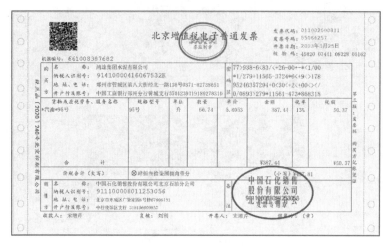

图 3-97 汽油电子普通发票

要求：绘制共享后的收单机器人的流程图；根据案例资料描述，完成收单机器人报销完整流程。

项目实验

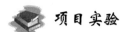

一、业务处理

1. 以销售员角色进入系统填制报销单

以销售员的角色点击“开始任务”进入系统，按照测试用例修改业务日期，点击左上角四叶草图标，选择“财务会计—费用管理—差旅费自助报销单”，如图 3-98 所示。

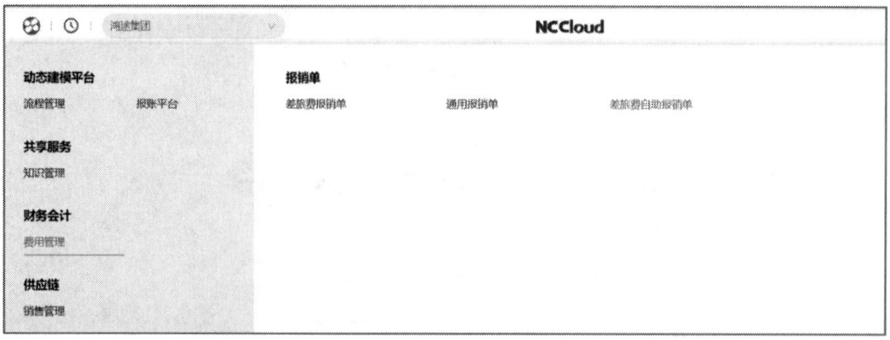

图 3-98 差旅费自主报销单

根据案例任务要求，填写差旅费自助报销单，如图3-99所示。

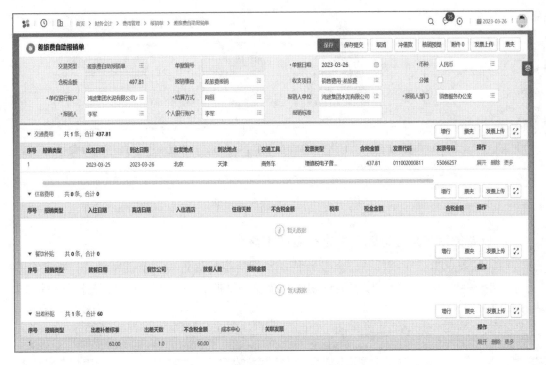

图 3-99　填写差旅费自主报销单

点击"保存"，点击"影像扫描"，利用高拍仪将纸质发票扫描成电子票据传到系统，单据扫描，上传以后点击"提交"，报销单传递到销售经理。

2. 以销售经理角色进入系统进行业务部门审批

销售员点击"完成任务"，任务传递到销售经理。以"销售经理"的角色点击"开始任务"进入系统，按照测试用例修改业务日期，进入审批中心，点击"未处理"即可打开报销单，如图3-100所示。

图 3-100　销售经理审批

点击单据编号即可打开报销单，核对无误后点击"销售经理角色审批"，进行单据审批，如图3-101所示。

图 3-101　销售经理审批

3. 以智能审核角色进入系统进行智能审核

销售经理点击"完成任务",任务传递到智能审核岗。以"智能审核岗"的角色点击"开始任务"进入系统,按照测试用例修改业务日期,点击"审批中心"打开报销单,如图 3-102 所示。

图 3-102　智能审核

点击该记录即可打开报销单,确认无误后点击"智能审核",如图 3-103 所示。

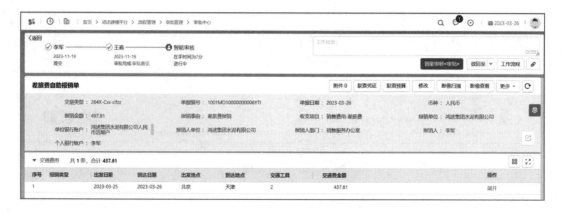

图 3-103　智能审核

同步训练

1. 快速阅读费用管理制度的框架，列出费用管理制度中与差旅费用报销相关的条款，形成 PPT 并上传教学平台。

2. 绘制鸿途集团差旅费报销现状流程图和共享后差旅费用报销流程图，小组内分析差旅业务场景的现状，根据实施财务共享，设计费用共享服务，完成共享后设计，并小组汇报差旅报销业务共享方案。

3. 完成鸿途集团工作流、审批流建模，并根据案例资料完成差旅费报销流程业务处理。

4. 绘制集团共享前和共享后的智能商旅服务流程图，并根据案例资料，完成商旅服务的完整流程业务处理。

即测即练

自学自测　扫描此码

第四章

采购管理与应付共享业务处理

学习目标

1. 熟悉从采购到付款业务的一般概念、应用场景、共性流程；
2. 能够在财务共享服务平台中完成企业备品备件采购、大宗原燃料采购的采购管理与应付共享业务；
3. 能够绘制共享前和共享后备品备件采购、大宗原燃料采购的端到端流程图；
4. 培养爱岗敬业、诚实守信的会计职业道德，提升团队协作和沟通协调能力。

德技并修

思政主题：

爱岗敬业　团队协作

实施路径：

引导学生增强爱岗敬业、诚实守信的会计职业道德。通过采购与应付业务处理，不同部门不同岗位的分工协作，共同完成采购、审核与付款等共享业务，提升工作效率，强化团队协作和沟通能力培养。

第一节　备品备件采购业务共享

企业案例

鸿途集团水泥有限公司采用单共享中心模式，该集团公司所有收付款均以网银（银企直联）方式完成，为了让共享服务中心审核有据，所有进入 FSSC 审核的业务单据，必须随附外部原始凭证的影像，走作业组的业务单据，用影像上传的方法随附影像，不走作业组的业务单据，用拍照后添加附件的方法随附影像。

要求：绘制共享前和共享后的备品备件采购流程图；根据案例资料，在用友 NCC 完成采购订货、订货入库、应付挂账与应付付款的完整流程。

1. 物资采购需求

2023年3月1日鸿途集团水泥有限公司提出物资采购需求，请购信息如表4-1所示（其中单价含有13%的增值税）。

表 4-1 采购信息

物料名称	需求数量	单价	供应商
公制深沟球轴承	100 个	1130 元	东莞市大朗昌顺五金加工厂

2. 应付挂账

2023年3月10日，"公制深沟球轴承"到货并检验入库，采购发票随货同到，送货单和发票信息如图4-1、图4-2、图4-3所示。

东莞市大朗昌顺五金加工厂
送 货 单

出货日：2019.7.6
客　户：鸿途集团水泥有限公司
地　址：郑州市管城区第八大街经北一路136号
电　话：0371-82738651
联络人：范海亮

品　名	规格	数量	单价	金额	发票号码	备注
公制深沟球轴承	个	100		113000	02974371	
				0		
				0		
				0		

附注：如有问题请于收货三日内，电洽业务单位

单位主管	业务人员
袁世军	于俊轩
送货员	签收人
叶喆雯	罗成

图 4-1 送货单

图 4-2 货物发票发票联

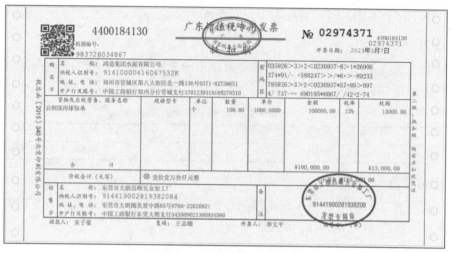

图 4-3 货物发票抵扣联

3. 应付付款

2023 年 7 月 15 日，公司完成该笔款项支付。

一、采购业务介绍

（一）常见采购业务物资分类

不同物资类别，业务特征不同，采购业务控制关键点有所不同。

工业企业的物资，一般分为生产主要原材料、辅材、资产设备、备品备件与工具、办公劳保等低值易耗品；商业企业的物资一般就是商品；服务型行业的物资，可以分为资产设备、项目物资、运维物资等。

（二）通用采购业务环节

通用采购环节如图 4-4 所示。

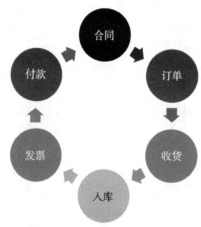

图 4-4 通用采购业务环节

二、鸿途集团采购业务

（一）鸿途集团物资类别及其特征

（1）大宗原材料类物资：一般种类少、采购数量大、金额较高，通常按合同采购。

（2）备品备件类物资：数量少，品类多，易产生库存。

（3）消耗性物资：办公、劳保等低值易耗品，通常计入企业经营或管理费用。

（4）设备资产类物资：单件价值高，全生命周期管理。

（二）集团统管的采购业务

（1）原煤的采购由商贸公司统一管理，分别通过中原裕阔商贸有限公司和大连宇阔商贸有限公司为河南区域和东北区域水泥公司提供原煤供应，一般采取议价模式签订合同，供应价格不会高于市场价；水泥公司将中原裕阔商贸有限公司和大连宇阔商贸有限公司视为供应商。

（2）统管物资包括天然石膏、水泥包装袋、耐火砖、火浇注料、铸钢高铬球钢锻、耐热钢件（含锚固钉）、收尘滤袋、喷码机油墨清洗剂、破碎机锤头、输送胶带、斜槽帆布、球磨机衬板、复合耐磨板、链条、料斗、皮带机托辊、余热发电水处理药剂、润滑油脂、轴承、工作服等，由水泥公司物资部通过招标进行采购。

（3）工程装备部统管一部分物资目录：维修、小型电器等，由工程装备部直接招标购买。

（4）集团采购合同与分子公司自采，采购合同没有使用NCC系统进行控制与管理，手工操作，因此不能对合同条款、合同执行、合同监控等各方面进行有效管理与控制。

（三）分、子公司的采购业务

1. 供应商管理制度

在招标的过程中对供应商的资质进行审查，审核标准参照准入规则和管理办法；对供应商的考核指标包括价格、质量、信誉度、售后服务、交货能力。统管的供应商考核需要打分，自采的没有考核打分，只进行评价。

2. 采购日常业务

总部与分、子公司之间无法实现采购数据、供应商、采购价格的共享。采购一般都没经济批量，采购数量的控制比较严格，不允许超请购计划采购；采购计划的跟踪，只关注库存数量，不关注采购计划执行后是否使用，长时间不使用的物资计划不进行考核。

3. 采购效率现状

采购计划的平衡分配到多个部门，流程烦琐、效率不高；采购过程通过比质比价、优质优价的原则；平均每个月的采购资金4000万元，在大修的情况下，会更高。

（四）分、子公司物资统管分类

A类物资：原煤、熟料（只针对粉磨站）、石膏、粉煤灰、其他混合材、水泥助磨剂、水泥包装袋、耐火材料、耐磨材料。

B类物资：汽油、柴油、电器材料、轴承螺栓、篷布、橡胶制品、油脂化工、钢材、木材、量刃工具、建筑五金水暖等。

C类物资：低值易耗品、劳动保护用品、办公用品等。

D类物资：大型、通用设备备品备件。

三、采购业务现状

原煤的采购由集团统一管理，分别通过中原裕阔商贸有限公司和大连宇阔商贸有限公司为河南区域和东北区域水泥公司提供原煤供应，一般采取议价模式签订合同。

天然石膏、水泥包装袋、耐火砖、火浇注料、铸钢高铬球钢锻、耐热钢件（含锚固钉）、收尘滤袋、喷码机油墨清洗剂、破碎机锤头、输送胶带、斜槽帆布、球磨机衬板、复合耐磨板、链条、料斗、皮带机托辊、余热发电水处理药剂、润滑油脂、轴承、工作服等都是集团通过招标采购模式执行。

上述物资分类之外的物资目录，由分子公司组织自采。

四、集团企业集中采购业务场景

（一）集中采购

集团企业集中采购的典型流程如图4-5所示。

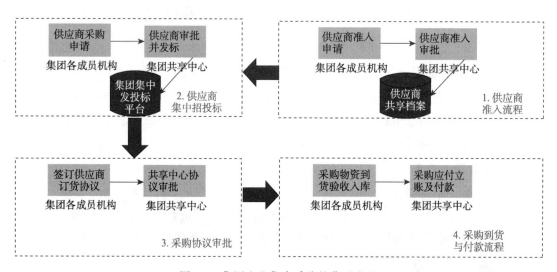

图4-5 集团企业集中采购的典型流程

（二）电子招投标

集团企业电子招投标的典型流程如图4-6所示。

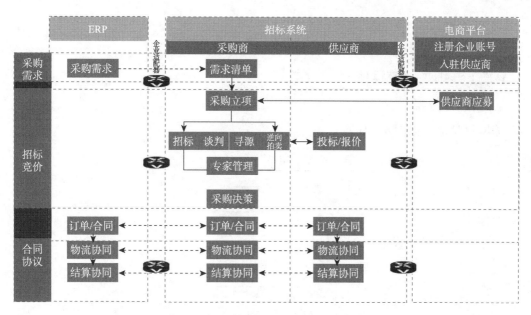

图 4-6 集团企业电子招投标的典型流程

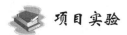

一、现状分析

（一）备品备件结算

包括购进的经仓库验收、发放的备品备件、机物料消耗、办公用品等。备品备件需使用部门派人质检后才能验收入库，如立磨配件、铲车配件、挖掘机配件、减速机配件、轴承、电机、电极、抛丸磨光片等，供应商开具增值税专用发票，按供应处领导签批意见入账同时冲预付款、扣除质保金的流程。

（二）流程现状概述

鸿途集团备品备件采购需要经过以下四个步骤。

1. 采购订货

对于备品备件的采购，由各子公司的供应处直接向供应商下达订单、启动采购流程。

2. 订货入库

收到供应商发来的采购货物后，进行验货、质检并登记入库。

3. 应付挂账

收到供应商的采购发票后，根据双方约定的付款条件延后付款，鸿途集团确认对供应商的应付账款。

4. 应付付款

达到对供应商付款条件后,发起支付流程、冲销应付付款。

(三)详细现状流程图

1. 采购订货

采购订货流程如图 4-7 所示。

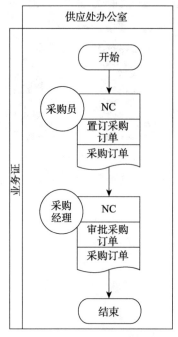

图 4-7 采购订货流程

2. 订货入库

订货入库流程如图 4-8 所示。

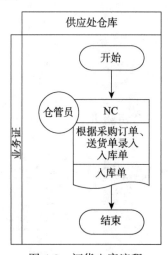

图 4-8 订货入库流程

3. 应付挂账

应付挂账流程如图 4-9 所示。

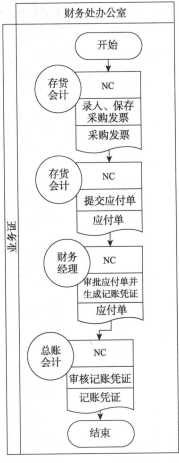

图 4-9　应付挂账流程图

4. 应付付款

应付付款流程如图 4-10 所示。

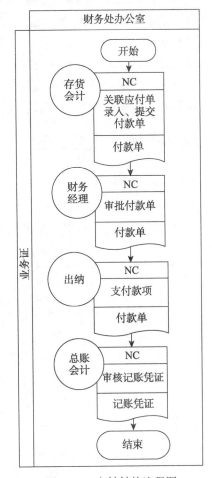

图 4-10　应付付款流程图

二、规划设计

采购共享业务单据如表 4-2 所示。

表 4-2　采购共享业务单据

序号	名称	是否进FSSC	是否属于作业组工作	流程设计工具	是否需启动
1	采购订单	N	—	审批流	Y
2	入库单	N	—	审批流	N
3	采购发票	N	—	审批流	N
4	应付单	Y	Y	工作流	Y
5	付款单	Y	Y	工作流	Y

是否进 FSSC：表示该业务单据的处理过程是否需要财务共享服务中心参与。"Y"表示需要，"N"表示不需要。

是否属于作业组工作：表示是否需要分配到某个 FSSC 作业组、必须由该组成员从作业平台上提取进行处理。"Y"表示属于，"N"表示不属于。只有进 FSSC 的业务单据才有这个问题。

流程设计工具：是指用 NCC 的哪一个流程平台来对该业务单据进行流程建模。NCC 中有"业务流""工作流""审批流"三种流程建模平台，在本课程实训环节，业务流部分已经预置到教学平台中，因此只需要进行工作流或审批流的建模。

三、【实验项目】采购业务

（一）系统配置

点击"系统流程配置"任务，以集团管理员身份点击"开始任务"，进入 NCC 平台轻量端，启用审批流定义—集团中的采购订单—备品备件采购，如图 4-11 所示。

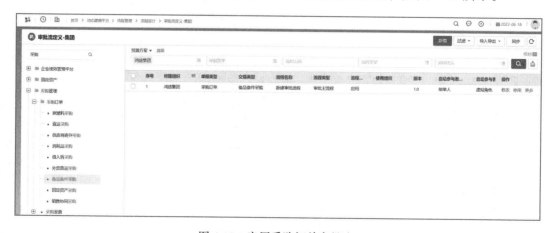

图 4-11　启用采购订单审批流

点击"系统流程配置"任务，以集团管理员身份点击"开始任务"，进入 NCC 平台轻量端，启用工作流定义—集团中的应付管理—应付单，如图 4-12 所示。

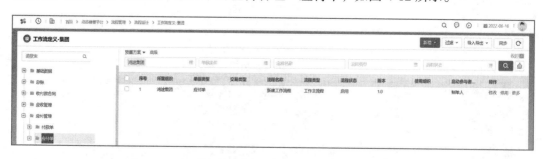

图 4-12　启用应付单工作流

点击"系统流程配置"任务，以集团管理员身份点击"开始任务"，进入 NCC 平台轻量端，需要启用工作流定义—集团中的应付管理—付款单，如图 4-13 所示。

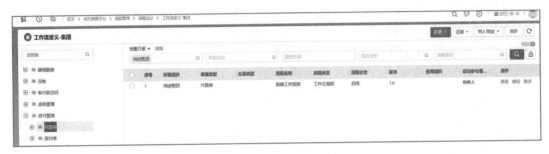

图 4-13 启用付款单工作流

（二）实验项目实操

1. 签订采购订货

1）以采购员的角色进入系统，完成采购订单的填写及提交

以采购员角色进入系统，点击"采购订单维护—新增—自制"，根据案例资源录入采购订单详细信息，点击"保存提交"，如图 4-14 所示。

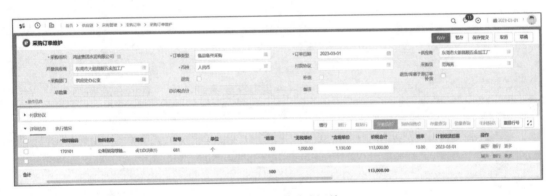

图 4-14 新增采购订单

2）以采购经理角色进行上岗，点击开始任务按钮进入 NCC 系统，完成采购订单的审批

以采购经理角色进入系统，点击"开始任务"进入审批中心，点击"未处理 1"进入审批中心，打开采购订单，审核无误后点击"批准"，如图 4-15 所示。

图 4-15 采购经理审批

2. 订货入库

以仓管员角色进行上岗，进入 NCC 系统，完成入库单的填写及提交。

点击"采购入库—新增—采购业务入库"，输入查询条件，选择对应的采购订单，点击"生成入库单"，根据案例资源选择仓库为"备件备品库"，点击"自动取数"，最后点击"保存"，点击"签字"，如图 4-16、图 4-17 所示。

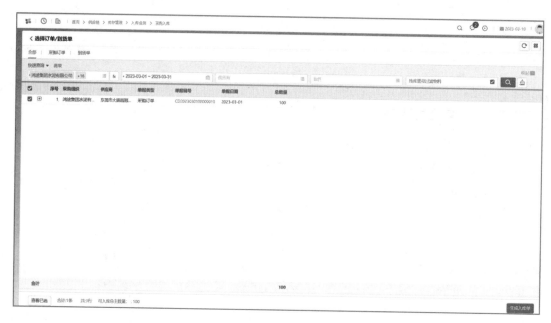

图 4-16　选择采购订单

图 4-17　生成入库单

3. 应付挂账

1）以业务财务角色进行上岗，进入 NCC 系统，完成采购发票的填写及提交

以业务财务角色进入系统，点击"采购发票维护—新增—采购收票"，输入查询条件，选择对应的采购入库单，点击"生成发票"，检查无误后点击"保存提交"，如图 4-18、图 4-19 所示。

图 4-18　选择入库单

图 4-19　生成采购发票

2）以业务财务角色进行上岗，进入 NCC 系统，完成应付单的填写及提交

以业务财务角色进入系统，点击"我的报账"，点击需要提交的应付单。

如果需要上传所附原始单据，则需要使用影像扫描系统，将原始单据分别上传至财务共享服务平台。影像上传可以采用高拍仪、扫描仪等设备将原始单据图像上传，也可导入已经扫描或拍摄的图片上传系统，使用影像扫描功能前必须确保已经安装高拍仪（或扫描仪），并且已经安装影像控件程序。

点击"更多—影像扫描"，点击"提交应付单"，如图 4-20、图 4-21 所示。

图 4-20　应付单

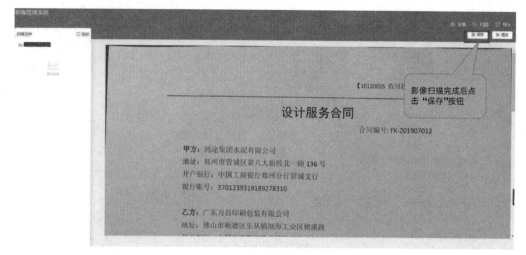

图 4-21 影像扫描

3）以财务经理角色进入系统进行审批

以财务经理角色上岗并点击"开始任务"进入审批中心，点击"未处理 1"进入审批中心，如图 4-22 所示。

图 4-22 财务经理审批

4）以应付初审岗角色进入系统进行审核应付单

以应付初审岗角色上岗财务共享服务平台，点击"提取任务"，通过任务提取的形式提取该任务。提取完的任务通过待处理的状态查询此单据，点击单据编号，检查无误后点击"批准"即可完成审批，如图 4-23 所示。

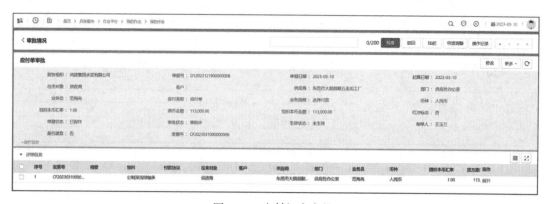

图 4-23 应付初审审批

5）按照应付复核角色进行上岗，点击"开始任务"按钮进入 NCC 系统，完成应付单的复核

如果工作流中没有设计共享复核环节则直接点击"完成任务"即可。

6）以总账主管角色进入系统进行审核记账凭证

以总账主管角色上岗进入系统，点击"凭证审核"，选择"财务组织、日期"，选择"待审核"，点击"查询"，检查凭证无误，点击"审核"，如图 4-24 所示。

图 4-24　总账主管审核凭证

4. 应付付款

1）以业务财务角色进行上岗，进入 NCC 系统，关联应付单录入付款单，扫描上传影像后提交付款单

以业务财务角色进入系统，点击"付款单管理—新增—应付单"，输入查询条件，选择对应的应付单，点击"生成下游单据"，选择结算方式为"网银"，选择付款银行账号为"8310"尾号的账户，最后检查无误点击"保存提交"，如图 4-25 所示。

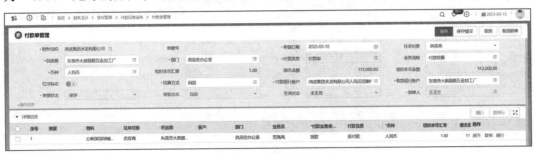

图 4-25　生成付款单

2）以财务经理角色进入系统进行审批

以财务经理角色上岗并点击"开始任务"进入审批中心，点击"未处理 1"进入审批中心，打开付款单，审核无误后点击"批准"，如图 4-26 所示。

图 4-26　财务经理审批

3）以应付初审岗角色进入系统进行审核应付单

以应付初审岗角色上岗财务共享服务平台，点击"提取任务"，通过任务提取的形式提取该任务。提取完的任务通过待处理的状态查询此单据，点击单据编号，检查无误后点击"批准"即可完成审批，如图 4-27 所示。

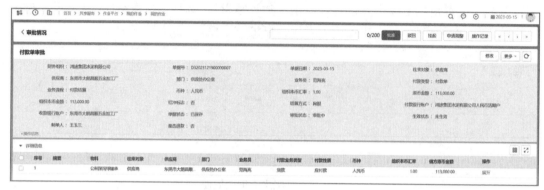

图 4-27　应付初审审批付款单

4）按照应付复核角色进行上岗，点击"开始任务"按钮进入 NCC 系统，完成应付单的复核

如果工作流中没有设计共享复核环节则直接点击"完成任务"按钮即可。

5）以中心出纳岗角色进入系统进行付款结算

以中心出纳岗角色进入系统，点击"结算"，选择"财务组织、日期—搜索"通过"待结算"查询此单据，检查无误后点击"支付—网上转账"按钮，即可完成付款结算，如图 4-28 所示。

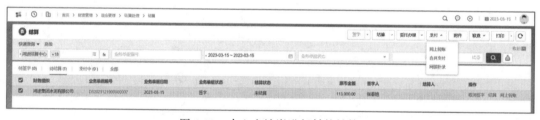

图 4-28　中心出纳岗进行付款结算

6）以总账主管角色进入系统进行审核记账凭证

以总账主管角色上岗进入系统，点击"凭证审核"，选择"财务组织、日期"，选择"待审核"，点击"查询"，检查凭证无误，点击"审核"，如图 4-29 所示。

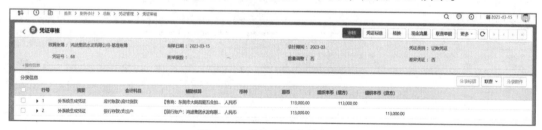

图 4-29　总账主管审核凭证

第二节 原燃料采购业务共享

 企业案例

鸿途集团水泥有限公司采用单共享中心模式，该集团公司所有收付款均以网银（银企直联）方式完成，为了让共享服务中心审核有据，所有进入 FSSC 审核的业务单据，必须随附外部原始凭证的影像，走作业组的业务单据，用影像上传的方法随附影像，不走作业组的业务单据，用拍照后添加附件的方法随附影像。

要求：绘制共享前和共享后的原燃料采购流程图；根据案例 4 资料，在用友 NCC 完成供应商准入、询价、签订采购合同、采购到货入库、应付挂账与应付付款的完整流程。

1. 供应商准入

2023 年 3 月 3 日，鸿途集团水泥有限公司根据业务需要，申请新增一家石膏供应商：郑州瑞龙有限公司（联系人：刘捷；职位：销售代表；手机联系方式：18255674432），连带此供应商的营业执照副本复印件（图 4-30）提交审批。经过审定，决定将此供应商纳入公司正式供应商名录（供应商准入目的组织为集团；供应商编码：G300550），有效期截至 2023 年 3 月 31 日。

图 4-30 供应商营业执照

2. 询价

2023年3月5日,公司进行下半年原煤价格评估,下半年计划采购量6000吨,在找煤网上进行询价,有三家供应商发来价格信息,如表4-3所示。

表4-3 供应商报价单

供应商	含税单价(元/吨)
陕西黑龙沟矿业有限责任公司	553.70
中煤集团有限公司	565.00
神华乌海能源有限公司	621.50

最后经过综合评估,将下半年的原煤价格确定为565元/吨(含税单价,税率13%),并由中煤集团有限公司负责供应。并签订原煤供应合同。

3. 签订采购合同

2023年3月10日鸿途集团水泥有限公司与中煤集团有限公司签署《采购合同(合同编码:PC20230100)》,签约信息如图4-31所示。

图4-31 采购合同

4. 采购到货入库

（1）2023 年 2 月 15 日鸿途集团水泥有限公司提出物资采购订单需求，订单信息如表 4-4 所示。

表 4-4 采购需求

项目名称	需求数量	供应商
原煤	1000 吨	中煤集团有限公司

（2）2023 年 3 月 21 日"原煤"过磅，到货并检验入库，发票随货同到，送货单和发票如图 4-32 至图 4-34 所示。

【10120039原燃料采购】送货单

中煤集团有限公司
送 货 单

出货日：2023.3.21
客　户：鸿途集团水泥有限公司
地　址：郑州市管城区第八大街经北一路136号
电　话：0371-82738651
联络人：范海亮

品　名	规格	数量	单价	金额	发票号码	备注
原煤	吨	1000	565	565000	78332165	
				0		
				0		
				0		
				0		
				0		

附注：如有问题请于收货三日内，电洽业务单位

单位主管	业务人员
李博豪	吴宇
送货员	签收人
王伟	罗成

图 4-32 送货单

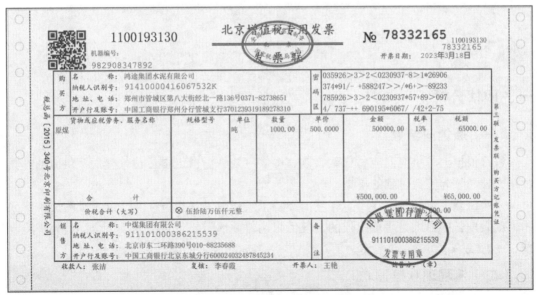

图 4-33 原煤采购发票发票联

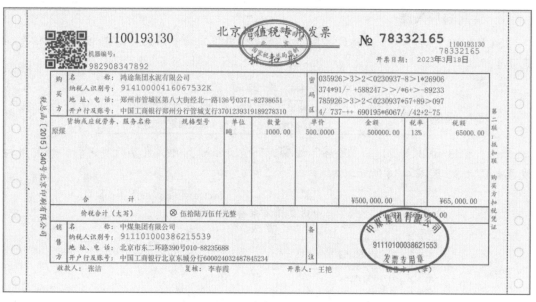

图 4-34 原煤采购发票抵扣联

5. 应付挂账

2023 年 3 月 29 日，公司确认应付账款。

6. 应付付款

2023 年 3 月 31 日，公司完成付款。付款信息如表 4-5 所示。

表 4-5 付款信息

供应商名称	付款金额	收款账户
中煤集团有限公司	565000.00 元	中国工商银行股份有限公司东城支行

 项目实验

一、现状分析

（一）原燃料结算

每月根据上月供应商应付账款余额，由供应处领导拟定本月付款金额，供应商开具收据，公司领导签批付款的单据。

采购付款周期较长，在一定程度上影响了供应商供货积极性，增加了采购成本；采购付款周期长的原因是历史形成的，任何采购付款都需要有采购发票、合同、到货验收单，三者缺一不可。

（二）流程现状概述

鸿途集团原燃料采购需要经过以下六个步骤。

1. 供应商准入

对于拟发生采购交易的、新的供应商需要审批。

2. 询价

在已经准入的、可用的多家供应商之间进行询价、比价，最终确定拟进行交易的供应商。

3. 签订采购合同

对于原燃料这样的大宗原材料，鸿途集团要求与供应商按年度签订合同、按需向供应商下达采购订单。

4. 采购到货入库

向供应商下达采购订单且收到采购货物后，进行验货、质检并登记入库。

5. 应付挂账

收到供应商的采购发票后，根据双方约定的付款条件延后付款，鸿途集团确认对供应商的应付账款。

6. 应付付款

达到对供应商付款条件后，发起支付流程、冲销应付账款。

二、详细现状流程图

1. 供应商准入

供应商准入流程如图 4-35 所示。

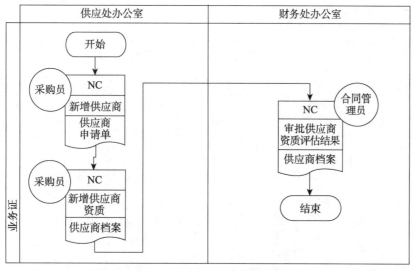

图 4-35　供应商准入流程图

2. 询价

询价流程如图 4-36 所示。

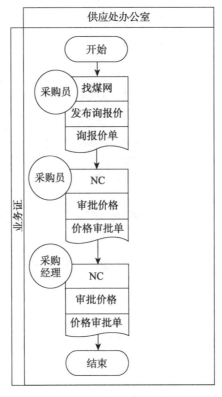

图 4-36 询价流程图

3. 签订采购合同

采购合同签订流程如图 4-37 所示。

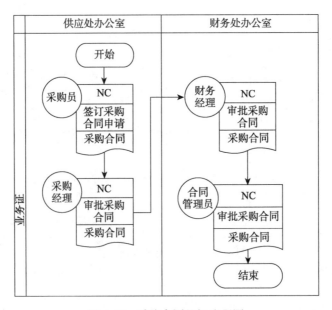

图 4-37 采购合同签订流程图

4. 采购到货入库

采购到货入库流程如图 4-38 所示。

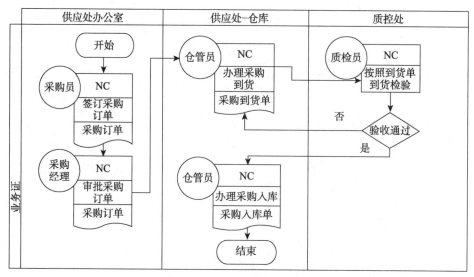

图 4-38 采购到货入库流程图

5. 应付挂账

应付挂账流程如图 4-39 所示

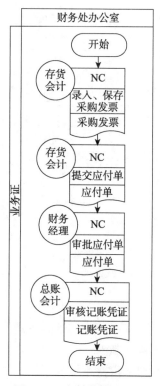

图 4-39 应付挂账流程图

6. 应付付款

应付付款流程如图 4-40 所示。

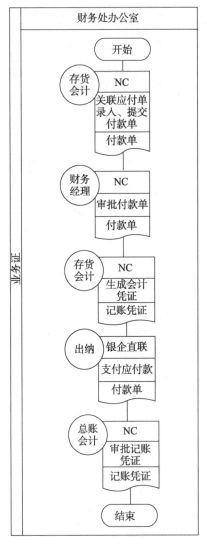

图 4-40 应付付款流程图

三、过磅系统的主要环节

过磅系统的主要环节可以分为以下四个。

1. 自助领卡

自助领卡的场景如图 4-41 所示。主要的控制点如下：
（1）司机刷二代身份证系统自动制卡。
（2）无日（送货）计划或计划未审核不能发卡。
（3）可选择使用二维码识别车辆发卡。

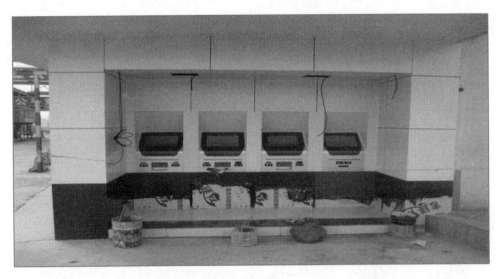

图 4-41 大宗原燃料过磅系统的自助领卡实地场景

2. 门禁管理

门禁管理系统的设计原理如图 4-42 所示，实景如图 4-43 所示。门禁管理的主要管控点为：车辆过磅未完成禁止出场、车卡不符禁止出厂。

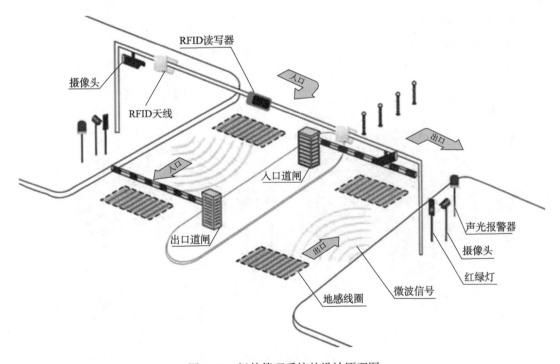

图 4-42 门禁管理系统的设计原理图

图 4-43　门禁管理系统的实景图

3. 计量质检

计量质检系统的设计如图 4-44 所示。

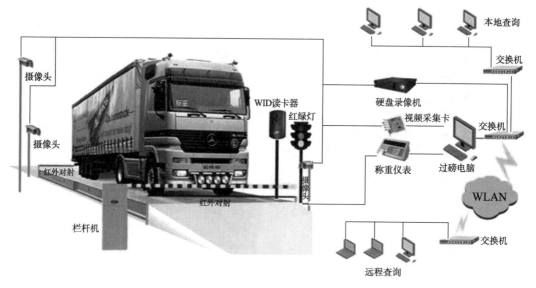

图 4-44　计量质检系统的设计图

计量质检的计量（称重）环节实景图及信息系统操作界面，如图 4-45 所示。

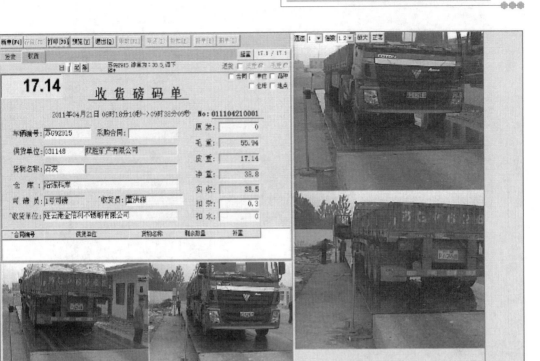

图 4-45　计量质检的计量（称重）环节实景图及信息系统操作界面

计量质检环节的采样人员利用类似图 4-46 所示的设备进行采样，具体流程如下。

图 4-46　计量质检的采样环节所用设备

（1）采样人员根据过磅卡生成采样卡。
（2）采样卡与样品进行绑定。
（3）把样品放到样品箱中。
采样化验的完整流程如图 4-47 所示。

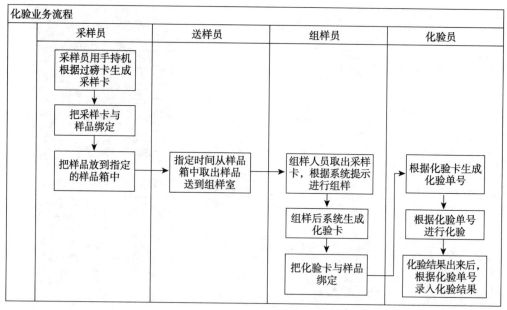

图 4-47 采样化验的完整流程图

四、划价结算

所谓划价结算，就是指信息系统中根据合同、过磅单、化验单自动计算结算结果。划价结算的信息系统界面如图 4-48 所示。

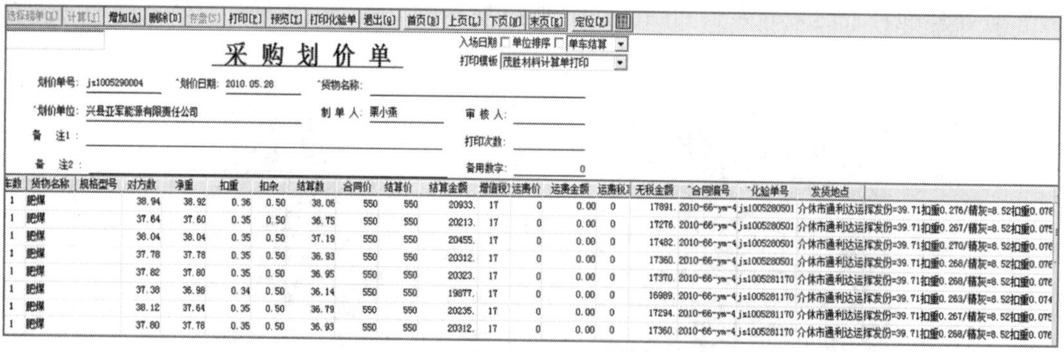

图 4-48 采购划价结算的信息系统界面

五、规划设计

（一）规划财务共享服务业务单据

采购共享业务服务单据如表 4-6 所示。

表 4-6 采购共享业务服务单据

序号	名称	是否进 FSSC	是否属于作业组工作	流程设计工具
1	供应商申请单	Y	Y	工作流
2	询报价单	N	—	审批流
3	价格审批单	N	—	审批流

续表

序号	名称	是否进 FSSC	是否属于作业组工作	流程设计工具
4	采购合同	Y	N	审批流
5	采购订单	N	—	审批流
6	采购到货单	N	—	审批流
7	采购入库单	N	—	审批流
8	采购发票	N	—	审批流
9	应付单	Y	Y	工作流
10	付款单	Y	Y	工作流

"是否进 FSSC",表示该业务单据的处理过程是否需要财务共享服务中心参与。"Y"表示需要,"N"表示不需要。

"是否属于作业组工作",表示是否需要分配到某个 FSSC 作业组、必须由该组成员从作业平台上提取进行处理。"Y"表示属于,"N"表示不属于。只有进 FSSC 的业务单据才有这个问题。

"流程设计工具",是指用 NCC 的哪一个流程平台来对该业务单据进行流程建模。NCC 中有"业务流""工作流""审批流"三种流程建模平台,在本课程实训环节,业务流部分已经预置到教学平台中,学生需要进行工作流或审批流的建模。

(二)共享后流程设计

学生需要根据鸿途集团原燃料采购的流程现状,结合上述需求假设,设计一个统一的共享后原燃料采购流程。

1. 供应商准入

供应商准入共享后的流程如图 4-49 所示。

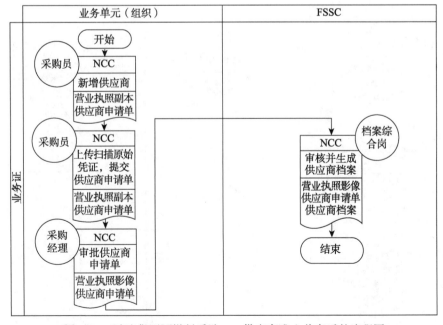

图 4-49　鸿途集团原燃料采购——供应商准入共享后的流程图

2. 询价

询价共享后的流程如图 4-50 所示。

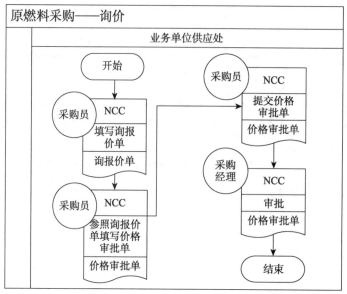

图 4-50　鸿途集团原燃料采购——询价共享后的流程图

3. 签订采购合同

采购合同签订共享后的流程如图 4-51 所示。

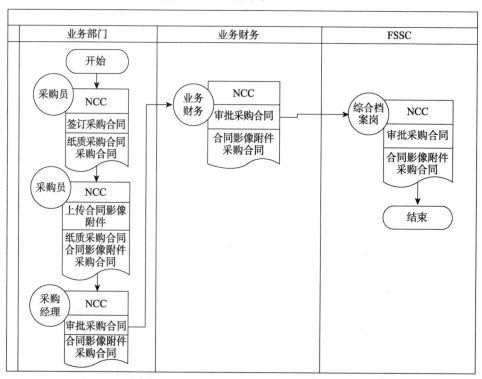

图 4-51　鸿途集团原燃料采购——采购合同签订共享后的流程图

4. 采购到货入库

采购到货入库共享后的流程如图 4-52 所示。

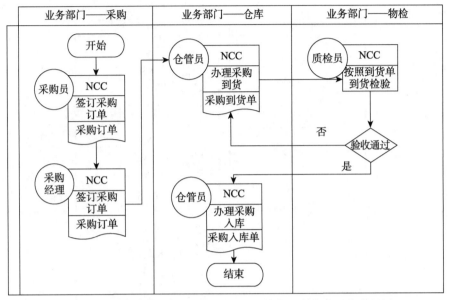

图 4-52 鸿途集团原燃料采购——采购到货入库共享后的流程图

5. 应付挂账

应付挂账共享后的流程如图 4-53 所示。

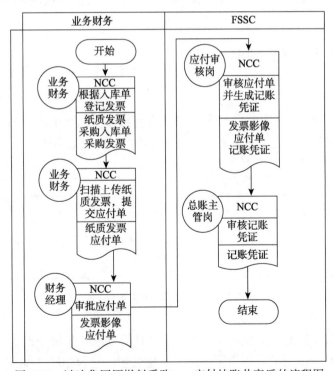

图 4-53 鸿途集团原燃料采购——应付挂账共享后的流程图

6. 应付付款

应付付款共享后的流程如图 4-54 所示。

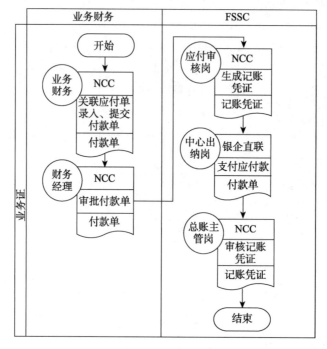

图 4-54 鸿途集团原燃料采购——应付付款共享后的流程图

六、【实验项目】采购业务

（一）系统配置

点击"系统流程配置"任务，以集团管理员身份点击"开始任务"，进入 NCC 平台轻量端，需要启用工作流定义—集团中的"基础数据—供应商申请单"，如图 4-55 所示。

图 4-55 启用供应商申请单工作流

点击"系统流程配置"任务，以集团管理员身份点击"开始任务"，进入 NCC 平台轻量端，需要启用工作流定义—集团中的"应付管理—应付单"，如图 4-56 所示。

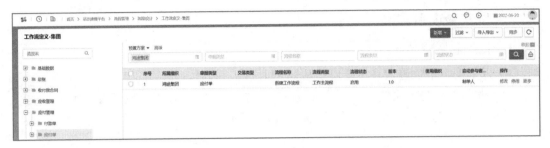

图 4-56　启用应付单工作流

点击"系统流程配置"任务,以集团管理员身份点击"开始任务",进入 NCC 平台轻量端,需要启用审批流定义—集团中的"采购管理—采购订单—原燃料采购单",如图 4-57 所示。

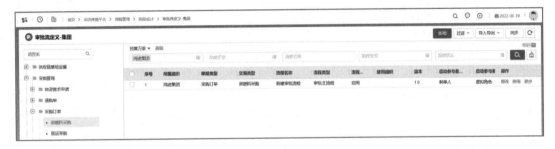

图 4-57　启用原燃料采购审批流

需要启用审批流定义—集团中的"合同管理—采购合同",如图 4-58 所示。

图 4-58　启用采购合同审批流

需要启用审批流定义—集团中的"采购价格—价格审批单",如图 4-59 所示。

图 4-59　启用价格审批单审批流

（二）实验项目实操

1. 供应商准入

1）以采购员角色进入系统新增供应商申请单

以采购员角色进入系统，点击"供应商申请单—新增"，根据案例资源要求填写供应商申请单，检查无误后点击"保存"，如图 4-60 所示。

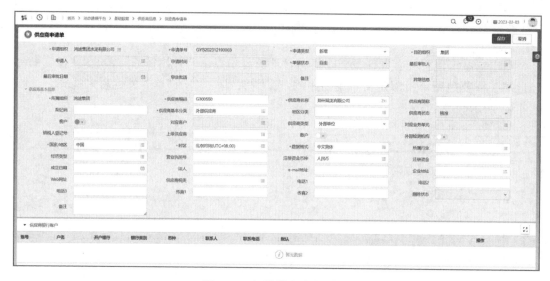

图 4-60　新增供应商申请单

如果需要上传所附原始单据，则需要使用影像扫描系统，将原始单据分别上传至财务共享服务平台。影像上传可以采用扫描仪等设备将原始单据图像上传，也可导入已经扫描或拍摄的图片上传系统，使用影像扫描功能前必须确保已经安装高拍仪（或扫描仪），并且已经安装影像控件程序。

点击"影像扫描"或"导入"按钮，将原始单据图片上传后"保存""提交"，并提交整个申请单，如图 4-61 所示。

图 4-61　提交供应商申请单

2）以采购经理角色进入系统完成供应商申请单的审批

以采购经理角色进入系统，点击"开始任务"进入审批中心，点击"未处理 1"进入审批中心，打开供应商申请单，审核无误后点击"批准"，如图 4-62 所示。

图 4-62　采购经理审批

3）以档案综合岗角色进入系统进行合同归档

以档案综合岗进入审批中心，点击"我的作业—待提取"，点击"提取任务"，打开传递过来的供应商申请单，点击"批准"，完成审批工作，如图 4-63 所示。

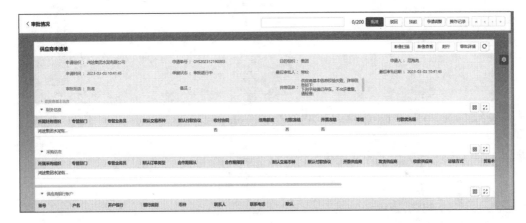

图 4-63　档案综合岗进行归档

2. 询价

1）以采购员角色进入系统完成询报价单的填写及提交

以采购员角色进入系统，点击"询报价单—新增—自制"，根据案例资源资料要求填写"询报价单"，检查无误后点击"保存"，如图 4-64 所示。

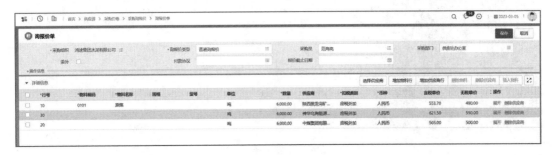

图 4-64　新增询报价单

2）以采购员角色进入系统参照询报价单填写价格审批单并提交

以采购员身份进入系统，点击"价格审批单维护—新增—询报价单"，输入查询条件，选择对应的询报价单，点击"生成价格审批单"，点击供应商为"中煤集团有限公司"，点击"展开—勾选订货—将订货数量改为1000"，检查无误后点击"保存提交"，如图4-65、图4-66所示。

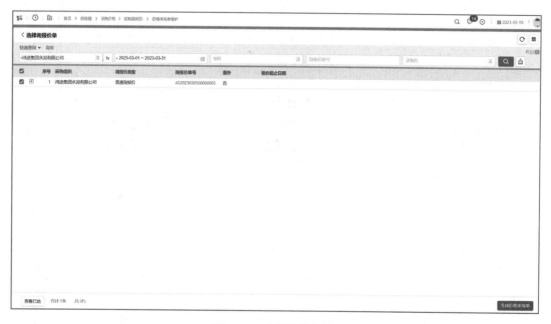

图4-65　选择询报价单

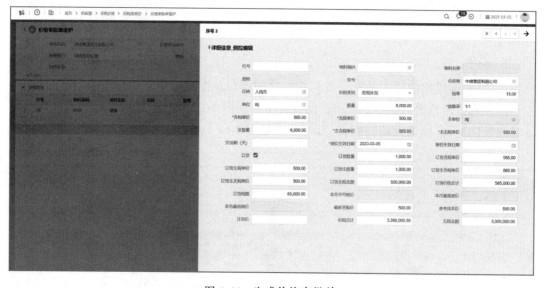

图4-66　生成价格审批单

3）以采购经理角色进入系统完成价格审批单的审批

以采购经理角色进入系统，并点击"开始任务"进入审批中心，点击"未处理 1"进入审批中心，如图 4-67 所示。

图 4-67　采购经理审批

3. 签订采购合同

1）以采购员角色进入系统完成采购合同的填写，上传影像并提交

以采购员角色进入系统，点击"采购合同维护—新增—价格审批单"，输入查询条件，选择对应的价格审批单，点击"生成采购合同"，按照案例资源录入采购合同相关信息，点击"保存"，如图 4-68 所示。

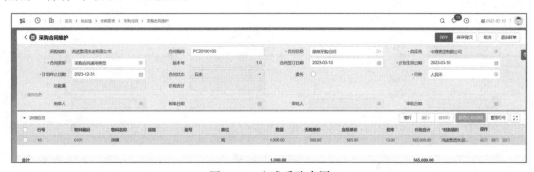

图 4-68　生成采购合同

如果需要上传所附原始单据，则需要使用影像扫描系统，将原始单据分别上传至财务共享服务平台。影像上传可以采用高拍仪、扫描仪等设备将原始单据图像上传，也可导入已经扫描或拍摄的图片上传系统，使用影像扫描功能前必须确保已经安装高拍仪（或扫描仪），并且已经安装影像控件程序。

点击"更多—影像扫描"，点击"提交"按钮。如图 4-69 所示。

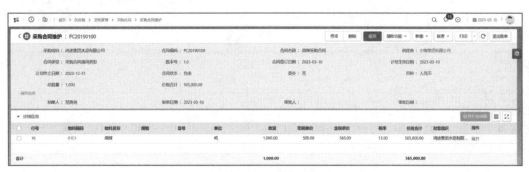

图 4-69　提交采购合同

2）以采购经理角色进入系统完成采购合同的审批

以采购经理角色进入系统，并点击"开始任务"进入审批中心，点击"未处理 1"进入审批中心，如图 4-70 所示。

图 4-70　采购经理审批

3）以业务财务角色进行上岗完成采购合同的审批

以业务财务角色进入系统，并点击"开始任务"进入审批中心，点击"未处理 1"进入审批中心，点击"批准"，如图 4-71 所示。

图 4-71　业务财务审批

4）以档案综合角色进行上岗完成采购合同的归档

以档案综合角色进入系统，点击"审批中心—未处理 1"，进入审批中心，点击"批准"。点击"采购合同维护"，输入查询条件，选择对应的采购合同，点击"生效"，如图 4-72、图 4-73 所示。

图 4-72　合同归档

图 4-73　合同生效

4. 采购到货入库

1）以采购员角色进入系统完成采购订单的填写及提交

以采购员角色进入系统，点击"采购订单维护—新增—采购合同生成订单"，输入查询条件，选择对应的采购合同，点击"生成采购订单"，如果采购部门没有自动带出，则需要补录，选择"06 供应处—0601 供应处办公室"，检查无误后点击"保存提交"，如图 4-74 所示。

图 4-74　提交采购订单

2）以采购经理角色进入系统完成采购订单的审批

以采购经理角色进入系统，并点击"开始任务"进入审批中心，点击"未处理 1"进入审批中心，如图 4-75 所示。

图 4-75　采购经理审批

3）以仓管员角色进入 NCC 系统办理采购到货

以仓管员身份进入系统，点击"到货单维护—收货"，输入查询条件，选择对应的采购订单，点击"生成到货单"，选择仓库为"原燃料仓库"，最后点击"保存提交"，如

图 4-76 所示。

图 4-76　生成到货单

4）以质检员角色进入 NCC 系统进行到货检验

以质检员身份进入系统，点击"到货单检验"，输入查询条件，选择对应的到货单，然后点击"检验"，如图 4-77 所示。

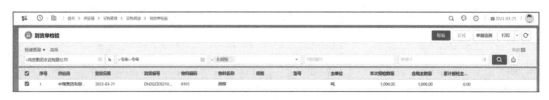

图 4-77　到货单检验

5）以仓管员角色进入系统办理采购入库

以仓管员身份进入系统，点击"采购入库—新增—采购业务入库"，输入查询条件，查询出来后选择对应的到货单，点击"入库单"，点击"自动取数"，检查无误后点击"保存"，保存之后点击"签字"，如图 4-78 所示。

图 4-78　办理采购入库

5. 应付挂账

1）以业务财务角色进入系统，根据入库单登记发票

以业务财务角色进入系统，点击"采购发票维护"，点击"新增""采购收票"，输入查询条件，查询出来后选择对应的采购入库单，点击"生成发票"，检查无误后点击"保存提交"，如图 4-79 所示。

图 4-79　生成发票

2）以业务财务角色进入系统扫描上传影像后提交应付单

以业务财务角色进入系统，点击"我的报账""待提交"。

如果需要上传所附原始单据，则需要使用影像扫描系统，将原始单据分别上传至财务共享服务平台。影像上传可以采用高拍仪、扫描仪等设备将原始单据图像上传，也可导入已经扫描或拍摄的图片上传系统，使用影像扫描功能前必须确保已经安装高拍仪（或扫描仪），并且已经安装影像控件程序。

点击"扫描"，系统弹出电子影像单据对话框，将纸质单据扫描成电子版本，点击"上传"，将电子单据上传至影像系统，上传以后点击"保存"，然后点击"提交"，如图 4-80、图 4-81 所示。

图 4-80　影像扫描

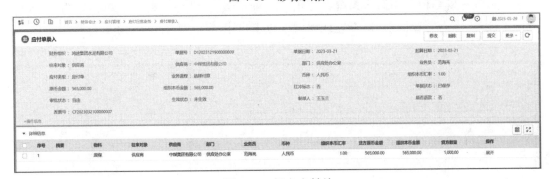

图 4-81　提交应付单

3）以财务经理角色进入系统进行审批

以财务经理角色上岗并点击"开始任务"进入审批中心,点击"未处理 1"进入审批中心,打开应付单,审核无误后点击"批准",如图 4-82 示。

图 4-82　财务经理审批

4）以应付初审岗角色进入系统进行应付单审核

以应付初审岗角色上岗财务共享服务平台,点击"提取任务",通过任务提取的形式提取该任务。提取完的任务通过待处理的状态查询此单据,点击单据编号,检查无误后点击"批准"即可完成共享中心的审批,如图 4-83 所示。

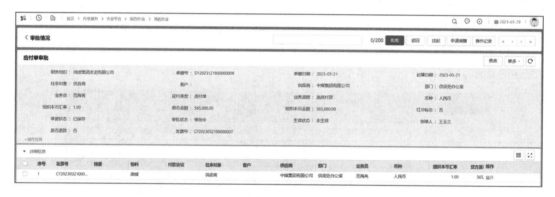

图 4-83　应付初审岗审核应付单

5）按照应付复核角色进行上岗,点击"开始任务"按钮进入 NCC 系统,完成应付单的复核

如果工作流中没有设计共享复核环节则直接点击"完成任务"即可。

6）以总账主管角色进入系统进行记账凭证审核

以总账主管角色上岗进入系统,点击"凭证审核",选择"财务组织、日期",选择"待审核",点击"查询",检查凭证无误,点击"审核",如图 4-84 所示。

图 4-84　总账主管审核凭证

6. 应付付款

1）以业务财务角色进入系统关联应付单提交付款单

以业务财务角色进入系统，点击"付款单管理"，点击"新增""应付单"，输入查询条件，选择对应的应付单，点击"生成下游单据"，选择结算方式"网银"，选择银行账号尾号是"8310"的付款银行账户，最后检查无误点击"保存""提交"或直接点击"保存提交"，如图4-85所示。

图4-85　提交付款单

2）以财务经理角色进入系统进行审批

以财务经理角色上岗并点击"开始任务"进入审批中心，点击"未处理 1"进入审批中心，打开付款单，审核无误后点击"批准"，如图4-86所示。

图4-86　财务经理审批付款单

3）以应付初审岗角色进入系统进行审核付款单

以应付初审岗角色上岗财务共享服务平台，点击"提取任务"，通过任务提取的形式提取该任务。提取完的任务通过待处理的状态查询此单据，点击单据编号，检查无误后点击"批准"即可完成共享中心的审批，如图4-87所示。

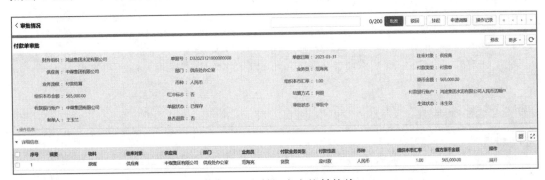

图4-87　应付初审审核付款单

4）按照应付复核角色进行上岗，点击"开始任务"按钮进入 NCC 系统，完成应付单的复核

如果工作流中没有设计共享复核环节则直接点击"完成任务"即可。

5）以中心出纳岗角色进入系统进行付款结算

以中心出纳岗角色进入系统，点击"结算"，选择"财务组织、日期—搜索"通过"待结算"查询此单据，检查无误后点击"网上转账"按钮，即可完成付款结算，如图 4-88 所示。

图 4-88 中心出纳付款结算

6）以总账主管角色进入系统进行记账凭证审核

以总账主管角色上岗进入系统，点击"凭证审核"，选择"财务组织、日期"，选择"待审核"，点击"查询"，检查凭证无误，点击"审核"，如图 4-89 所示。

图 4-89 总账主管审核凭证

第三节 付款结算

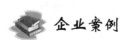 企业案例

鸿途集团水泥有限公司采用单共享中心模式，所有收付款均以网银（银企直联）方式完成，为了让共享服务中心审核有据，所有进入 FSSC 审核的业务单据，必须随附外

部原始凭证的影像,走作业组的业务单据,用影像上传的方法随附影像,不走作业组的业务单据,用拍照后添加附件的方法随附影像。

要求:绘制共享前和共享后的付款结算流程图;根据案例资料,用友 NCC 完成付款合同签订、付款合同应付挂账、付款合同付款结算的完整流程。

1. 付款合同签订

鸿途集团水泥有限公司销售处拟聘请广东万昌印刷包装有限公司为服务方,为本公司设计新产品广告文案,双方签订了设计服务合同,如图 4-90 所示。

图 4-90　设计服务合同

2. 付款合同结算

合同以及款项信息如下。发票信息如图 4-91 和图 4-92 所示。

签订合同:2023-3-1。

设计方案通过验收并收到发票:2023-3-15。

付款:2023-3-20。

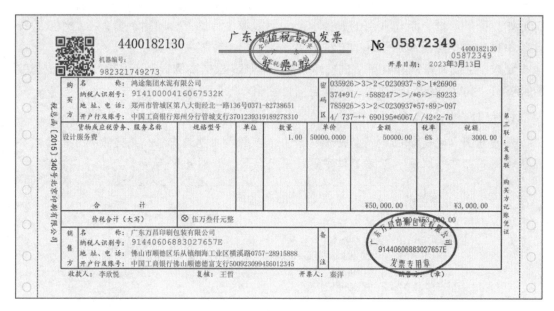

图 4-91　设计服务发票发票联

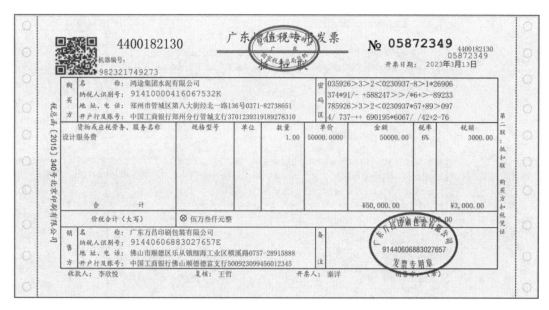

图 4-92　设计服务发票抵扣联

一、收付款合同结算与管理的含义

收付款合同是指企业签署的、具有收款或付款条款的、不属于销售合同/采购合同/项目合同等的合同。

收付款合同结算是指企业依据收付款合同的收款或付款条款进行结算的行为。

收付款合同管理是以合同为主线，帮助企业财务部门加强合同收付款业务的过程管理与控制。它支持企业对以自身为当事人的合同依法进行录入登记、审批、履约、变更、冻结、终止等一系列活动，有助于降低企业资金风险，提高部门协作效率。

二、收付款合同结算应用场景

收付款合同结算，通常会经过以下三个业务阶段。

（1）收付款合同签订。企业的业务部门与客户或供应商经过协商、谈判并达成一致后，拟定收款或付款合同，合同在按照企业合同审批流程通过后正式生效，同时合同进入履行状态。

（2）收付款合同立账（应收/应付挂账）。当企业与合同中指定的客户或供应商发生应收或应付业务时，财务部参照合同进行应收或应付账款的确认。

（3）收付款结算。合同执行人可根据相应收付款计划或按照企业结算审批流程通过后，进行收款或付款。

项目实验

一、现状分析

（一）鸿途集团业务系统合同管理现状

鸿途集团在业务系统部署了多个合同管理模块，包括销售合同、采购合同、项目合同等。在结算环节，需要整合业务表单，实现合同控制，在供应链、项目管理录入的合同，在结算制单时，系统会根据客户/供应商名称自动带出同一客户/供应商的系统合同（合同订单）供制单人选择。结算时各级审核人员根据合同编号在系统中查询合同，不再需要业务人员上传合同复印件。

（二）鸿途集团收付款合同管理现状

未实行业务系统录入的合同，如总部管理的合同、下属公司的服务合同，由各级财务人员在收付款合同模块录入，系统自动控制结算。

财务系统（收付款）合同执行中的相关岗位如表 4-7 所示。

表 4-7　岗位工作内容对照表

岗位名称	工作内容
总账会计	总账管理，审核记账，月末结账
结算会计	票据审核、费用结算及统计
出纳	资金系统管理及银行对账、融资等业务

（三）收付款合同结算痛点

（1）收付款合同的签订流程，各子公司各自为政、流程不统一。

（2）集团无法及时获得准确的收付款合同执行情况。

（3）对于超合同金额的收付款控制，集团没有统一的控制点，增加了合同执行风险。

（四）鸿途集团收款/付款结算的现状流程图

1. 付款合同签订

付款合同签订流程如图 4-93 所示。

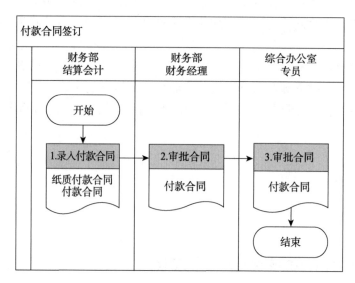

图 4-93 付款合同签订流程图

2. 付款合同应付挂账

付款合同应付挂账流程如图 4-94 所示。

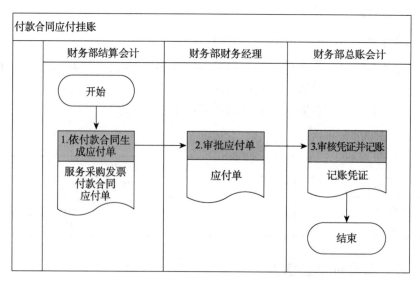

图 4-94 付款合同应付挂账流程图

3. 付款合同付款结算

付款合同付款结算流程如图 4-95 所示。

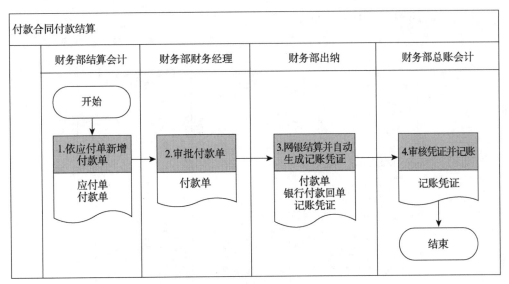

图 4-95　付款合同付款结算流程图

二、规划设计

（一）规划财务共享服务业务单据

采购共享业务单据如表 4-8 所示。

表 4-8　采购共享业务单据

序号	名称	是否进 FSSC	是否属于作业组工作	流程设计工具
1	付款合同	Y	Y	工作流
2	应付单	Y	Y	工作流
3	付款单	Y	Y	工作流
4	收款合同	Y	Y	工作流
5	应收单	Y	Y	工作流
6	收款单	Y	Y	工作流

是否进 FSSC：表示该业务单据的处理过程是否需要财务共享服务中心参与。"Y"表示需要，"N"表示不需要。

是否属于作业组工作：表示是否需要分配到某个 FSSC 作业组、必须由该组成员从作业平台上提取进行处理。"Y"表示属于，"N"表示不属于。只有进 FSSC 的业务单据才有这个问题。

流程设计工具：是指用 NCC 的哪一个流程平台来对该业务单据进行流程建模。NCC 中有"业务流""工作流""审批流"三种流程建模平台，在本课程实训环节，业务流部分已经预置在教学平台中，因此只需要进行工作流或审批流的建模。

（二）共享后流程设计

1. 付款合同结算

（1）付款合同签订如图4-96所示。

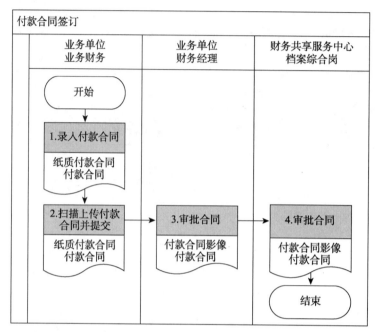

图4-96　鸿途集团付款合同结算共享后流程——付款合同签订

（2）付款合同应付挂账如图4-97所示。

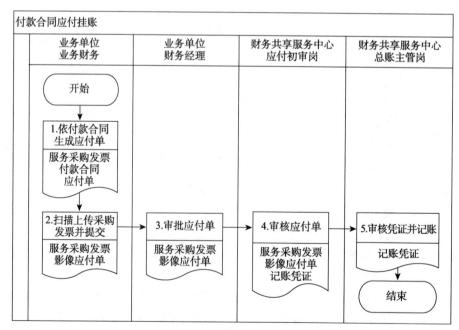

图4-97　鸿途集团付款合同结算共享后流程——付款合同应付挂账

第四章 采购管理与应付共享业务处理

（3）付款合同付款结算如图 4-98 所示。

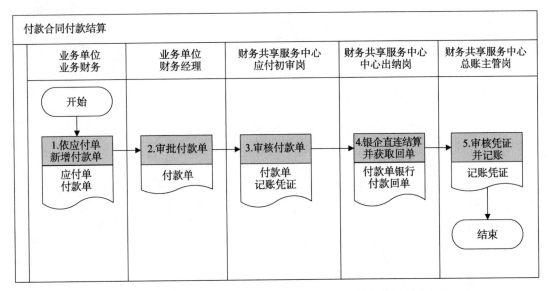

图 4-98　鸿途集团付款合同结算共享后流程——付款合同付款结算

三、【实验项目】付款合同结算

（一）系统配置

点击"系统流程配置"任务，以集团管理员身份点击"开始任务"，进入 NCC 平台轻量端，需要启用工作流定义—集团中的"收付款合同—收款合同"，如图 4-99 所示。

图 4-99　启用收款合同工作流

需要启用工作流定义—集团中的"收付款合同—付款合同"，如图 4-100 所示。

图 4-100　启用付款合同工作流

需要启用工作流定义—集团中的"应收管理—收款单",如图 4-101 所示。

图 4-101　启用收款单工作流

需要启用工作流定义—集团中的"应收管理—应收单",如图 4-102 所示。

图 4-102　启用应收单工作流

(二)实验项目实操

1. 付款合同签订

1)以业务财务角色进入系统,完成付款合同填写后,扫描上传影像并提交

以业务财务角色进入系统,点击"付款合同管理—新增",按照测试用例要求录入付款合同并点击"保存",如图 4-103 所示。

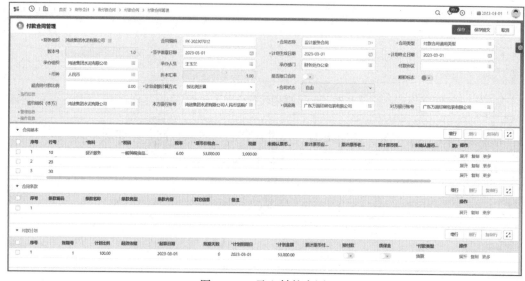

图 4-103　录入付款合同

如果需要上传所附原始单据，则需要使用影像扫描系统，将原始单据分别上传至财务共享服务平台。影像上传可以采用高拍仪、扫描仪等设备将原始单据图像上传，也可导入已经扫描或拍摄的图片上传系统，使用影像扫描功能前必须确保已经安装高拍仪（或扫描仪），并且已经安装影像控件程序。

点击"影像扫描"或"导入"按钮，将原始单据图片上传后"保存""提交"，如图 4-104 所示。

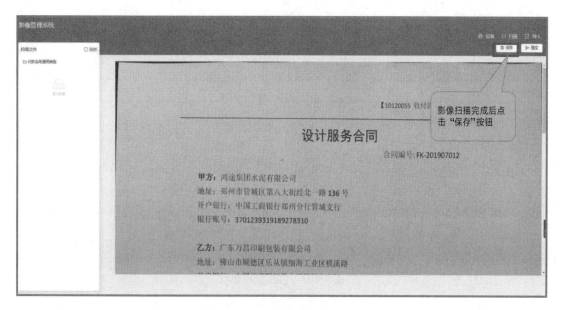

图 4-104　影像扫描

2）以财务经理角色进入系统进行审批

以财务经理角色上岗并点击"开始任务"进入审批中心，点击"未处理 1"进入审批中心，打开付款合同，审核无误后点击"批准"，如图 4-105 所示。

图 4-105　财务经理审批

3）以档案综合岗角色进入系统进行合同归档

以档案综合岗进入审批中心，点击"未处理 1"，打开传递过来的付款合同，点击"批准"，完成审批工作，点击"执行—生效"，如图 4-106、图 4-107 所示。

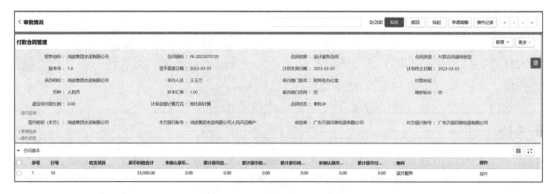

图 4-106　档案综合岗审批

图 4-107　付款合同生效

2. 付款合同应付挂账

1）以业务财务角色进行上岗，进入 NCC 系统，参照付款合同生成应付单后，扫描上传影像并提交

以业务财务角色进入系统，点击"应付单管理—新增—付款合同"，输入查询条件，选择对应的付款合同，点击"生成单据"，根据测试用例要求修改部门名称为"销售服务办公室"，最后检查无误点击"保存"，影像扫描完成后点击"提交"，如图 4-108、图 4-109 所示。

图 4-108　生成应付单

图 4-109　影像扫描

如果需要上传所附原始单据，则需要使用影像扫描系统，将原始单据分别上传至财务共享服务平台。影像上传可以采用高拍仪、扫描仪等设备将原始单据图像上传，也可导入已经扫描或拍摄的图片上传系统，使用影像扫描功能前必须确保已经安装高拍仪（或扫描仪），并且已经安装影像控件程序。

2）以财务经理角色进入系统进行审批

以财务经理角色上岗并点击"开始任务"进入审批中心，点击"未处理 1"进入审批中心，如图 4-110 所示。

图 4-110　财务经理审批

3）以应付初审岗角色进入系统进行应付单审批

以应付初审岗角色上岗财务共享服务平台，点击"提取任务"，通过任务提取的形式提取该任务。提取完的任务通过待处理的状态查询此单据，点击单据编号，检查无误后点击"批准"即可完成应付单的审批，如图 4-111 所示。

图 4-111　应付初审审批

4）按照应付复核角色进行上岗，点击"开始任务"按钮进入 NCC 系统，完成应付单的复核

如果工作流中没有设计共享复核环节则直接点击"完成任务"即可。

5）以总账主管角色进入系统进行记账凭证审核

以总账主管角色上岗进入系统，点击"凭证审核"，选择"财务组织、日期"，选择"待审核"，点击"查询"，检查凭证无误，点击"审核"，如图 4-112 所示。

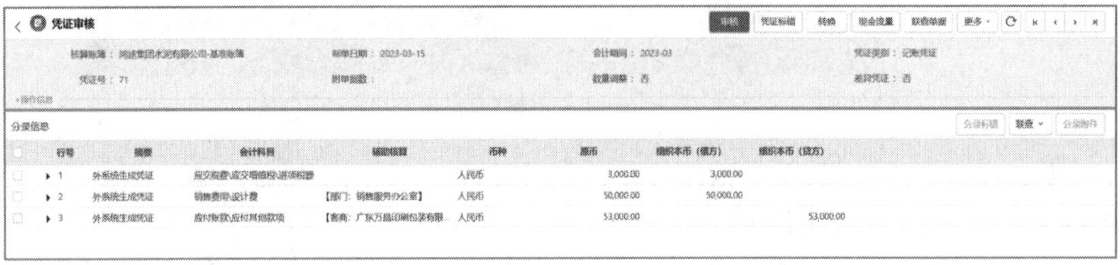

图 4-112　总账主管审核凭证

3. 付款合同付款结算

1）以业务财务角色进行上岗，进入 NCC 系统，参照应付单新增付款单

以业务财务角色进入系统，点击"付款单管理"，点击"新增""应付单"，输入查询条件，选择对应的应付单，点击"生成下游单据"，选择结算方式"网银"，选择银行账号尾号是"8310"的付款银行账户，最后检查无误点击"保存""提交"或直接点击"保存提交"，如图 4-113 所示。

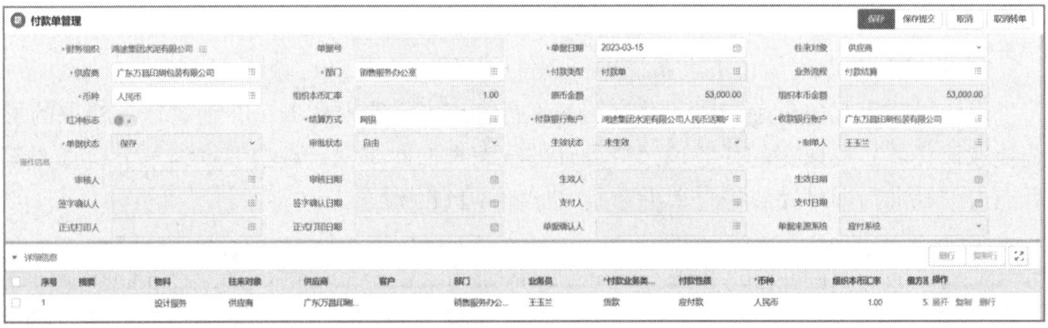

图 4-113　生成付款单

如果需要上传所附原始单据，则需要使用影像扫描系统，将原始单据分别上传至财务共享服务平台。影像上传可以采用高拍仪、扫描仪等设备将原始单据图像上传，也可导入已经扫描或拍摄的图片上传系统，使用影像扫描功能前必须确保已经安装高拍仪（或扫描仪），并且已经安装影像控件程序。

点击"更多""影像扫描"，点击"提交"按钮，如图 4-114 所示。

第四章 采购管理与应付共享业务处理

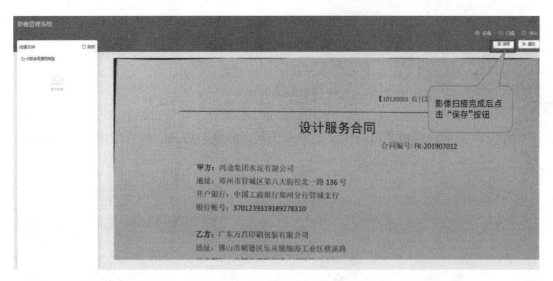

图 4-114　影像扫描

2）以财务经理角色进入系统进行审批

以财务经理角色上岗并点击"开始任务"进入审批中心，点击"未处理 1"进入审批中心，打开付款单，审核无误后单击"批准"，如图 4-115 所示。

图 4-115　财务经理审批

3）以应付初审岗角色进入系统进行付款单审批

以应付初审岗角色上岗财务共享服务平台，点击"提取任务"，通过任务提取的形式提取该任务。提取完的任务通过待处理的状态查询此单据，点击单据编号，检查无误后点击"批准"即可完成付款单的审批，如图 4-116 所示。

图 4-116　应付初审审批

4）按照应付复核角色进行上岗，点击"开始任务"按钮进入 NCC 系统，完成应付单的复核

如果工作流中没有设计共享复核环节则直接点击"完成任务"即可。

5）以中心出纳岗角色进入系统进行付款结算

以中心出纳岗角色进入系统，点击"结算"，选择"财务组织、日期—搜索"通过"待结算"查询此单据，检查无误后点击"网上转账"按钮，即可完成付款结算，如图 4-117 所示。

图 4-117　中心出纳付款结算

6）以总账主管角色进入系统进行记账凭证审核

以总账主管角色上岗进入系统，点击"凭证审核"，选择"财务组织、日期"，选择"待审核"，点击"查询"，检查凭证无误，点击"审核"，如图 4-118 所示。

图 4-118　总账主管审核凭证

即测即练

第五章

销售管理与应收共享业务处理

1. 理解从销售到收款业务的一般概念及不同销售场景和共性流程；
2. 熟悉产成品销售和其他商品销售的详细业务场景；
3. 能够绘制集团共享前和共享后产成品销售、其他商品销售的端到端流程图；
4. 能够在财务共享服务平台中完成集团产成品销售、其他商品销售业务；
5. 熟悉电子发票的概念，能够模拟开票界面进行电子普通发票开具、邮箱邮寄操作；
6. 培养严谨的工作态度，提升书面和口头的沟通与表达能力、自我学习的能力、团队协作能力、分析与总结能力与抗压能力，增强岗位竞争意识和绩效导向意识，树立集体荣誉感。

思政主题：

爱岗敬业　团队协作

实施路径：

培养学生爱岗敬业、诚实守信的会计职业道德。通过销售与应收业务处理、不同部门不同岗位的分工协作，共同完成销售与收款等共享业务，提升工作效率，强化团队协作和沟通能力。

第一节　产成品销售业务共享

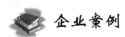

鸿途集团为多元化经营的企业集团，主营业务为水泥及熟料销售，在生产方面有铸造、焦化、发电等业务，在旅游方面有旅游景点运营、酒店运营及娱乐业务。

主营销售应收业务包括以下内容：水泥销售、熟料销售、铸件销售、酒店客房销售、景点门票销售等。业务财务根据 NCC 销售发票在报账平台推送销售应收单，根据销售员上传的相关扫描资料，共享服务中心审核相关结算信息。

要求：了解企业销售管理现状及相关规定，绘制集团共享前后的产成品销售业务流程图。根据以下资料，在用友 NCC 中完成产成品销售的完整流程。

1. 签订销售合同

2023 年 3 月 1 日鸿途集团水泥有限公司与天海集团总公司签署销售合同(合同编码：SC20230182)，签约信息见销售合同（图 5-1），此合同有效期为 2023 年 3 月 1 日—2023 年 12 月 31 日。

水泥销售合同

合同编码：SC20230182

甲方：天海集团总公司
地址：河北省张家口市尚义县平安街 15 号
开户银行：中国工商银行尚义县支行
银行账号：5001942094567 82103

乙方：鸿途集团水泥有限公司
地址：郑州市管城区第八大街经北一路 136 号
开户银行：中国工商银行郑州分行管城支行
银行账号：3701239319189278309

为了保护甲乙双方的合法权益，甲乙双方根据《中华人民共和国合同法》的有关规定，经友好协商，一致同意签订本合同。本合同自双方签字盖章之日起至 2023 年 12 月 31 日止有效。

一、销售合同明细
乙方为甲方提供袋装 PC32.5 水泥，供应鸿途集团水泥有限公司的 PC32.5 水泥价格为 300 元/吨（含增值税），月供应数量为 1000 吨左右，实际数量依据每月甲方所提交的采购订单。

二、付款时间与付款方式
发票随货，并于当月底完成当月订单的总款项结算。

三、交货地址及到货日期
乙方在甲方发出采购订单后的 10 日内，将货物送至：河北省张家口市尚义县平安街 15 号 天海集团总公司库房。

四、运输方式与运输费
1. 合同金额已包含运费，买方不再额外支付运费。运输方式由卖方安排，卖方务必确保按合同的"到货日期"将货物运抵天海集团总公司库房；如延迟交货，每日按该笔货物金额的 2%收取。

甲方：天海集团总公司
授权代表：吴建国
（盖章）合同专用章
日期：2023 年 3 月 1 日

乙方：鸿途集团水泥有限公司
授权代表：李宇
（盖章）合同专用章
日期：2023 年 3 月 1 日

图 5-1 水泥销售合同

2. 销售发货出库

2023 年 3 月 5 日鸿途集团水泥有限公司与天海集体总公司签订一笔销售订单并录入系统。销售订单审批通过后，2023 年 3 月 6 日，办理“PC32.5 水泥”出库，并通过公路运输发货。

3. 应收挂账

2023 年 3 月 6 日，针对“PC32.5 水泥”发货，鸿途集团水泥有限公司开具增值税专用发票（图 5-2），票随货走。

河南增值税专用发票

4100193130　№ 44775834　4100193130 44775834

此联不作报销、扣税凭证使用　开票日期：2023年3月6日

购买方	名　　称：天海集团总公司 纳税人识别号：91130725163452134Y 地 址、电 话：河北省张家口市尚义县平安街15号0313-45329834 开户行及账号：中国工商银行尚义县支行500194209456782103
密码区	035926>3>2<0230937-8>1*26906 374*91/- +588247>>/*6+>-89233 785926>3>2<0230937*57+89>097 4/ 737-++ 690195*6067/ /42+3-72

货物或应税劳务、服务名称	规格型号	单位	数量	单价	金额	税率	税额
PC32.5水泥		吨	1000	265.49	265486.73	13%	34513.27
合　　计					¥265,486.73		¥34,513.27
价税合计（大写）	⊗ 叁拾万元整				（小写）¥300,000.00		

销售方	名　　称：鸿途集团水泥有限公司 纳税人识别号：91410000416067532K 地 址、电 话：郑州市管城区第八大街经北一路136号0371-82738651 开户行及账号：中国工商银行郑州分行管城支行3701239319189278309
备注	鸿途集团水泥有限公司 91410000416067532K 发票专用章

收款人：王丽丹　复核：吴英　开票人：刘海燕　销售方：（章）

税总函〔2015〕340号北京印刷有限公司

第一联：记账联　销售方记账凭证

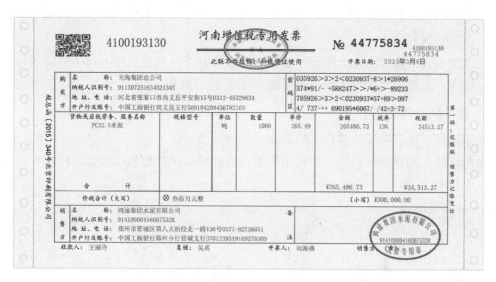

图 5-2　水泥销售发票

4. 应收收款

2023 年 3 月 31 日，天海集团总公司付款（图 5-3）

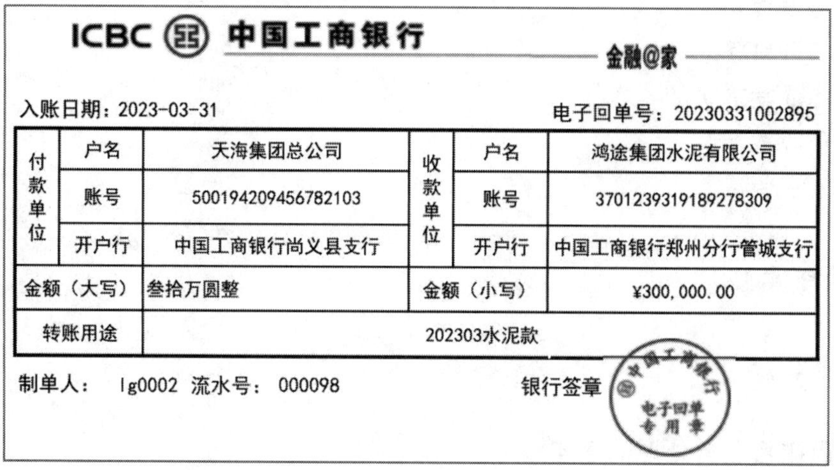

ICBC 中国工商银行　金融@家

入账日期：2023-03-31　电子回单号：20230331002895

付款单位	户名	天海集团总公司	收款单位	户名	鸿途集团水泥有限公司
	账号	500194209456782103		账号	3701239319189278309
	开户行	中国工商银行尚义县支行		开户行	中国工商银行郑州分行管城支行
金额（大写）		叁拾万圆整	金额（小写）		¥300,000.00
转账用途		202303水泥款			

制单人：lg0002　流水号：000098　银行签章　中国工商银行 电子回单专用章

图 5-3　水泥销售收款单

一、不同销售类型

1. 直销与分销

直销：生产者不经过中间环节，把自己的产品直接卖给消费者。

分销：有中间组织代理生产者或品牌商的产品，中间组织有经销商（视同买断）、代理商（不买断）。

2. 单组织销售与跨组织销售

单组织销售：票货属于同一财务组织。如 A 公司接单向甲客户卖自己的货、开自己的票、自己收钱。

跨组织销售：票货不属于同一财务组织，如某集团的 A 销售中心向甲客户卖集团内 B 工厂的货，由 B 工厂发货，但由 A 销售中心开票、收款。

3. 接单销售与销售补货

接单销售：先有明确的客户采购订单。

销售补货：先补货后销售，如沃尔玛的自动补货系统能使供应商自动跟踪补充各个销售点的货源。

4. 现销与赊销

现销：先全额收款，再进行后续开票和出库活动。

赊销：以信用为基础的销售，卖方与买方签订购货协议后，卖方让买方取走货物，而买方按照协议在规定日期付款或以分期付款形式付清货款。

二、接单销售（赊销）总体流程

1. 签订合同或订单
2. 销售发货安排
3. 销售开票登记
4. 出库或发票立账
5. 销售收款

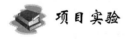

一、现状分析

产成品销售业务处理的痛点

主营销售应收业务包括以下内容：水泥销售、熟料销售、铸件销售、酒店客房销售、景点门票销售等（图 5-4）。总体销售流程如图 5-5 所示。

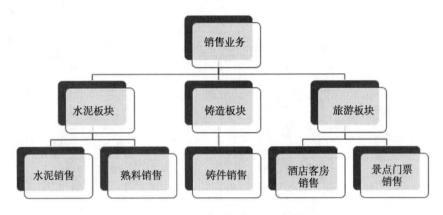

图 5-4　鸿途集团销售业务结构图

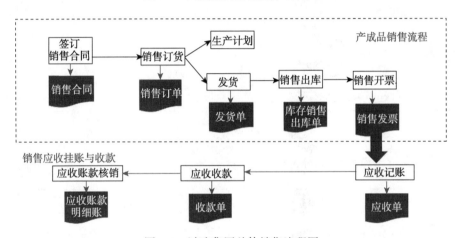

图 5-5　鸿途集团总体销售流程图

销售管理业务主要存在以下痛点：销售业务流程基本一致，业务关键控制点略有不同；销售价格多样化，审批、执行及监管不到位；手工工作量大，较易出现错误（客户余额计算、返利计算）；工厂布局、硬件不同，发货流程无固定形式、单据格式不同、流转不统一，不便于统一化和精细化管理；统计报表以手工为主，工作量大，及时性较差。

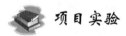

产成品销售业务流程现状

现有的工作流程如图 5-6 所示。

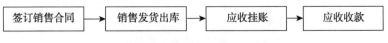

图 5-6　鸿途集团产成品销售现有工作流程

（1）签订销售合同现状如图 5-7 所示。

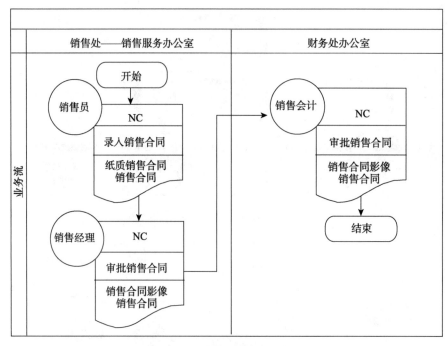

图 5-7　签订销售合同共享前流程

（2）销售发货出库现状如图 5-8 所示。

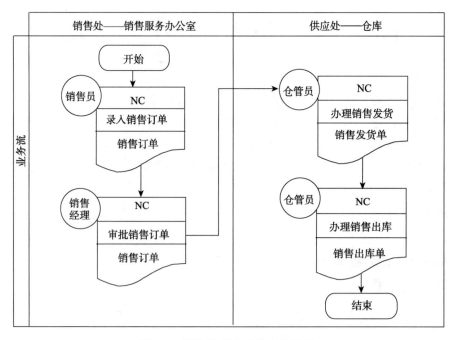

图 5-8　销售发货出库共享前流程

(3) 应收挂账现状如图 5-9 所示。

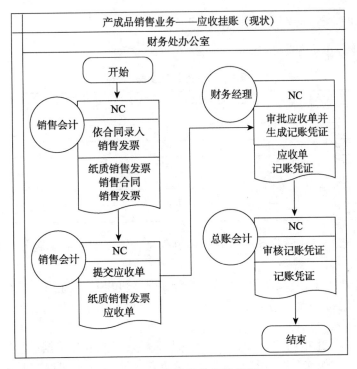

图 5-9　应收挂账共享前流程

(4) 应收收款现状如图 5-10 所示。

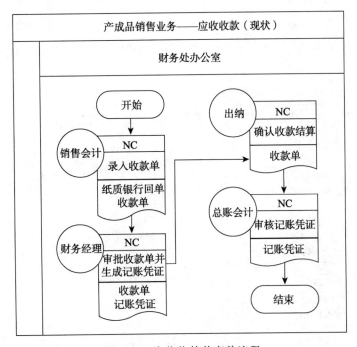

图 5-10　应收收款共享前流程

二、规划设计

（一）规划财务共享服务业务单据

销售共享业务单据见表5-1。

表5-1 销售共享业务单据

序号	名称	是否进FSSC	是否属于作业组工作	流程设计工具
1	销售合同	Y	N	审批流
2	销售订单	N	—	审批流
3	销售发货单	N	—	审批流
4	销售出库单	N	—	审批流
5	销售发票	N	—	审批流
6	应收单	Y	Y	工作流
7	收款单	Y	Y	工作流

是否进FSSC：表示该业务单据的处理过程是否需要财务共享服务中心参与，"Y"表示需要，"N"表示不需要。

是否属于作业组工作：表示是否需要分配到某个FSSC作业组、必须由该组成员从作业平台上提取进行处理。"Y"表示属于，"N"表示不属于。只有进入FSSC的业务单据才有这个问题。

流程设计工具：是指用NCC的哪一个流程平台来对该业务单据进行流程建模。NCC中有"业务流""工作流""审批流"三种流程建模平台，在本课程实训环节，业务流部分已经预置到教学平台中，因此只需要进行工作流或审批流的建模。

（二）共享后流程设计

根据鸿途集团产成品销售业务的流程现状，设计共享后产成品销售业务流程。可使用Visio等工具软件完成共享后的产成品销售业务流程设计，该流程将在用友NCC中构建和运行。

1. 签订销售合同（图5-11）

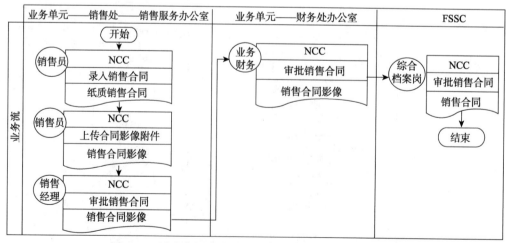

图5-11 鸿途集团产成品销售共享后签订销售合同流程

2. 销售发货出库（图 5-12）

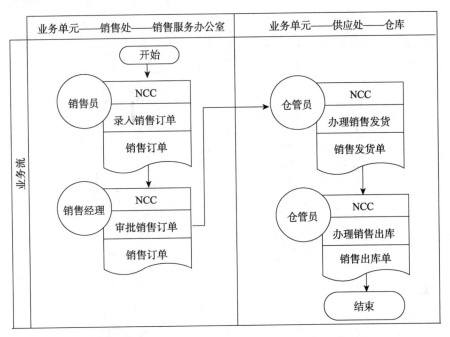

图 5-12　鸿途集团产成品销售共享后销售发货出库流程

3. 应收挂账（图 5-13）

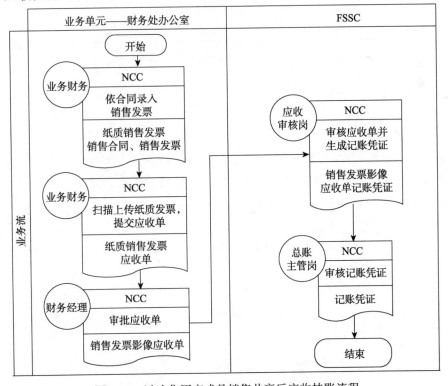

图 5-13　鸿途集团产成品销售共享后应收挂账流程

4. 应收收款（图 5-14）

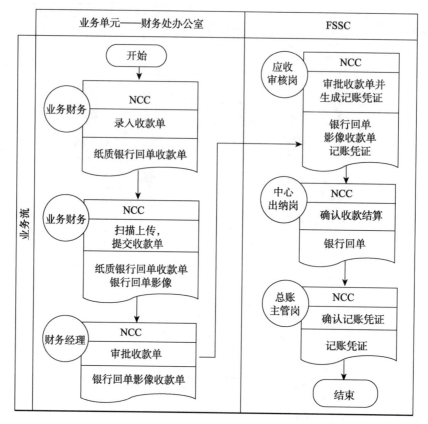

图 5-14　鸿途集团产成品销售共享后应收收款流程

三、【实验项目】销售业务

（一）系统配置

（1）点击"系统流程配置"任务，以集团管理员身份点击"开始任务"，进入 NCC 平台轻量端，需要启用审批流定义—集团中的合同管理—销售合同，如图 5-15 所示。

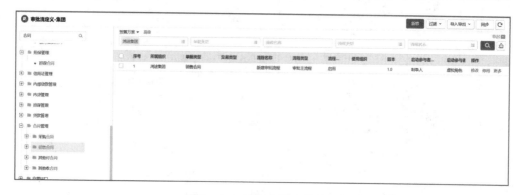

图 5-15　销售合同审批流

需要启用审批流定义—集团中的销售管理—销售订单，如图 5-16 所示。

图 5-16　销售订单审批流

（2）点击"系统流程配置"任务，以集团管理员身份点击"开始任务"，进入 NCC 平台轻量端，需要启用工作流定义—集团中的应收管理—收款单，如图 5-17 所示。

图 5-17　收款单工作流

（3）点击"系统流程配置"任务，以集团管理员身份点击"开始任务"，进入 NCC 平台轻量端，需要启用工作流定义—集团中的应收管理—应收单，如图 5-18 所示。

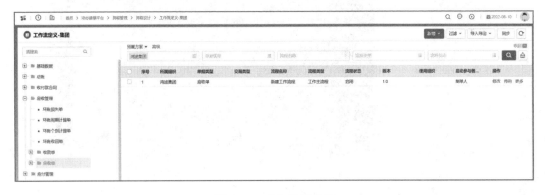

图 5-18　应收单工作流

（二）实验项目实操

1. 签订销售合同

1）以销售员身份进入平台录入销售合同

以销售员身份进入 NCC 财务共享服务平台，选择"销售合同维护—新增—自制"，根据案例的信息填写相关内容，完成后"保存"，如图 5-19 所示。

图 5-19　录入销售合同

如果需要上传所附原始单据，则需要使用影像扫描系统，将原始单据分别上传至财务共享服务平台。可以采用高拍仪、扫描仪等设备将原始单据图像上传，也可导入已经扫描或拍摄的图片上传系统，使用影像扫描功能前必须确保已经安装高拍仪（或扫描仪），并且已经安装影像控件程序。

点击"影像扫描"或"导入"按钮，将原始单据图片上传后"保存""提交"，并将整个水泥销售合同提交，如图 5-20、图 5-21 所示。

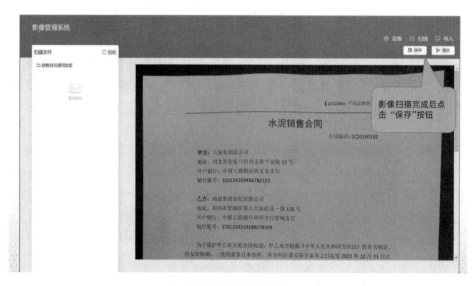

图 5-20　影像扫描

图 5-21　水泥销售合同

2）以销售经理身份进入系统进行业务部门审批

以销售经理身份上岗并点击"开始任务"进入审批中心，点击"未处理1"进入审批中心，如图 5-22 所示。

图 5-22　销售经理审批

3）以业务财务身份进入系统进行本地财务部门初审

以业务财务身份进入审批中心，点击"未处理1"，打开传递过来的销售合同，点击"业务财务角色批准"完成审批工作，如图 5-23 所示。

图 5-23　业务财务初审

4）以档案综合岗身份进入系统进行合同归档

以档案综合岗身份进入审批中心，点击"未处理1"，打开传递过来的销售合同，点击"批准"，完成审批工作，如图 5-24 所示。

图 5-24　档案综合岗位审批

以档案综合岗身份进入系统，点击"销售合同维护—选择财务组织—日期—点击生效"，如图 5-25 所示。

图 5-25　档案综合岗合同生效

2. 销售发货出库

1）以销售员身份进入平台录入销售订单

以销售员身份进入系统，进入"销售订单维护—新增—销售合同生成销售订单—保存提交"，如图 5-26 所示。

图 5-26　销售合同生成销售订单

2）以销售经理身份进入系统进行业务部门审批

以销售经理身份上岗并点击"开始任务"进入审批中心，点击"未处理 1"进入审批中心，打开销售订单，审核无误后点击"批准"，如图 5-27 所示。

图 5-27　销售经理审批

3）以仓管员身份进入系统进行销售发货和出库业务

以仓管员身份上岗并点击"发货单维护"，点击"发货—选择财务组织、日期"，生成发货单，根据案例信息填写运输方式，点击"保存提交"，如图 5-28、图 5-29 所示。

图 5-28　选择销售订单

图 5-29　生成发货单

以仓管员身份上岗并点击"销售出库",点击"新增—销售业务出库—选择财务组织—日期",生成出库单,选择仓库"产成品库",选择出入库类型"普通销售出库",点击"自动取数",点击"保存",点击"签字",如图 5-30、图 5-31、图 5-32 所示。

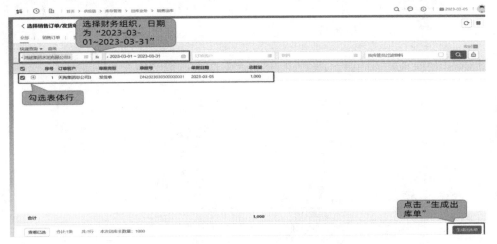

图 5-30　选择销售发货单

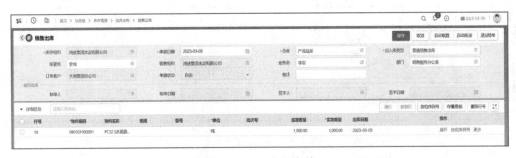

图 5-31　生成出库单

图 5-32　销售出库签字

3. 应收挂账

1）以业务财务身份进入系统录入合同发票

以业务财务身份进入系统，点击"销售发票维护"，点击"销售开票"，选择财务组织、日期，生成销售发票，选择发票类型"增值税专用发票"，点击"保存提交"，如图 5-33、图 5-34 所示。

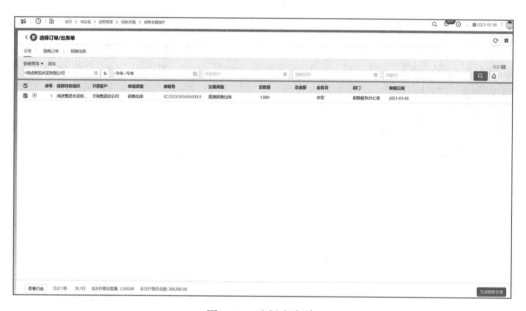

图 5-33　选择出库单

图 5-34　生成销售发票

2）以业务财务身份进入系统进行应收单管理

如果需要上传所附原始单据，则需要使用影像扫描系统，将原始单据上传至财务共享服务平台。可以采用扫描仪等设备将原始单据图像上传，也可导入已经扫描或拍摄的图片上传系统，使用影像扫描功能前必须确保已经安装高拍仪（或扫描仪），并且已经安装影像控件程序。

以业务财务身份进入系统，点击"应收单管理—选择财务组织、日期—搜索"，点击"单据号"进入单据页面详情，点击"更多—影像扫描"，点击"提交"应收单，如图 5-35、图 5-36 所示。

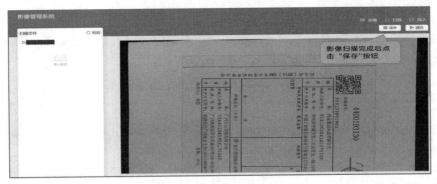

图 5-35 影像扫描

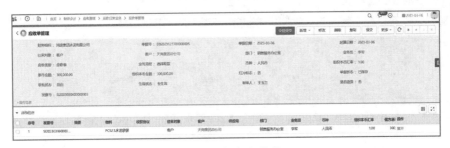

图 5-36 提交应收单

3）以财务经理身份进入系统进行审批

以财务经理身份上岗并点击"开始任务"进入审批中心，再点击"未处理 1"进入审批中心，打开应收单，审核无误后点击"批准"，如图 5-37 所示。

图 5-37 财务经理审批

4）以应收审核岗身份进入系统进行应收单审核

以应收审核岗身份上岗财务共享服务平台，点击"提取任务"，提取完的任务通过待处理的状态查询此单据，点击单据编号，检查无误后点击"批准"即可完成共享中心的审批，如图 5-38 所示。

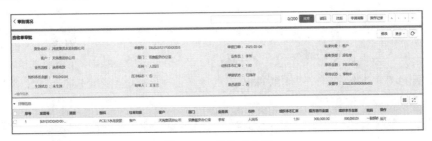

图 5-38 审核应收单

5）以总账主管身份进入系统进行记账凭证审核

以总账主管身份上岗进入系统，点击"凭证审核"，选择"财务组织、日期"，选择"待审核"，点击"查询"，检查凭证无误，点击"审核"，如图5-39、图5-40所示。

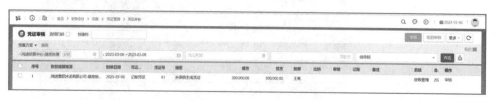

图5-39　查找记账凭证

图5-40　审核记账凭证

4. 应收收款

1）以业务财务身份进入系统，录入收款单，扫描上传影像并提交收款单

以业务财务身份进入系统，点击"收款单管理"，点击"新增—应收单"，选择"财务组织、日期"，勾选已查询的应收单，选择单据，生成下列单据，根据案例信息补充填写"结算方式—网银"，填写收、付款银行账户，点击"保存"，如图5-41所示。

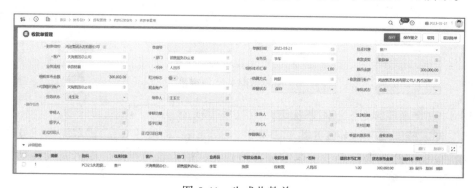

图5-41　生成收款单

如果需要上传所附原始单据，则需要使用影像扫描系统，将原始单据分别上传至财务共享服务平台。可以采用高拍仪、扫描仪等设备将原始单据图像上传，也可导入已经扫描或拍摄的图片上传系统，使用影像扫描功能前必须确保已经安装高拍仪（或扫描仪），并且已经安装影像控件程序。

根据业务单据点击"更多—影像扫描"，上传相关附件，点击"提交"，如图5-42、图5-43所示。

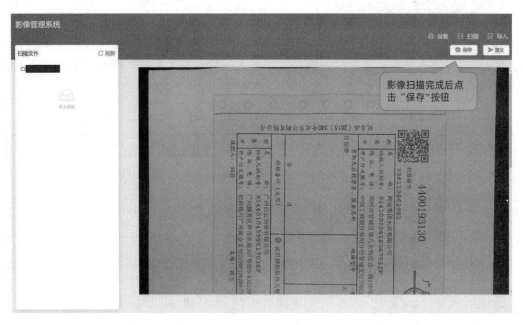

图 5-42　影像扫描

图 5-43　提交收款单

2）以财务经理身份进入系统进行审批

以财务经理身份上岗并点击"开始任务"进入审批中心，点击"未处理1"进入审批中心，打开收款单，审核无误后点击"批准"，如图 5-44 所示。

图 5-44　财务经理审批

3）以应收审核岗身份进入系统进行收款单审核

以应收审核岗身份上岗财务共享服务平台，点击"提取任务"，提取完的任务通过待处理的状态查询此单据，点击单据编号，检查无误后点击"批准"即可完成共享中心的审批，如图5-45所示。

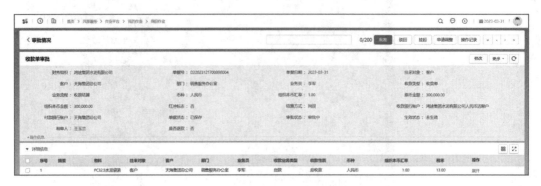

图5-45　应收审核岗审批收款单

4）以中心出纳岗身份进入系统进行收款结算

以中心出纳岗身份进入系统，点击"结算"，选择"财务组织、日期—搜索"通过待结算查询此单据，检查无误后点击"结算"按钮，即可完成收款结算，如图5-46所示。

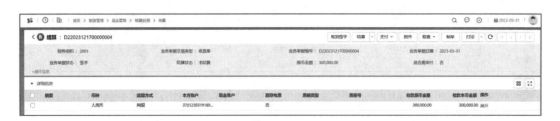

图5-46　中心出纳岗收款单结算

5）以总账主管身份进入系统进行记账凭证审核

以总账主管身份上岗进入系统，点击"凭证审核"，选择"财务组织、日期"，选择"待审核"，点击"查询"，检查凭证无误，点击"审核"，如图5-47所示。

图5-47　总账主管审核记账凭证

第二节　其他商品销售业务共享

其他商品销售业务，是指鸿途集团除了产成品外的普通商品销售，其总体流程如图 5-48 所示。非主营产品的销售，可直接采用销售订单。业务财务根据 NCC 销售发票在报账平台推送销售应收单，根据销售员上传的相关扫描资料，由共享服务中心审核相关结算信息。鸿途集团的所有收款，均以网银（银企直联）方式完成，最终选择的是单共享中心模式。为了让共享服务中心审核有据，所有进入 FSSC 审核的业务单据，都必须随附外部原始凭证的影像。为简化构建工作，共享后流程中审批环节最高只设计到子公司总经理。

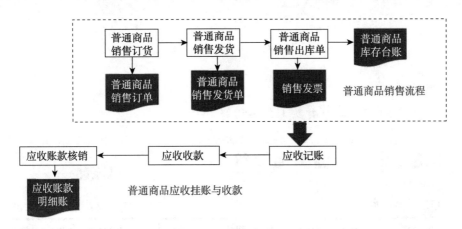

图 5-48　鸿途集团其他商品销售的总体现状流程

要求：绘制集团共享前和共享后企业其他商品销售流程图，根据资料，在用友 NCC 完成其他商品销售的完整流程。

1. 销售发货出库

鸿途集团对天海中天精细化工有限公司基本情况、履约能力、合同管理、信用记录四个方面进行综合评估后由集团统一授信，授信额度为 100 万元人民币，有效期为 2023 年 3 月 1 日—2023 年 12 月 31 日。2023 年 3 月 5 日鸿途集团水泥有限公司与天海中天精细化工有限公司签订一笔材料销售订单，信息如下：发货产品名称为天然石膏，发货时间为 2023 年 3 月 11 日，价格为 226 元/吨（含增值税），并生成销售发货单，出库时间也是 2023 年 3 月 11 日，从销售发票审核日期开始算起账期 10 天。2023 年 3 月 11 日，天然石膏发货出库。

2. 应收挂账

2023 年 3 月 11 日，针对天然石膏发货开具增值税专用发票（图 5-49），票随货走。

图 5-49　销售发票记账联

3. 应收收款

2023 年 3 月 31 日，客户打款（图 5-50）。

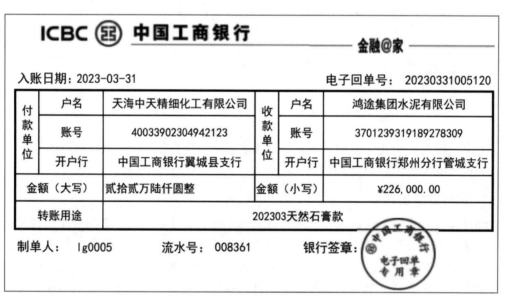

图 5-50　收款单

一、销售信用在销售流程中的控制点

1. 赊销销售典型流程

赊销（信用）销售的典型流程如图 5-51 所示。

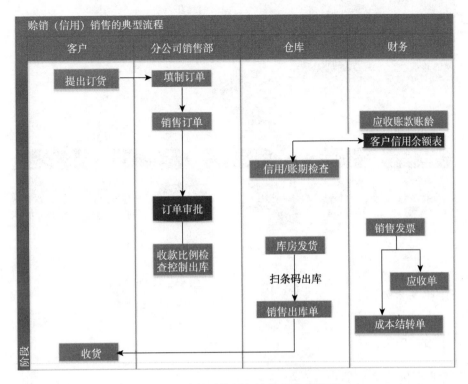

图 5-51 赊销（信用）销售的典型流程

2. 赊销销售流程中的关键业务控制点

➢ 订单审批
✓ 价格：询价、最低售价
✓ 信用检查
➢ 信用检查内容
✓ 小于信用额度
✓ 应收账期
➢ 资金相关内容
✓ 资金占用
✓ 资金计息
➢ 发货流程可配置
✓ 订单直接出库
✓ 发运日计划出库
✓ 发运单出库
➢ 应收管理
✓ 基于业务应收的催款
✓ 账龄分析

二、销售信用在销售流程中的控制环节(图 5-52)

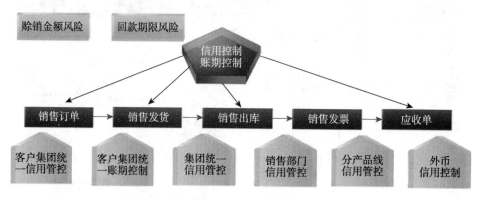

图 5-52 销售信用在销售流程中的控制环节

 项目实验

一、现状分析

1. 其他销售业务的痛点

同产成品的销售业务一样,其他销售业务流程基本一致,业务关键控制点略有不同;销售价格多样化,审批、执行及监管不便捷;手工工作量大,较易出现错误(客户余额计算、返利计算);工厂布局、硬件不同,发货流程无固定形式、单据格式不同、流转不统一,不便于统一化和精细化管理;统计报表以手工为主,工作量大,及时性较差。

2. 其他商品销售业务流程现状

(1)销售订货合同业务处理现状如图 5-53 所示。

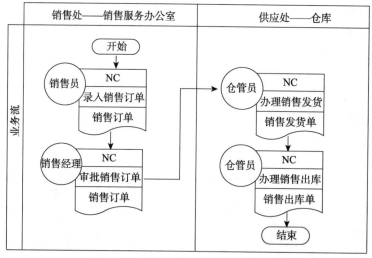

图 5-53 销售订货合同业务处理现状

（2）应收挂账如图 5-54 所示。

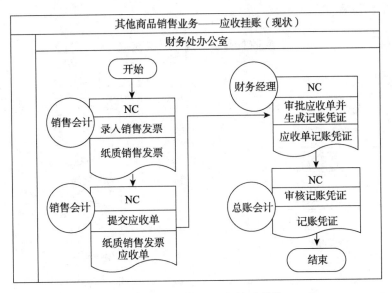

图 5-54　应收挂账业务处理现状

（3）应收收款如图 5-55 所示。

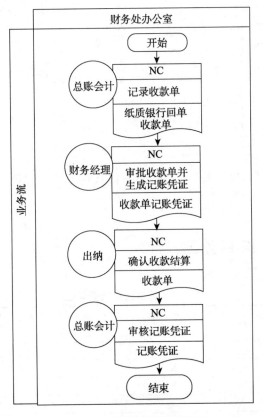

图 5-55　应收账款处理现状

3. 门票销售业务流程现状

现有的工作流程如下：

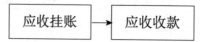

（1）应收挂账如图 5-56 所示。　　（2）应收收款如图 5-57 所示。

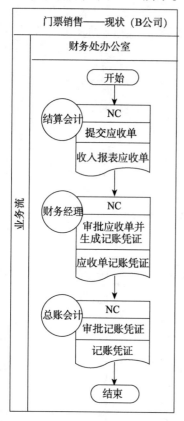

图 5-56　门票销售业务应收挂账处理现状

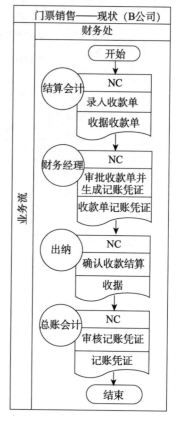

图 5-57　门票销售业务应收收款处理现状

二、规划设计

（一）规划财务共享服务业务单据

销售共享业务单据见表 5-2。

表 5-2　销售共享业务单据

序号	名称	是否进 FSSC	是否属于作业组工作	流程设计工具
1	销售订单	N	—	审批流
2	销售发货单	N	—	审批流
3	销售出库单	N	—	审批流
4	销售发票	N	—	审批流
5	应收单	Y	Y	工作流
6	收款单	Y	Y	工作流

（二）规划后流程设计

以下是共享后其他商品销售业务流程，该流程将在 NCC 中成功构建和运行。

1. 销售订货出库（图 5-58）

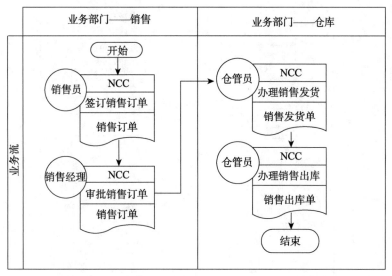

图 5-58　鸿途集团其他商品销售共享后销售订货出库流程

2. 应收挂账（图 5-59）

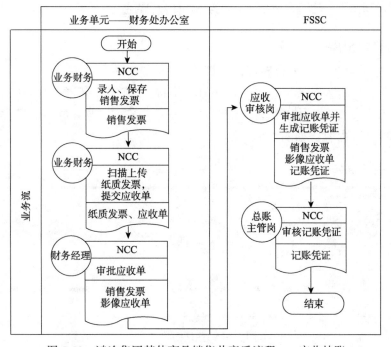

图 5-59　鸿途集团其他商品销售共享后流程——应收挂账

3. 应收收款（图 5-60）

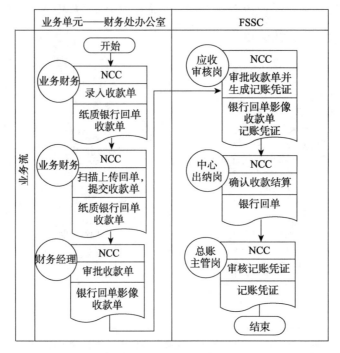

图 5-60　鸿途集团其他商品销售共享后流程——应收收款

三、【实验项目】销售业务——其他商品销售

1. 销售订货出库

1）以销售员角色进入平台签订销售订单

以销售员角色进入系统，点击"销售订单维护"，点击"新增—自制"，根据案例资料具体业务填写表头、表体"销售组织、订单类型、客户、业务员、部门、物料名称、数量、含税单价"内容，如图 5-61 所示。

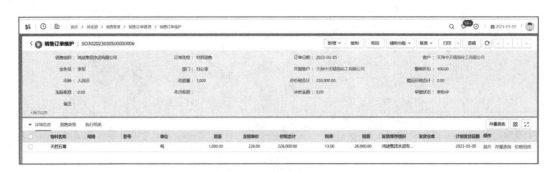

图 5-61　签订销售订单

2）以销售经理身份进入系统进行业务部门审批

以销售经理角色上岗并点击"开始任务"进入审批中心，点击"未处理 1"进入审批中心，打开销售订单，审核无误后点击"批准"，如图 5-62 所示。

图 5-62　销售经理审批

3）以仓管员角色进入系统进行办理销售发货和销售出库

以仓管员角色进入系统，点击"发货单维护"，点击"发货"，选择"财务组织、日期"，选择"销售订单—生成发货单"，点击"保存提交"，如图 5-63、图 5-64 所示。

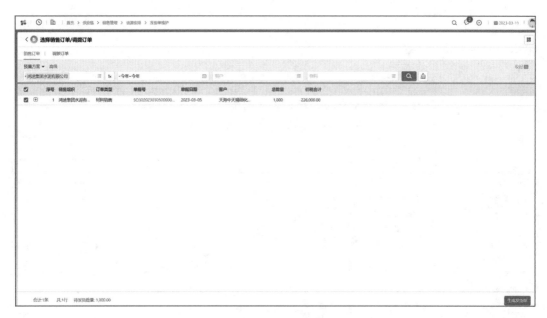

图 5-63　选择销售订单

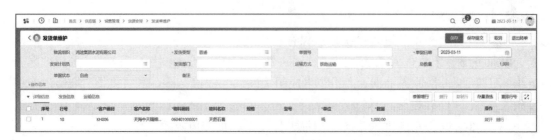

图 5-64　生成发货单

以仓管员角色进入系统，点击"销售出库"，点击"新增—销售业务出库"，选择"财务组织、日期"选择发货单，生成出库单，根据案例资料补充"仓库、出入库类型"等信息，点击"自动取数"，实发数量、出库日期自动计算，点击"保存"，点击"签字"按钮，如图 5-65、图 5-66 所示。

图 5-65　选择发货单

图 5-66　生成出库单

2. 应收挂账

1）以业务财务角色进入系统录入保存销售发票

以业务财务角色进入系统，点击"销售发票维护"，点击"销售开票"，选择"财务组织、日期"，选择业务单据，点击"生成销售发票"按钮，补充发票类型"增值税专用发票"，点击"保存提交"，如图 5-67、图 5-68 所示。

2）以业务财务角色进入系统，扫描上传发票，提交应收单

如果需要上传所附原始单据，则需要使用影像扫描系统，将原始单据分别上传至财

第五章 销售管理与应收共享业务处理

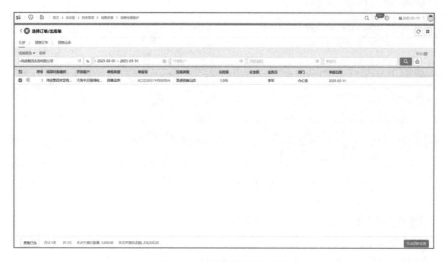

图 5-67 选择销售出库单

图 5-68 生成销售发票

务共享服务平台。可以采用高拍仪、扫描仪等设备将原始单据图像上传，也可导入已经扫描或拍摄的图片上传系统，使用影像扫描功能前必须确保已经安装高拍仪（或扫描仪），并且已经安装影像控件程序。

以业务财务角色进入系统，点击"应收单管理"，选择"财务组织、日期"，根据单据日期进入单据界面，点击"更多—影像扫描"，点击"提交"按钮，如图 5-69、图 5-70 所示。

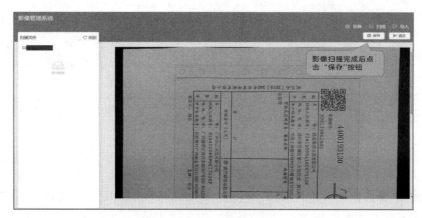

图 5-69 影像扫描

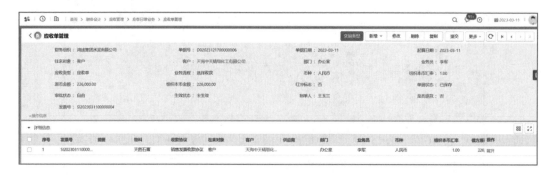

图 5-70　提交应收单

3）以财务经理角色进入系统进行审批

以财务经理角色上岗并点击"开始任务"进入审批中心，点击"未处理 1"进入审批中心，打开应收单，审核无误后点击"批准"，如图 5-71 所示。

图 5-71　财务经理审批

4）以应收审核岗角色进入系统进行应收单审核

以应收审核岗角色上岗财务共享服务平台，点击"提取任务"，提取完的任务通过待处理的状态查询此单据，点击单据编号，检查无误后点击"批准"即可完成审批，如图 5-72 所示。

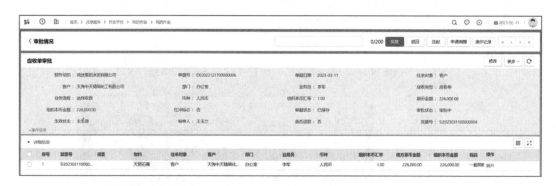

图 5-72　应收审核岗审核应收单

5）以总账主管角色进入系统进行记账凭证审核

以总账主管角色上岗进入系统，点击"凭证审核"，选择"财务组织、日期"，选择"待审核"，点击"查询"，检查凭证无误，点击"审核"，如图 5-73、图 5-74 所示。

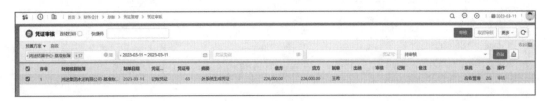

图 5-73 查询记账凭证

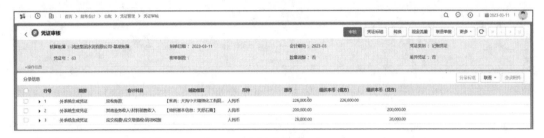

图 5-74 审核记账凭证

3. 应收收款

1）以业务财务角色进入系统录入收款单扫描上传回单并提交收款单

以业务财务角色进入系统，点击"收款单管理—新增—应收单"，选择"财务组织、日期"，选择"应收单—生成下游单据"，根据具体业务填写"结算方式、收付款方银行账户等信息"，点击"保存"，点击"更多—影像扫描"，点击"提交"按钮，如图 5-75、图 5-76 所示。

图 5-75 选择应收单

2）以财务经理角色进入系统进行审批

以财务经理角色上岗并点击"开始任务"进入审批中心，点击"未处理 1"进入审批中心，如图 5-77 所示。

205

图 5-76　收款单管理

图 5-77　财务经理审批

3）以应收审核岗角色进入系统进行审核收款单

以应收审核岗角色上岗财务共享服务平台，点击"提取任务"，提取完的任务通过待处理的状态查询此单据，点击单据编号，检查无误后点击"批准"即可完成审批，如图 5-78 所示。

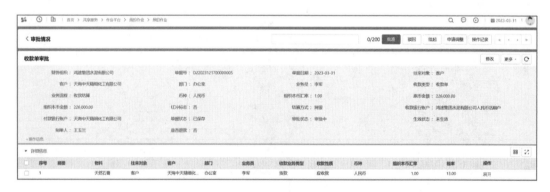

图 5-78　应收审核岗审核收款单

4）以中心出纳岗角色进入系统进行收款结算

以中心出纳岗角色进入系统，点击"结算"，选择"财务组织、日期—搜索"通过待结算查询此单据，检查无误后点击"结算"按钮，即可完成收款结算，如图 5-79 所示。

第五章 销售管理与应收共享业务处理

图 5-79　中心出纳岗收款结算

5）以总账主管角色进入系统进行记账凭证审核

以总账主管角色上岗进入系统，点击"凭证审核"，选择"财务组织、日期"，选择"待审核"，点击"查询"，检查凭证无误，点击"审核"，如图 5-80 所示。

图 5-80　总账主管审核记账凭证

第三节　收款结算

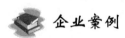

根据鸿途集团及各分、子公司的实际情况，鸿途集团资金实行"收支两条线"的集中管理模式，即由原来的各分、子公司自行结算转化为由鸿途集团资金结算中心统一结算。收款合同结算使用于不涉及供应链销售的收款业务，由业务人员与财务人员操作完成。收款结算单主要用于处理不涉及往来的资金流入业务，如利息收入、罚款收入等，由业务财务与财务共享服务中心人员操作完成。建立财务共享服务中心后，尽量保持现有业务流程的稳定性。集团的所有收付款，均以网银（银企直联）方式完成。最终选择的是单共享中心模式，为了让共享服务中心审核有据，所有进入 FSSC 审核的业务单据，必须随附外部原始凭证的影像。为了简化构建工作，共享后流程中审批环节最高只设计到子公司总经理。

要求：绘制集团共享前和共享后收款结算业务流程图，根据案例 8 和案例 9 资料，在用友 NCC 完成收款结算的完整流程。

1. 应收挂账

天海中天精细化工有限公司要设计和试制一种新型水泥石，特聘请鸿途集团水泥有限公司为其提供水泥石研制方法培训，合同（图 5-81）金额 4.24 万元（其中增值税率 6%、增值税额 0.24 万元），发票如图 5-82 所示。

培训服务合同

合同编号：SK-202303005

甲方：天海中天精细化工有限公司
地址：山西省临汾市翼城县红旗街 28 号
开户银行：中国工商银行翼城县支行
银行账号：40033902304942123

乙方：鸿途集团水泥有限公司
地址：郑州市管城区第八大街经北一路 136 号
开户银行：中国工商银行郑州分行管城支行
银行账号：37012393191892783O9

为了保护双方的合法权益，甲乙双方根据《中华人民共和国合同法》的有关规定，经友好协商，一致同意签订本合同。本合同的有效期自双方签字盖章之日起至 2023 年 9 月 30 日止。

一、委托合同明细

2023 年 3 月 15 日至 2023 年 3 月 17 日，乙方为甲方提供 3 天的水泥石研制方法培训课程，甲方参训人员不超过 30 人。经双方协商一致后，具体培训时间在本合同有效期内可适当延后，但培训内容、课时量和参训人数保持不变。

二、付款时间与付款方式

本合同的合计金额（包括增值税额）为人民币 __肆万贰仟肆佰元整__ （¥42,400.00 元）。培训结束后 10 日内，乙方向甲方开具增值税专用发票、甲方向乙方全额支付本合同的款项。

三、双方约定

本次培训所使用到的全部教学资源（含纸质、电子）其版权均归乙方所有。

甲方：天海中天精细化工有限公司   乙方：鸿途集团水泥有限公司
授权代表：李泽田   授权代表：李军
（盖章）   （盖章）
日期：2023 年 3 月 5 日   日期：2023 年 3 月 5 日

图 5-81　培训服务合同

图 5-82　培训服务发票记账联

2. 应收收款

收款单如图 5-83 所示。

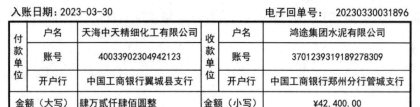

图 5-83　培训服务收款单

一、收款合同结算与管理的含义

收款合同，是指企业签署的具有收款条款的不属于销售合同的合同。

收款合同结算，是指企业依据收款合同的收款条款进行结算的行为。

收款合同管理是以合同为主线，帮助企业财务部门加强合同收款业务的过程管理与控制。它支持企业对以自身为当事人的合同依法进行录入登记、审批、履约、变更、冻结、终止等一系列活动，有助于降低企业资金风险，提高部门协作效率。

二、收款合同结算

收款合同结算,通常会经过三个业务阶段(图 5-84)。

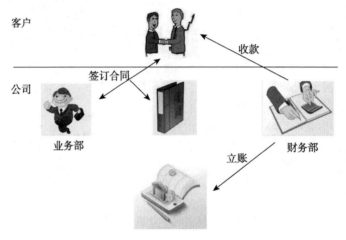

图 5-84　收款合同结算流程

(1)收款合同签订。企业的业务部门与客户经过协商、谈判并达成一致后,拟定收款合同,在按照企业合同审批流程审批通过后正式生效,同时合同进入履行状态。

(2)收款合同立账(应收挂账)。当企业与合同中指定的客户发生应收业务时,财务部参照合同进行应收账款的确认。

(3)收款结算。合同执行人可根据相应收款计划或按照企业结算审批流程审批通过后,进行收款。

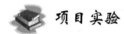项目实验

一、现状分析

1. 鸿途集团业务系统合同管理现状

鸿途集团在业务系统部署了多个合同管理模块,包括销售合同、采购合同、项目合同等。在结算环节,需要整合业务表单,实现合同控制;在供应链、项目管理录入的合同,在结算时单据根据客户供制单人选择。各级审核人员根据合同编号查询系统合同,结算时不再需要业务人员上传合同复印件。

2. 鸿图集团收款合同管理现状

未进行业务系统录入的合同,如总部管理的合同、下属公司的服务合同,则由各级财务人员在收款合同模块录入合同,自动控制结算。

财务系统收款合同执行中的相关岗位见表 5-3。

表 5-3　岗位工作内容对照表

岗位名称	工作内容
总账会计	总账管理，审核记账，月末结账
结算会计	票据审核、费用结算及统计
出纳	资金系统管理及银行对账、融资等业务

3. 收款合同结算痛点

收款合同的签订流程，各子公司各自为政、流程不统一；集团无法及时获得准确的收款合同执行情况；对于超合同金额的收款控制，集团没有统一的控制点，增加了合同执行风险。

4. 产成品销售业务流程现状

现有的工作流程如下：

（1）收款合同签订如图 5-85 所示。

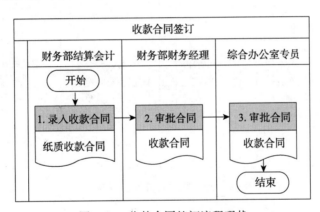

图 5-85　收款合同签订流程现状

（2）收款合同应收挂账如图 5-86 所示。

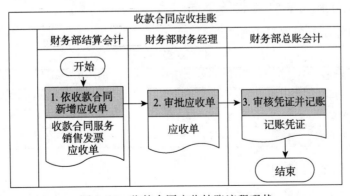

图 5-86　收款合同应收挂账流程现状

（3）收款合同收款结算如图 5-87 所示。

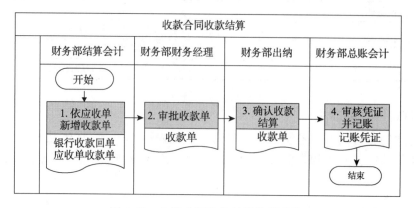

图 5-87　收款合同收款结算流程现状

（4）收款结算如图 5-88 所示。

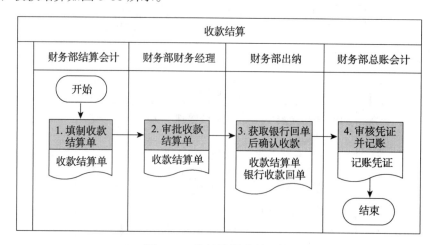

图 5-88　收款结算流程现状

二、规划设计

（一）规划财务共享服务业务单据

财务共享服务业务单据见表 5-4。

表 5-4　业　务　单　据

序号	名称	是否进 FSSC	是否属于作业组工作	流程设计工具
1	收款合同	Y	Y	工作流
2	应收单	Y	Y	工作流
3	收款单	Y	Y	工作流

（二）共享后流程设计

以下是共享后收款结算业务流程，该流程将在 NCC 中成功构建和运行。

1. 收款合同签订（图 5-89）

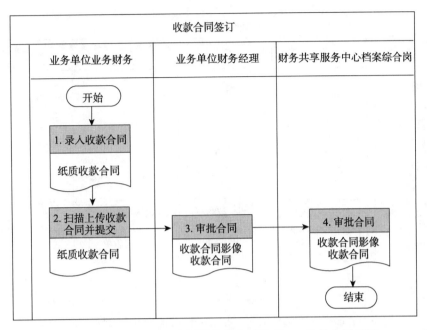

图 5-89　鸿途集团收款合同结算共享后流程——收款合同签订

2. 收款合同应收挂账（图 5-90）

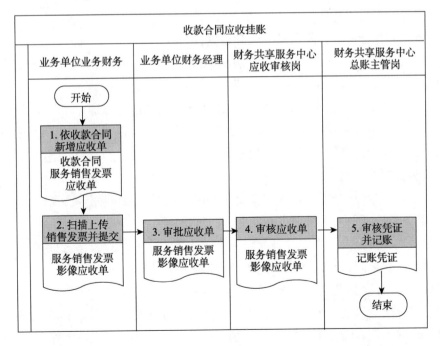

图 5-90　鸿途集团收款合同结算共享后流程——收款合同应收挂账

3. 收款合同收款结算（图 5-91）

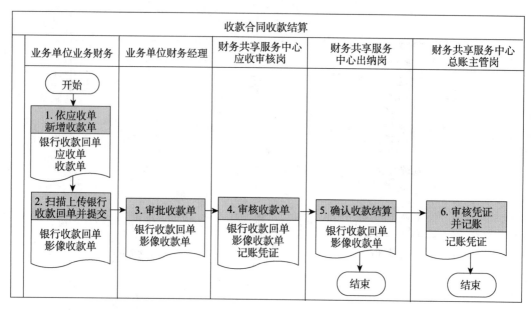

图 5-91　鸿途集团收款合同结算共享后流程——收款合同收款结算

三、【实验项目】收款合同结算

1. 收款合同签订

1）以业务财务身份进入平台录入收款合同

以业务财务身份进入 NCC 财务共享服务平台，选择"收款合同管理—新增"，根据案例的信息填写相关内容，完成后"保存"。

如果需要上传所附原始单据，则需要使用影像扫描系统，将原始单据分别上传至财务共享服务平台。可以采用高拍仪、扫描仪等设备将原始单据图像上传，也可导入已经扫描或拍摄的图片上传系统，使用影像扫描功能前必须确保已经安装高拍仪（或扫描仪），并且已经安装影像控件程序。

点击"更多—影像扫描"，点击"提交"按钮，如图 5-92、图 5-93 所示。

2）以财务经理身份进入系统进行业务部门审批

以财务经理身份上岗并点击"开始任务"进入审批中心，点击"未处理 1"进入审批中心，打开收款合同，审核无误后点击"批准"，如图 5-94 所示。

3）以档案综合岗身份进入系统进行合同归档

以档案综合岗身份进入审批中心，点击"我的作业—待提取"，点击"提取任务"，打开传递过来的收款合同，点击"批准"，完成审批工作，点击"执行—生效"，如图 5-95、图 5-96 所示。

第五章 销售管理与应收共享业务处理

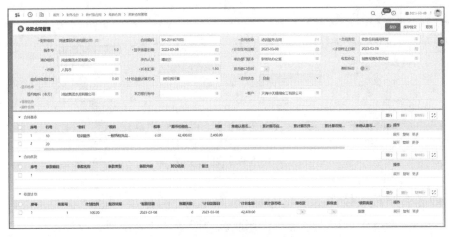

图 5-92 新增收款合同

图 5-93 影像扫描

图 5-94 财务经理审批

图 5-95 档案综合岗位审批

图 5-96　合同生效

2. 收款合同应收挂账

1）以业务财务角色进入系统，参照收款合同新增应收单后，扫描上传影像并提交

以业务财务角色进入系统，点击"应收单管理—新增—收款合同"，输入查询条件，选择对应的收款合同，点击"生成单据"，修改部门名称为"办公室"，最后检查无误，点击"保存"，如图 5-97、图 5-98 所示。

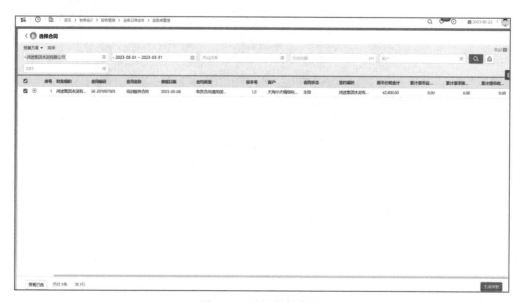

图 5-97　选择收款合同

图 5-98　生成应收单

如果需要上传所附原始单据，则需要使用影像扫描系统，将原始单据分别上传至财务共享服务平台。可以采用扫描仪等设备将原始单据图像上传，也可导入已经扫描或拍摄的图片上传系统，使用影像扫描功能前必须确保已经安装高拍仪（或扫描仪），并且已经安装影像控件程序。

点击"扫描"，系统弹出电子影像单据对话框，将纸质单据单据扫描成电子版本，点击"上传"，将电子单据上传至影像系统，上传以后点击"保存"，然后点击"提交"，如图 5-99 所示。

图 5-99　影像扫描

2）以财务经理角色进入系统进行审批

以财务经理角色上岗并点击"开始任务"进入审批中心，点击"未处理 1"进入审批中心，打开应收单，审核无误后点击"批准"，如图 5-100 所示。

图 5-100　财务经理审批

3）以应收审核岗角色进入系统进行应收单审核

以应收审核岗角色上岗财务共享服务平台，点击"提取任务"，提取完的任务通过待处理的状态查询此单据，点击单据编号，检查无误后点击"批准"即可完成审批，如图 5-101 所示。

4）以总账主管角色进入系统进行记账凭证审核

以总账主管角色上岗进入系统，点击"凭证审核"，选择"财务组织、日期"，选择"待审核"，点击"查询"，检查凭证无误，点击"审核"，如图 5-102 所示。

217

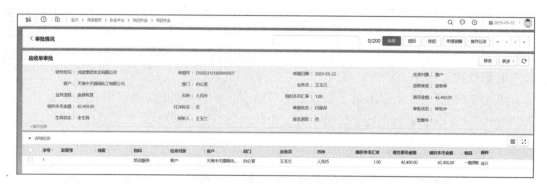

图 5-101　应收审核岗审核应收单

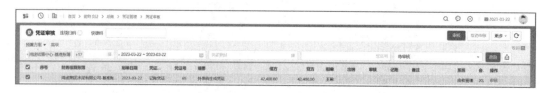

图 5-102　总账主管审核凭证

3. 收款合同收款结算

1）以业务财务角色进入系统，参照应收单新增收款单并扫描上传影像后提交

以业务财务角色进入系统，点击"收款单管理—新增—应收单"，输入查询条件，选择对应的应收单，点击"生成下游单据"，选择"结算方式—网银"，选择"收款银行账号尾号为 8309 的账户"，选择"付款银行账户"，最后检查无误点击"保存"，如图 5-103 所示。

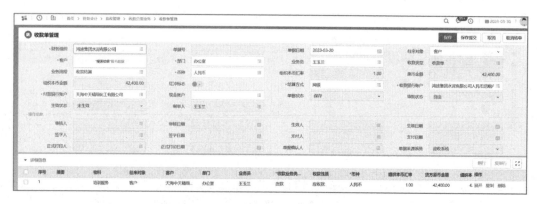

图 5-103　选择应收单生成收款单

如果需要上传所附原始单据，则需要使用影像扫描系统，将原始单据分别上传至财务共享服务平台。可以采用高拍仪、扫描仪等设备将原始单据图像上传，也可导入已经扫描或拍摄的图片上传系统，使用影像扫描功能前必须确保已经安装高拍仪（或扫描仪），并且已经安装影像控件程序。

点击"更多—影像扫描",点击"保存""提交"按钮,如图 5-104 所示。

图 5-104　影像扫描

2)以财务经理角色进入系统进行审批

以财务经理角色上岗并点击"开始任务"进入审批中心,点击"未处理 1"进入审批中心,打开收款单,审核无误后点击"批准",如图 5-105 所示。

图 5-105　财务经理审批

3)以应收审核岗角色进入系统进行收款单审核

以应收审核岗角色上岗财务共享服务平台,点击"提取任务",提取完的任务通过待处理的状态查询此单据,点击单据编号,检查无误后点击"批准"即可完成审批,如图 5-106 所示。

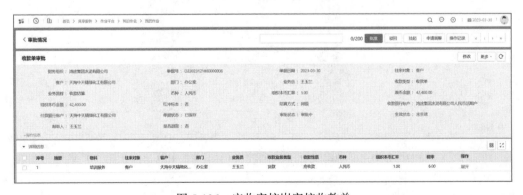

图 5-106　应收审核岗审核收款单

4）以中心出纳岗角色进入系统进行收款结算

以中心出纳岗角色进入系统，点击"结算"，选择"财务组织、日期—搜索"通过待结算查询此单据，检查无误后点击"结算"按钮，即可完成收款结算，如图5-107所示。

图5-107　中心出纳岗收款结算

5）以总账主管角色进入系统进行记账凭证审核

以总账主管角色上岗进入系统，点击"凭证审核"，选择"财务组织、日期"，选择"待审核"，点击"查询"，检查凭证无误，点击"审核"，如图5-108所示。

图5-108　总账主管审核凭证

即测即练

自学自测　扫描此码

第六章

资金管理共享业务处理

学习目标

1. 熟悉资金管理基本概念，了解常见的资金管理模式；
2. 理解结算中心模式的银行账户体系，理解结算中心职责；
3. 理解资金计划、资金上收、资金下拨、外部委托付款的概念；
4. 能够绘制集团共享前和共享后资金上收、资金下拨、外部委托付款业务的流程图；
5. 能够在财务共享服务平台中完成集团资金计划录入、资金上收、资金下拨、外部委托付款业务；
6. 培养遵纪守法的会计职业道德，增强风险意识和法治观念。

德技并修

思政主题：

风险意识 法治观念

实施路径：

通过资金管理、风险预警，使学生掌握资金风险点，增强风险意识。通过案例教学、小组讨论，渗透遵纪守法财经职业道德，增强法治观念。

第一节 资金上收

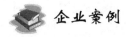
企业案例

鸿途集团水泥有限公司采用单共享中心模式，该集团公司所有收付款均以网银（银企直联）方式完成，不久前集团考察了同行业、类似规模的标杆企业，拟建立结算中心来进行资金的集中管理。

要求：绘制集团共享前和共享后的资金上收业务流程图；根据案例 1 和案例 2 资料，在用友 NCC 中完成资金计划编制和资金上收业务的完整流程。

1. 资金计划编制

鸿途集团水泥有限公司 2023 年 3 月份的资金计划如表 6-1 所示。

表 6-1　资　金　计　划

计划项目	计划支出金额（元）
薪酬支出	3000000.00
费用支出	500000.00

2. 资金上收

2023 年 3 月 10 日，鸿途集团各成员公司收到客户回款明细，各公司收到客户款项后，按照集团资金管理规定，将全部款项归集到各公司在结算中心的总账户，如表 6-2 所示。收款单如图 6-1 所示。

表 6-2　资　金　上　收

业务内容	鸿途集团水泥有限公司
客户名称	天海销售有限责任公司
收到货款	5231500.00
上缴资金	5231500.00

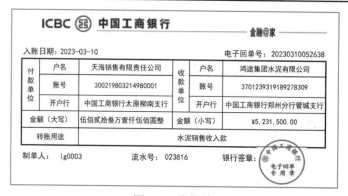

图 6-1　收款单

一、资金管理的概念

在企业生产经营过程中，企业管理者利用各种管理工具与方法，实现对"人、财、物"的有效控制与管理。其中"财"，即"资金"，既是企业生存所需的资源，也是企业的经营成果，贯穿于企业整个生产经营活动过程，是企业管理活动的核心。

资金管理是企业财务管理的重要组成部分，是通过精确的组织、计划、控制、信息和考核等管理手段，对企业资金运动的全过程进行有效的管理，包括合理地筹集资金、高效率地运用资金、有效地控制资金、降低资金成本，进而帮助企业获得竞争优势、实现企业价值最大化。

二、资金管理的职能

资金管理的职能包括基础管理、日常结算、资金平衡和报告分析等，如图 6-2 所示。

资金管理职能框架				
报告分析	预警报告	统计报告	流量分析	存量分析
资金平衡	资金计划	融资管理	付款排程	头寸管理
日常结算	付款管理	收款管理	票据管理	现金管理
基础管理	账户管理	数据设置	银企直联	档案管理

图 6-2　企业资金管理的职能框架

集团资金管理职能及其在财务职能体系中的定位，如图 6-3 所示。

	财务职能体系						
	财务会计				管理会计		
	财务核算	报告披露	资金管理	税务管理	绩效管理	预算管理	成本管理
战略层	集团会计政策	合并报表	集团资金筹划	集团税务规划	管报体系	预算流程及规则	成本战略
	集团会计流程	财务披露	集团资金调拨	税务合规性政策	考核规则/流程/指标	战略目标设定	成本核算准则
	会计审核与批准	外部审计	资金统一支付	税务知识库	激励政策	预算模型设计	成本激励制度
	会计核算稽核	财务报表合规性	资金解决方案		业绩评价	集团预算组织	
控制层	授权及权限管理	本地财务报表合规性	现金流平衡	商业模式	业绩预测	预算编制申报	设计成本控制
	财务运营协调	本地财务报表检查	资金风险控制	税务合规性	业绩推动	预算执行控制	项目成本控制
	本地财务制度	本地财务报表调整	汇率控制		业绩分析	预算分析考核	生产成本控制
执行层	销售及应收流程	账期管理	银行对账	税务核算	全程利润报表	预算数据加工	费用控制
	采购及付款流程	财务报表编制	支付指令	税务遵从	责任现金流制作	预算执行报表	成本核算
	工资流程	内部往来		税务检查	出入库报表	费用分析报表	成本报表
	费用报销流程	报告自查			存货周转报表		
	项目流程						
	特殊事项流程						

图 6-3　集团资金管理职能及其在财务职能体系中的定位

三、常见的资金集中管理模式

常见的资金集中管理模式有：统收统支、收支两条线、拨付备用、结算中心、内部银行、财务公司、资金池等模式。

（一）统收统支模式

企业的现金收付活动集中在集团或某一主体的财务部和统一的银行账户，各分支机构或子公司不再单独设立账户，所有的收款全部归入统一的银行账户，所有的现金支出都通过财务部指定的账户付出,现金收支完全集中在集团总部。

(二)收支两条线模式

企业的资金收入和资金支出分别使用互相分离的流程、组织或资金流动路径,以达到保证资金安全、有效监控现金流动的目的。收支两条线模式要求收到的资金直接进入回款账户,支付时需要经过审批,才能对外支出,不得"坐收坐支"。

(三)备用金模式

企业按照一定的期限或金额,拨给所属分支机构和子公司一定数额的资金,供其使用。各分支机构或子公司发生实际资金支出后,持有关凭证到企业财务部报销以补足备用金。

(四)结算中心模式

通常在集团财务部门设立结算中心,专门办理集团内部各成员公司的资金收付及往来结算业务。各成员公司根据结算中心预核定的资金存量限额,必须将高于限额的资金转入结算中心的银行账户,结算中心集中管理集团和各成员公司的资金。结算中心核定各成员公司日常所需资金后,统一拨付至各成员公司,监控货币资金的使用。为获得更好的银行服务与融资,结算中心需统一对外协调银行关系和筹措资金,办理各成员公司之间的往来结算,以减少资金沉淀,提高资金利用效率和效益。另外,各成员公司都有自己的财务部门,有独立的账号(通常是二级账号)进行独立核算,因此,结算中心模式并不意味着将各成员公司的全部资金完全集中到集团总部,而是资金流动、投资和融资、关联结算等事项的决策集中化,各成员公司依然拥有较大的资金经营权和决策权。

(五)内部银行模式

内部银行模式是企业集团下属子公司常用的资金集中管理模式,是较结算中心更为完善的内部资金管理机构。内部银行引进商业银行的信贷、结算、监督、调控、信息反馈职能,发挥计划、组织、协调作用,并成为企业和下属单位的经济往来结算中心、信贷管理中心、货币资金的信息反馈中心。各分子公司与集团实行相对独立核算、自负盈亏。另外,各成员公司无权对外融资,必须由内部银行统一对外筹措资金,并根据集团公司为各成员公司核定的资金和费用定额,结合其实际需要发放贷款,进行统一运作,合理调度资金。

(六)财务公司模式

集团财务公司,是专门从事集团公司内部资金融通业务的非银行性金融机构,须由政府监管机构批准,是大型企业集团或跨国公司投资设立的一个独立的子公司法人实体。财务公司经营的金融业务,大体上可以分为融资、投资和中介三部分。融资业务包括经批准发行财务公司债券、从事同业拆借等;投资业务包括承销成员单位的企业债券、对金融机构的股权投资,成员单位的消费信贷、买方信贷、融资租赁、贷款等;中介业务包括对成员单位交易款项的收付、对成员单位提供担保、办理票据承兑与贴现、办理成员单位之间的内部转账结算等。

(七）资金池模式

资金池模式也称为现金池模式，是由跨国公司的财务部门与国际银行合作开发的资金管理模式，统一调拨集团的全球资金，以最大限度地降低集团持有的净头寸。资金池管理模式，根据是否实际划拨资金分为两种："实体资金池"和"名义或虚拟资金池"。在"实体资金池"结构中，企业在同一家银行设立一个母账户和若干个子账户。银行每日定时将子账户的资金余额上划到母账户中，资金上划后，子公司账户上保持零余额（ZBA）或目标余额（TBA）。这个限额的设定，通常是由企业根据自身资金管理的需求和现金存量的额度，与银行协商确定。

常见的资金集中管理模式比较见表6-3。

表 6-3 常见的资金集中管理模式比较

管理模式	特点	优点	缺点	适用场景
统收统支	结算活动在某一主体设统一账户；分支机构不设账户	有助于实现资金平衡；提升资金使用效率；减少资金沉淀；防范控制风险	管理方式不够灵活；影响分支机构业务运作	分支机构少；业务简单；资金流向规律
收支两条线	收入和支出使用不同的账户，收入户只收不付，支出户只付不收，不得坐收坐支	收支分离，便于资金监控，保证资金安全	账户开立数量增多，账户管理成本增加	业务相对复杂，收付业务量较大
拨付备用	按照一定期限或金额拨付分支机构定额资金供其使用；资金使用后持凭证进行报销补充备用金；分支机构一般不独立设置财务部门	方便支取使用；管理相对规范	资金使用存在上限；容易产生较大沉淀	个人、部门、办事处、简单分公司；复杂分公司和子公司不适用
结算中心	在公司内部建立；统一进行账户管理；统一资金调度（根据情况本地可保留必要的收付职能）；统一协调银行关系，筹集资金；各成员企业保留财务部门；成员企业拥有较大决策和自主权	统一支付结算，提高结算效率；集中资金监控，确保资金安全；资金集中管理，降低资金沉淀	组建和管理成本相对较高；账户体系和资金运转复杂；复杂资金业务难以处理；作为成本中心不易评价结算中心效益	适用于集团具有大量分子公司、账户数量多、结算量大、复杂投融资业务较少的集团公司；不适用投融资活动频繁、业务特殊的大型集团公司
内部银行	引入商业银行职能和管理方式；具备结算、信贷、外汇管理等职能（统一结算、统一信贷、统一融通）；独立考核内部银行的效益	统一信贷管理，降低融资成本；引入商业银行模式，管理更为科学高效；独立核算，自负盈亏，便于考核	目前无相关法律法规进行明确，存在政策和法律风险；引入商业银行运作模式，运行成本较高	一般而言，企业内部银行适用于具有较多责任中心的企事业单位，特别是无法建立财务公司而通过结算中心无法满足企业管理需要时
财务公司	依法成立非银行金融机构，具备独立法人资格；可以从事融资、投资、金融中介等服务内容；将资金管理、金融服务市场化，机制更加健康	可以进行资金整合控制，加强资金监管；承担集团资金理财职责，丰富理财手段；加速内部资金结算和周转速度；提供担保、资信、咨询等更全面的金融服务	成立难度大，成本高；管理难度大，专业性强；需要接受金融监管机构的监管	大型集团公司，大量分子公司等责任主体；公司业务复杂，投融资事务较多，具备成立的资质和条件

续表

管理模式	特点	优点	缺点	适用场景
资金池	基于委托贷款模式；最大限度地归集资金，降低资金头寸；满足设定账户余额并及时补充，维持在设定的余额水平	最大限度地降低资金头寸，高效利用资金；通过自动归集，补充（归还）余额，降低资金管理成本和资金沉淀成本	账户体系要求较高；较多地依赖大型商业银行的服务	大型跨国集团公司；资金管理需要跨国（区域）进行集中管理

四、结算中心模式下的内外部账户

结算中心外部账户：是在集团外部商业银行开立的、结算中心用来统收成员单位资金的总账户，初始金额为 0。

成员单位外部账户：是成员单位在集团外部商业银行开立的、用以对外部进行资金收付的账户。

成员单位内部账户：是成员单位在结算中心开立的、用以记录成员单位存放于结算中心的资金变动的账户，初始金额为 0。

恒等式：

成员单位的银行存款余额 = 其外部账户和内部账户余额之和

结算中心外部账户资金余额 = 各成员单位的内部账户资金余额之和；

成员单位委托结算中心进行的外部收支：二者等额增加或等额减少；

上收下拨：二者等额增加或等额减少；

成员单位间通过内部账户进行的结算或调拨：结算中心外部账户资金余额不变，不同成员单位的内部账户等额增减。

五、资金计划与资金上收下拨

（一）资金计划

资金计划，是对未来一定时期内的资金结存、流入、流出、盈缺、筹措进行统筹安排。

编制资金计划，可以形成资金的事前控制。在计划执行过程中，根据事先核准的支出对资金流出进行提示或控制，形成事中控制。计划执行后，将执行情况与计划进行对比分析，找出差异和原因，可以做到事后分析。

（二）资金上收下拨

资金上收：也称为资金归集，指资金组织或上级组织，将成员单位或下级组织外部银行账户的资金归集到本组织外部银行账户的业务处理。

资金下拨：是指资金组织或上级组织，将本组织外部银行账户的资金划拨到成员单位或下级组织外部银行账户的业务处理。

资金上收下拨是集团资金管理中进行资金调度的重要手段。资金下拨时，可以按照资金计划的金额下拨，也可以由业务单位在资金计划范围内申请下拨。

（三）资金上收下拨的不同业务场景

（1）按资金计划下拨。结算中心根据资金计划下拨资金到成员单位。

（2）按付款排程下拨。结算中心根据成员单位已批准的付款排程进行资金下拨。

（3）自动下拨资金业务。结算中心设置自动下拨规则，系统定时自动下拨资金到成员单位，保证成员单位的资金需求。

（4）单位申请下拨资金业务。成员单位需要资金时，可通过下拨申请提交到结算中心，结算中心核准、审批后将资金下拨到成员单位。这种场景可解决成员单位的临时资金需要。

（5）委托付款与下拨资金业务。结算中心先将中心账户的款项下拨到单位账户，同时将下拨到单位账户的资金再支付给单位的客商，既解决了客商款项及时支付问题，又避免了资金在成员单位长期停留甚至被挪用的问题出现。

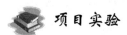

项目实验

一、现状分析

（一）集团公司费用报销的痛点

集团公司费用报销主要存在以下痛点：各公司报销标准不统一，各自为政；整个业务审批与财务处理信息共享性差；手工处理核算量大，差错频出，耗用大量精力，核算质量有待提升；核算由人工进行处理，自动化程度低，核算标准化有待加强；同一业务不同人员、不同时间可能出现处理方式的不一致。

（二）集团账户情况

集团及下属单位的银行账户分散在多家银行，开户行分别在农业银行、建设银行、交通银行、工商银行、包商银行、农信社、农商行、光大等银行。各子公司账户的开设、变更、销户业务均需通过集团公司审批通过；各子公司的账户信息需要在集团公司备案。本次集团纳入资金管理范围的共计 262 个账户、76 家企业、11 个行别，涉及币种均为人民币。

（三）集团资金管理目标

（1）建立资金集中监控系统：采用先进的技术手段，通过对集团内部的资金集中管理，做到上级机构对下级机构的资金运行数据的即时查询、及时审计，使资金的运转得到有效监管与控制。为企业搭建一个跨银行的资金集中监控平台，集中反映整个集团的资金动态情况，掌控资金管理的主动权。

（2）建立一套完整的集团资金操作、管理、分析和决策体系，全面整合集团内结算、融资、票据、预算、投资等各业务条线和各相关系统资源，结合外部商业银行的产品和服务支持，加强集团性企业对集团资金的整体调控能力，降低集团资金运作成本，有效控制财务风险。

（3）成立资金结算中心管理集团资金，资金计划、资金调拨、资金集中、对外结算、内部结算等业务均通过结算中心统筹完成。

（4）建设符合资金结算中心制度要求和管理规范的系统平台，将集团的战略思想和管理思路融合到系统流程中去，规范资金业务，规避风险，提高效率。

（四）结算中心手续、流程和管理制度

1. 银行账户开户

鸿途集团首批仅计划将鸿途水泥板块的各个子公司纳入结算中心模式的集团资金集中管理范围。鸿途集团各子公司在多家银行均已开立账户，为简化实训起见，现以与工行合作进行结算中心运营为例。鸿途集团结算中心在工商银行开具资金总账户。经过鸿途集团结算中心批准，首批纳入集团资金结算中心服务范围的所有子公司均已在工商银行开具基本账户、收入账户，并同时将工商银行开具的基本账户指定为鸿途集团各子公司的支出账户。

2. 签署相关协议

结算中心与银行签署《集团账户管理协议》，各纳入集中管理的子公司与银行签署《集团账户参加管理协议》；结算中心与银行签署《管理单位业务申请书》，基于上述两类协议申请开通银行金融服务。

3. 结算中心管理制度

标杆企业的结算中心管理制度如下：

××集团资金结算中心暂行管理办法

第一章 总 则

第一条 为充分发挥××集团（以下简称集团公司）整体资金优势，提高资金效率，降低资金成本，防范资金风险，规范结算业务会计核算，依据国家有关规定，结合集团公司实际，制定本办法。

第二条 本办法适用于集团公司各成员单位（成员单位包括各子公司及下属基层单位）。

第三条 集团公司资金结算中心（以下简称结算中心）负责对集团公司各成员单位的资金进行统一管理，结算中心通过经集团公司审批后开立的账户进行资金管理。

第二章 结算中心宗旨及职能

第四条 结算中心宗旨：盘活存量资金，加速资金周转，减少资金沉淀，发挥资金规模效益，降低资金成本，优化集团公司融资结构，为集团公司经营和发展服务。

第五条 组织机构及职能。

（一）集团公司财务收支审核委员会

主席：董事长

副主席：总经理

成员：集团公司董事、总会计师、财务部长、结算中心主任。

具体职责：

- 审批集团公司财务收支管理制度和年度预算方案及收支计划。
- 审定财务结算中心预算执行情况的报告。
- 审定预算外重大财务收支报告。
- 对调整和修改年度预算方案进行审批。

（二）结算中心职能

- 负责对集团公司成员单位资金统一进行结算与管理。
- 负责拟订集团公司现金流量计划，经批准后组织实施。
- 负责资金日常调度和收支结算工作。
- 负责成员单位新开账户的审核和批准。
- 负责结算中心的会计核算和制度建设及业务培训。
- 负责拟定存量资金的运作方案，经批准后组织实施。
- 负责构建集团公司网上银行系统，统一设置集团公司系统账户体系。
- 负责向成员单位提供规范、高效的服务，确保资金安全。
- 负责构建资金流信息监控报告系统，监控成员单位资金使用方向，实时提供资金流转情况，分析资金收支问题。
- 负责资金结算的其他职能。

第三章 结算中心管理

第六条 严格执行国家有关规定，借鉴银行的管理经验和手段，努力做到内部管理的科学性和严密性，建立高效、有序、规范的内部运行机制。

第七条 结算中心资金日常调度和运用，在集团公司财务收支审核委员会授权范围内实施。

第八条 成员单位在结算中心的存款利息，由集团公司财务部统一调配，主要用于支付经营服务过程所发生的各项支出和费用，同时结算中心不向各成员单位收取手续费、工本费等各项费用，年末利息结余全部上交集团财务部。

第九条 结算中心岗位设置。

（一）结算中心主任岗位

在财务部长的领导下，负责结算中心的全面工作。

认真执行金融工作的方针政策和各项规章制度及操作规程。

负责结算中心各个环节的复核和监督工作，及时与银行进行业务联系，准确及时传联行票据，交换时认真核对本行范围内的印鉴、支票是否符合规定要求，严防假票、错票入账。

随时掌握各成员单位资金运行情况和结存余额,并及时向部长报告资金的运行及结存情况。

做好银行票据的签发工作,严密手续,认真负责。

认真审查银行对账单,定期与成员单位对账,防止串户。

严格管理结算中心的全部印鉴,银行的定期存单要指定专人保管,及时核对与结算。

完成部长交给的其他工作。

(二)资金结算岗位

负责归集成员单位的资金。

负责在批准的资金预算范围内录入拨付资金指令。

负责整理银行单据,并与银行账户核对无误。

负责结算中心有关印鉴保管工作。

基层单位支取备用金管理及借、还支票的管理。

拨付各成员单位计划内相关支出及支付成员单位对内、对外付款。

(三)资金审核岗位

负责审核拨付资金录入指令是否符合批准的资金预算,审核付款。

负责审核资金归集清单并与银行账户系统核对无误,与结算中心台账核对无误。

做好银行票据的签发工作,严密手续,认真负责。

负责结算中心档案装订保管和清缴工作。

(四)系统管理员

负责筹划、开发、推进、管理并维护集团的财务信息系统。

对集团信息化处理流程进行整合及优化,确保流程畅通。

负责集团财务系统及结算中心软件的基础数据添加维护、人员权限分配、系统角色管理。

负责集团财务系统机房的安全管理工作,保障设备正常运行。

负责所有登录结算中心财务人员的智能卡与机器证书的发放及管理工作。

负责集团公司成员单位的网络及其计算机的维护管理,保证其能安全可靠地登录结算中心。

第四章 银行账户设置及资金管理

第十条 各成员单位按照《××集团账户管理办法》和《建立集团公司网上银行账户体系的要求》设置银行账户。

第十一条 集团公司账户体系。

目前,针对各成员单位的实际情况,采取不同的资金管理模式。主业公司的下属基层单位根据需要,在银行开设一个收入账户,负责基层单位资金的收入,主业公司下属基层单位不再设立支出账户,所有的支付业务统一由结算中心负责。如有特殊业务需要开立账户,必须报集团公司结算中心审批后方可开立。

其他各子公司及下属基层单位，开设收入和支出两个账户，负责其资金收入和支出的结算，实行收支两条线管理。

各成员单位要正确区分资本性支出和收益性支出。严禁坐收坐支，即收入账户中不得有支出内容，支出账户中不得有收入内容。严禁将收入账户上的资金转入支出账户。

第十二条 收入账户的管理：用以归集各成员单位的主营业务收入和其他业务收入，包括预收账款和收回的用户欠费及其他各类来源的所有收入。各成员单位应将实现的收入全额列入收入账户并由结算中心于当日上报集团公司，严禁从收入账户中支出资金。

第十三条 结算中心支付账号的管理：主业公司及下属基层单位所有资金支出，由结算中心统一负责支付，主业公司及下属基层单位不再设置支出账户。

第十四条 除主业之外的子公司及下属基层单位支出账户的管理：用于子公司及下属基层单位的正常经营开支，其来源由结算中心按集团公司月度收支计划审批后拨付，在计划内支配各项支出。

第十五条 除集团公司核准的银行账户外，各成员单位不得擅自开立银行账户。各成员单位"收入账户"不得发生坐支情况。

第十六条 资金上划及拨付。

（一）资金上划。结算中心于每个工作日16:30，全额上划各成员单位收入账户的资金。

（二）资金拨付。在批准的资金预算范围内向各成员单位支出账户拨付资金。

第十七条 各成员单位办理支付结算业务，不得签发没有真实交易和债权债务的结算凭证，套取结算中心资金。

第十八条 结算中心不得以任何理由压票，不得拒绝受理各成员单位正常结算业务，不得泄露成员单位商业秘密。

第十九条 会计人员要每月与资金结算中心进行对账，对于出现的差错、未达等问题应及时通知资金结算中心，以便调整。

第二十条 资金结算中心只对各成员单位指定会计人员办理结算业务，其他外来人员一律不予办理。

第二十一条 违反本办法规定的各成员单位和个人责令限期纠正错误；性质严重的给予通报批评，并结合经济责任制考核办法给予经济考核或行政处分。

第五章 会 计 核 算

第二十二条 内部核算单位会计核算。

内部核算单位是指集团结算中心各成员单位。

（一）上划资金核算

收入上划时，结算中心根据银行收款单：

借：银行存款

　　贷：内部往来——成员单位

内部核算单位根据银行付款单：

借：内部往来

贷：银行存款

（二）下拨资金核算

结算中心下拨内部核算单位经费资金时，集团公司根据结算中心内部付款单：

　　借：内部往来——成员单位
　　　　贷：银行存款

无支出账户内部核算单位收到结算中心下拨经费资金时，根据结算中心内部付款单：

　　借：费用等相关科目
　　　　贷：内部往来

有支出账户的内部结算单位收到结算中心下拨经费资金时，根据结算中心内部付款单：

　　借：银行存款
　　　　贷：内部往来

第六章　单据使用和管理

第二十三条　单据使用和管理。

（1）付款审批单：各成员单位需进行对外或对内付款时，需填列付款审批单。付款审批单由各成员单位负责按流程找相关领导签字，结算中心根据手续齐备的付款审批单开具付款结算单。付款结算单一式三份：第一份结算中心盖章，作为成员单位入账凭据；第二份加盖付款成员单位的印鉴，作为结算中心付款的凭据；第三份留底。

（2）对账单：结算中心月末根据各成员单位内部往来科目的发生明细出具对账单，各成员单位据此对账。

（3）空白支票领取审批单：各成员单位发生业务需要领取空白支票时，应根据计划（内、外）填写用途、预计金额、使用时间（空白支票两天不对外进行支付，应及时交还结算中心，不得自行留存），待审核通过后填写支票领取单方可使用。

（4）备用金领取审批单：各成员单位领取备用金时，根据使用情况填写用途、金额，当日盘点库存金额控制在 1000 元以内，以保障资金管理安全；在审批通过后在规定时间内将备用金审批单上报结算中心，结算中心根据上报情况统一安排备用金领取时间。

第七章　违规责任和奖惩

第二十四条　财务部每月底对各成员单位计划执行情况进行汇总分析，每季进行全面检查考评，对大额支出及时进行跟踪检查。

第二十五条　如遇突发事件，计划外支出，必须书面报告，经批准后方可实施，未经批准的计划外项目所发生的费用从当年各成员单位的经费中抵扣，并追究行政"一把手"的责任。

第二十六条　除结算中心批准的账户，各成员单位不得另开设账户，否则视同为"账外账"，按清理"小金库"论处，追究行政"一把手"和财务人员的责任。

第二十七条　各级审批人员，要坚持原则，严格把关，对业务的真实性、票据的合规性、计划的严肃性负责,否则追究各成员单位所有审批人员的责任。

第二十八条 结算中心管理人员要忠于职守,坚持原则,客观公正。履行职责、廉洁奉公、保守秘密。不得滥用职权、徇私舞弊、玩忽职守,如有违反者,给予通报批评,调离岗位,直到追究行政处分。

第二十九条 集团公司对于认真履行职责,作出显著成绩的有关人员以及检举揭发的有功人员给予奖励。

第八章 附 则

第三十条 本办法自下发之日起试行。

第三十一条 本办法由集团公司财务部负责解释。

(五)集团资金上收流程现状

不久前集团考察了同行业、类似规模的标杆企业,拟建立结算中心来进行资金的集中管理。拟参考的标杆企业尚未实施财务共享,其资金上收业务流程如图6-4所示。

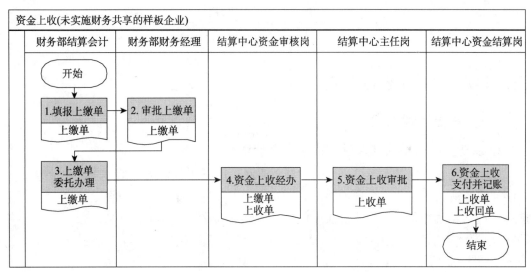

图 6-4 拟参考的标杆企业资金上收共享前流程

二、规划设计

(一)规划财务共享服务业务单据

共享后流程所用到的业务单据见表6-4。

表6-4 共享后流程所用到的业务单据

序号	名称	是否进 FSSC	是否属于作业组工作	流程设计工具
1	上缴单	N	—	审批流
2	上收单	N	—	审批流
3	上收回单	N	—	审批流

（二）共享后流程设计

根据鸿途集团资金上收业务的流程现状，设计统一的共享后资金管理流程。可使用 Visio/WPS 等工具软件完成共享后资金上收业务流程设计，该流程将在用友 NCC 中构建测试和运行。鸿途集团共享后资金上收参考流程如图 6-5 所示。

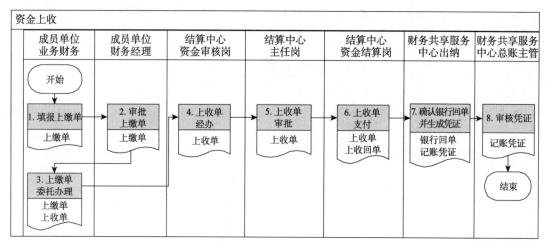

图 6-5　集团资金上收共享后流程

三、【实验项目】资金上收

（一）资金计划编制

1. 以业务财务角色进入系统完成资金计划编制

以业务财务角色进入系统，点击"资金计划—资金计划编制"，任务选择"资金支出月度计划（薪酬费用）"，会计期间选择"2023 年"，会计月选择"3 月"，下拨付款单位选择"鸿途结算中心"，下拨收款单位选择"鸿途集团水泥有限公司"，根据实训任务的测试用例中的计划支出金额填写表格，点击"保存"按钮，点击"上报"按钮，如图 6-6、图 6-7 所示。

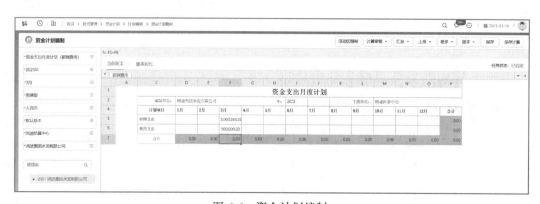

图 6-6　资金计划编制

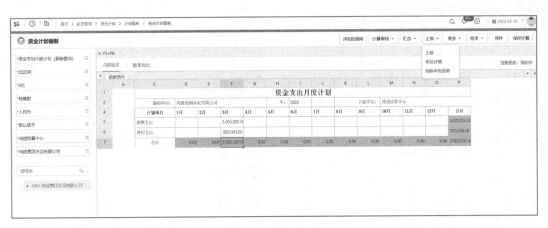

图 6-7 上报资金计划

2. 以财务经理角色进行上岗，点击"开始任务"按钮进入 NCC 系统，完成资金计划审批

以财务经理角色进入系统，点击"资金计划—计划审批"，任务选择"资金支出月度计划（薪酬费用）"，会计期间选择"2023 年"，会计月选择"3 月"，下拨付款单位选择"鸿途结算中心"，下拨收款单位选择"鸿途集团水泥有限公司"，点击"审批"按钮，填写审批意见，点击"确定"按钮，如图 6-8 所示。

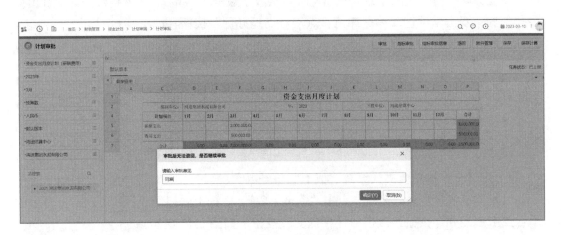

图 6-8 财务经理审批

（二）实验项目实操

1）以业务财务角色进入系统完成资金上缴单的填写及提交

以业务财务角色进入系统，点击"资金上收下拨—上缴单—新增—选择财务组织、上收组织"，选择上缴银行账户、填写申请上缴金额、选择上收银行账户，选择结算方式，点击"保存提交"按钮，如图 6-9 所示。

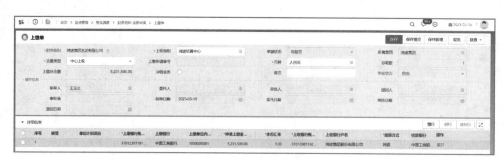

图 6-9 提交资金上缴单

2）以财务经理角色进入系统完成资金上缴单审批

以财务经理身份上岗并点击"开始任务"进入审批中心，点击"未处理 1"进入审批，打开上缴单，审核无误后点击"批准"，如图 6-10 所示。

图 6-10 财务经理审批

3）以业务财务角色进入系统完成资金上缴单委托办理

以业务财务身份进入系统，点击"资金上收下拨—上缴单"，输入查询条件，查出待委托单据，双击单据进入单据详情，点击"委托办理"按钮，如图 6-11 所示。

图 6-11 资金上缴单委托办理

4）以资金审核角色进入系统完成上收单经办

以资金审核角色进入系统，点击"资金上收"，选择上收组织、日期，双击打开上收单，点击"经办"按钮，点击"保存提交"按钮，如图 6-12 所示。

图 6-12 上收单经办

5）以结算中心主任角色进入系统完成上收单审批

以结算中心主任角色进入审批中心，点击"未处理1"，打开传递过来的上收单，点击"批准"，完成审批工作，如图6-13所示。

图6-13　结算中心主任审批上收单

6）以资金结算角色进入系统完成上收单支付

以资金结算角色进入系统，点击"资金上收支付"，选择日期，点击"查询"按钮，在"待支付"页面找到上收单据，双击进入单据详情，点击"网银补录"按钮，"转账类型"选择"归集"，点击"确定"按钮。点击"支付指令状态"节点，选择"财务组织"，选择"指令提交日期"，双击单据，进入单据详情界面，点击"状态确认"按钮，进入"支付确认单"界面，银行确认支付状态选择"成功"，点击"保存"按钮，点击"提交"按钮点击"确定"按钮，如图6-14、图6-15所示。

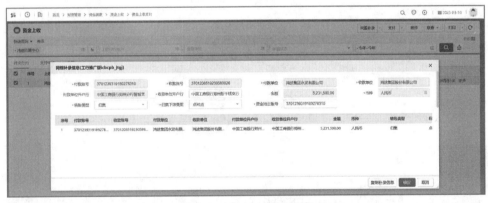

图6-14　补足上收单信息

图6-15　完成上收单支付

7）以中心出纳岗角色进入系统确认银行回单并生成凭证

以中心出纳岗角色进入系统，打开"单位上收回单"节点，选择"付款组织、上收日期"，点击"查询"按钮，双击打开单据，进入单据详情界面，点击"记账"按钮，点击"联查"—"凭证"按钮查询凭证，查看凭证是否正确，如图6-16所示。

图6-16　确认银行回单生成凭证

8）以总账主管角色进入系统进行记账凭证审核

以总账主管角色上岗进入系统，点击"凭证审核"，选择"财务组织、日期"，选择"待审核"，点击"查询"，检查凭证无误，点击"审核"，如图6-17所示。

图6-17　总账主管审核凭证

第二节　资 金 下 拨

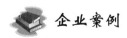企业案例

鸿途集团水泥有限公司采用单共享中心模式，该集团公司所有收付款均以网银（银企直联）方式完成，不久前集团考察了同行业类似规模的标杆企业，拟建立结算中心来进行资金的集中管理。

要求：绘制集团共享前和共享后的资金下拨业务流程图。根据案例3资料，在用友NCC中完成资金下拨业务的完整流程。

为满足2023年3月25日薪酬费用支付需求，各成员单位发起申请内部结算账户下拨资金到本地支出户，并在收到下拨款后完成社保支付，如表6-5所示。

表6-5　资 金 下 拨

业务内容	鸿途集团水泥有限公司
薪酬支出	2500000.00元

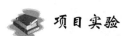

项目实验

一、现状分析

不久前集团考察了同行业类似规模的标杆企业,拟建立结算中心来进行资金的集中管理。拟参考的标杆企业尚未实施财务共享,其资金下拨业务流程如图 6-18 所示。

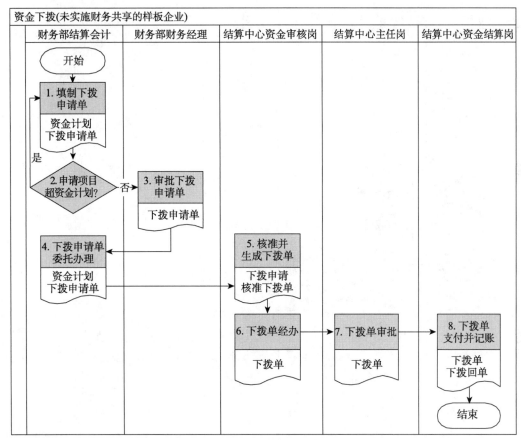

图 6-18 拟参考的标杆企业资金下拨共享前流程

二、规划设计

(一)规划财务共享服务业务单据

共享后流程所用到的业务单据见表 6-6。

表 6-6 共享后流程所用到的业务单据

序号	名称	是否进 FSSC	是否属于作业组工作	流程设计工具
1	下拨申请单	N	—	审批流
2	下拨申请核准	N	—	审批流
3	下拨单	N	—	审批流
4	下拨回单	N	—	审批流

(二)共享后流程设计

根据鸿途集团资金下拨业务的流程现状,设计一个统一的共享后资金管理流程。可使用 Visio/WPS 等工具软件完成共享后资金下拨业务流程设计,该流程将在用友 NCC 中构建测试和运行。鸿途集团共享后资金下拨参考流程如图 6-19 所示。

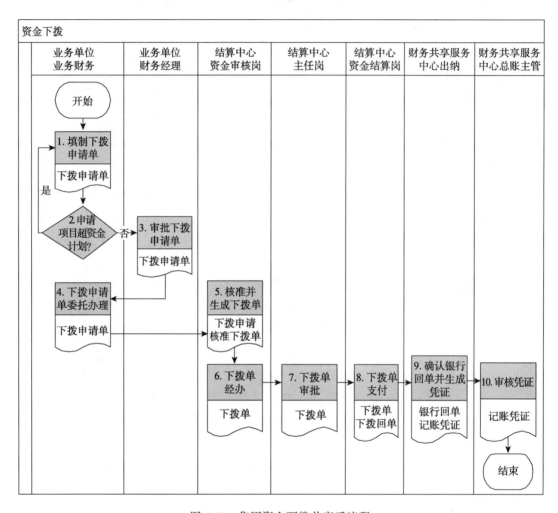

图 6-19 集团资金下拨共享后流程

三、【实验项目】资金下拨

1)以业务财务身份进入系统完成下拨申请单的填写及提交

以业务财务身份进入系统,点击"资金上收下拨—下拨申请—新增",选择财务组织、下拨组织,点击"展开",填写详细信息,填写收款单位计划项目、收款银行账户、申请金额、下拨银行账户、结算方式,点击"保存提交"按钮,如图 6-20 所示。

第六章 资金管理共享业务处理

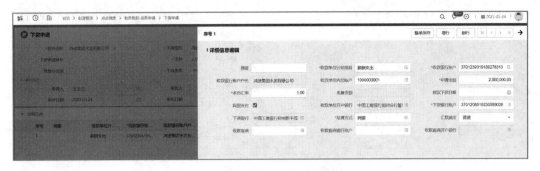

图 6-20　完成下拨申请单

2）以财务经理身份进入系统进行审批

以财务经理身份上岗并点击"开始任务"进入审批中心，点击"未处理 1"进入审批中心，打开下拨单，审核无误后点击"批准"，如图 6-21 所示。

图 6-21　财务经理审批

3）以业务财务身份进入系统完成下拨申请单委托办理

以业务财务身份进入系统，点击"资金上收下拨—下拨申请"，输入查询条件，打开单据进入详情界面，点击"委托办理"按钮，如图 6-22 所示。

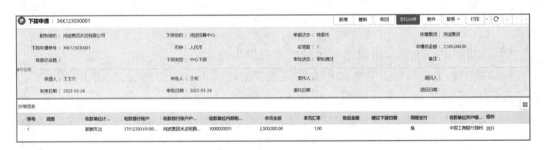

图 6-22　下拨申请单委托办理

4）以资金审核身份进入系统核准并生成下拨单

以资金审核身份进入系统，打开下拨申请核准，选择制单日期，点击查询按钮，双击打开下拨申请核准单进入单据详情界面，点击"核准"按钮，点击"保存提交"按钮，点击"生成下拨单"按钮，点击"资金下拨"节点，选择日期，点击"查询按钮"，在"待提交"页面找到下拨申请单，双击进入单据详情界面，点击"经办"按钮，点击"保存提交"按钮，如图 6-23、图 6-24、图 6-25 所示。

图 6-23 核准下拨申请单

图 6-24 生成下拨单

图 6-25 下拨单经办

5）以结算中心主任身份进入系统完成下拨单审批

以结算中心主任身份进入审批中心，点击"未处理1"，打开传递过来的下拨单，点击"批准"，完成审批工作，如图 6-26 所示。

图 6-26 结算中心主任审批下拨单

6）以资金结算岗身份进入系统完成下拨单支付

以资金结算岗身份进入系统，点击"资金下拨支付"，选择日期，点击"查询"按钮，在"待支付"页找到上收单据，双击进入单据详情，点击"网银补录"按钮，"转账类型"选择"下拨"，点击"确定"按钮，点击"支付按钮"。点击"支付指令状态"节点，选择"财务组织",选择"日期",双击单据,进入单据详情界面,点击"状态确认"按钮,进入"支付确认单"界面,银行确认支付状态选择"成功",点击"保存"按钮,点击"提交"按钮,点击"确定"按钮,如图6-27、图6-28所示。

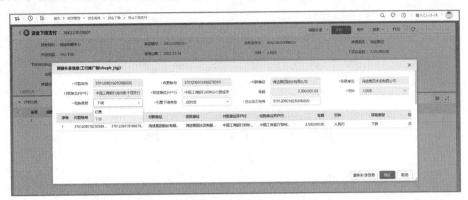

图 6-27　补足下拨单信息

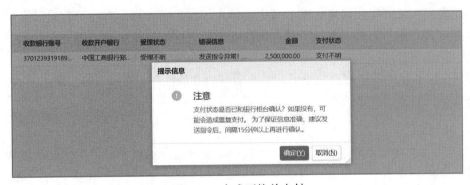

图 6-28　完成下拨单支付

7）以中心出纳岗身份进入系统确认银行回单并生成凭证

以中心出纳岗身份进入系统,打开"单位下拨回单"节点,选择收款组织,点击"查询"按钮,双击打开单据,进入单据详情界面,点击"记账"按钮,点击"联查"—"凭证"按钮查询凭证,查看凭证是否正确,如图6-29所示。

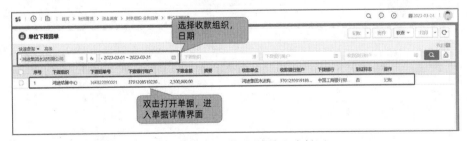

图 6-29　确认银行回单并生成凭证

8）以总账主管身份进入系统进行记账凭证审核

以总账主管身份上岗进入系统,点击"凭证审核",选择"财务组织、日期",选择"待审核",点击"查询",检查凭证无误,点击"审核",如图6-30所示。

图 6-30 总账主管审核凭证

第三节 外部委托付款

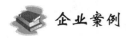

鸿途集团水泥有限公司采用单共享中心模式,该集团公司所有收付款均以网银(银企直联)方式完成,不久前集团考察了同行业类似规模的标杆企业,拟建立结算中心来进行资金的集中管理。

要求:绘制集团共享前和共享后的外部委托付款流程图。根据资料,在用友 NCC 中完成外部委托付款的完整流程。

委外付款

2023 年 3 月 5 日,卫辉市鸿途水泥有限公司向绿城物业服务集团有限公司缴纳上个月公司行政办公区水费,后者已经开具增值税专用发票、税率(征收率)3%(图 6-31 和图 6-32)。根据发票所记载的情况,上个月应缴纳的水费总金额为 29426.07 元(不含税金额为 28569.00 元)。

因本公司支出户余额不足,卫辉市鸿途水泥有限公司通过外部委托付款流程进行付款。

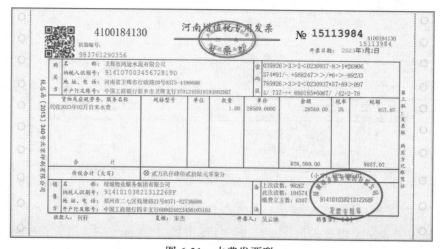

图 6-31 水费发票联

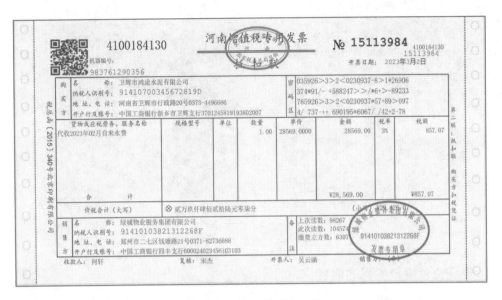

图 6-32 水费发票抵扣联

一、外部委托付款的含义

外部委托付款简称委托付款,是指由成员单位在内部账户上发起的、经审批后由结算中心外部账户实际对外支付的方式。

外部委托付款需要从内部账户发起,发起后内部账户暂时冻结相应金额;当结算中心外部账户实际付款成功时,扣减委托方内部账户相应金额。

二、外部委托付款的业务场景

从发起方角度划分,委托付款业务主要包括业务单位发起委托付款、结算中心发起委托付款、多结算中心下的委托付款。

从付款结算方式角度划分,委托付款业务主要包括转账支付、票据支付、现金支付、代发工资等。

委托付款与银企直联集成后,能够支持在支付信息确认单审核后再支付;合并支付处理,即单张委托付款书可以存在多条支付记录、合并向银行发送一笔网银支付指令;在确认支付失败后,通过支付信息变更单进行变更,变更后再次支付。

三、集团企业司库管理

(一)集团企业司库管理背景

1. 传统资金管理所经历的阶段及主题

传统资金管理所经历的阶段及主题如图 6-33 所示。

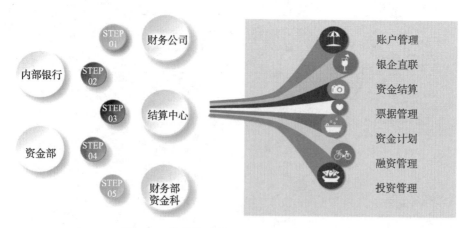

图 6-33 传统资金管理所经历的阶段及主题

2. 传统资金管理实现的内容

传统资金管理实现的内容如图 6-34 所示,目的是解决资金管理基本问题,包括监控账户及使用情况,管控资金的动向,及时了解资金支付情况,内部闲置资金调配等。

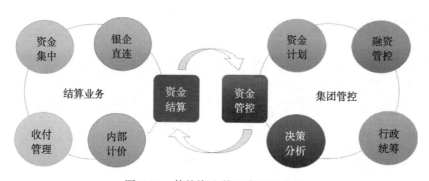

图 6-34 传统资金管理实现的内容

3. 新市场情况下资金管理的新诉求

如何提高跨国境、跨币种、跨时区、跨银行的业务环境下全球账户的透明度?
如何降低大型企业汇率、利率风险和成本?
如何通过完善升级电子渠道连接方式以提高跨境支付及操作效率?
如何加强资金乃至金融资产的全球管控?
如何在金融环境恶化时有效分散风险?
如何选择正确的金融机构合作伙伴共同推进?
如何合理配置资源并解决集团公司与分、子公司战略上的统一?

4. 司库式资金管理的驱动因素

司库式资金管理的驱动因素主要有：司库管理主体的发展、信息技术的不断革新、经济全球化发展的事实、经济危机和利率的市场变化等。

（二）司库管理的目标、内容与价值

新市场下资金管理转变的方向如图6-35所示。

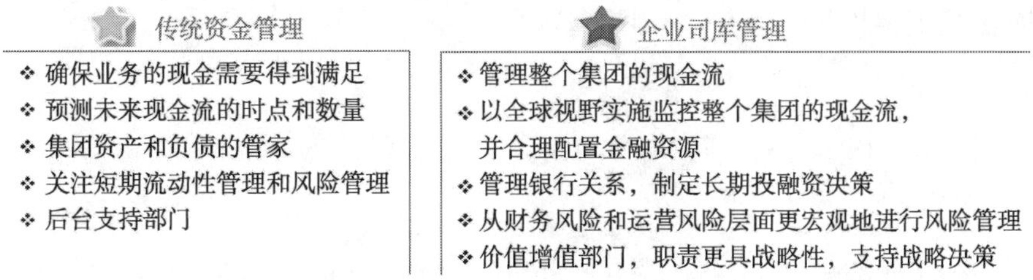

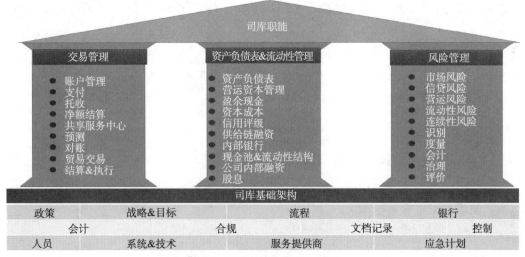

图6-35　新市场下资金管理转变的方向

集团企业司库管理内容包括交易管理、资产负债表&流动性管理、风险管理等，司库管理的核心职能如图6-36所示。

图6-36　司库管理的核心职能

集团企业司库管理价值主要体现在以下几个方面：一是降低融资成本和资本成本，二是为公司提供流动性，三是改善经营性现金流，四是提高营运资本稳定性。司库管理的价值增值如图6-37所示。

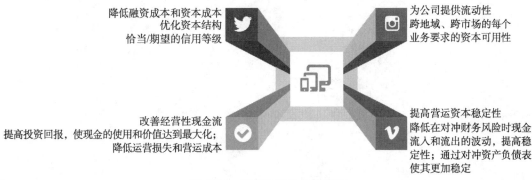

图6-37　司库管理的价值增值

(三)集团企业司库管理架构设计

1. 司库的定位及组织架构图

司库在组织架构中的位置,如图 6-38 所示。

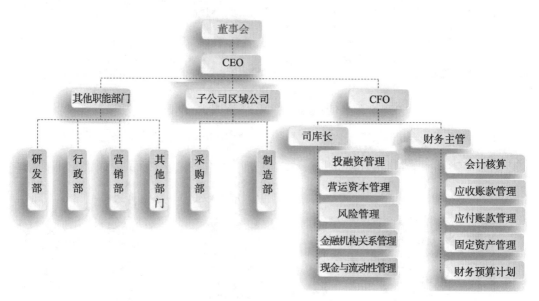

图 6-38 司库在组织架构中的位置

2. 司库的多重角色

不同层面的专业知识使司库能够具有关键的知识来源,因而能够为企业增加更多的价值。司库的多重角色如图 6-39 所示。

图 6-39 司库的多重角色

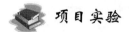

一、现状分析

（一）外部委托付款的现状流程

不久前集团考察了同行业类似规模的标杆企业，拟建立结算中心进行资金集中管理。鸿途集团尚未实施财务共享，其外部委托付款业务流程如图 6-40 所示。

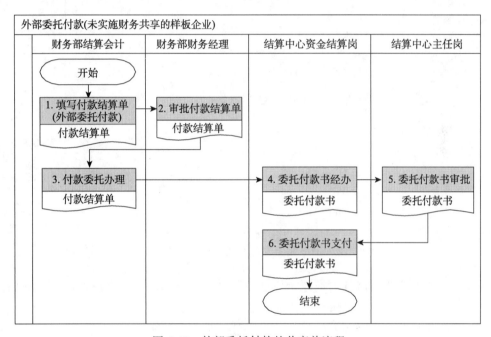

图 6-40　外部委托付款的共享前流程

二、规划设计

（一）规划财务共享服务业务单据

业务单据见表 6-7。

表 6-7　业 务 单 据

序号	名称	是否进 FSSC	是否属于作业组工作	流程设计工具
1	付款结算单	Y	Y	工作流
2	委托付款书	Y	N	工作流+审批流

（二）共享后流程设计

根据鸿途集团外部委托付款的流程现状，设计共享后外部委托付款流程（图 6-41）。

可使用 Visio/WPS 等工具软件完成共享后外部委托付款业务流程设计，该流程将在用友 NCC 中构建测试和运行。

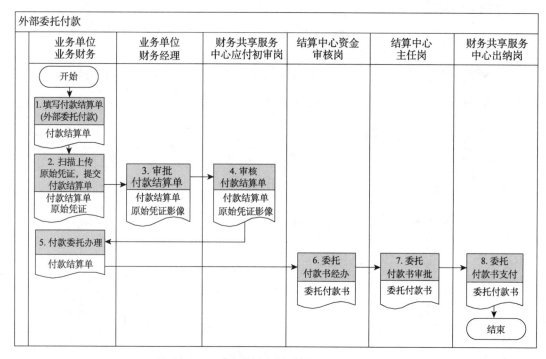

图 6-41　集团外部委托付款共享后流程

（1）业务单位业务财务根据原始凭证填制付款结算单，付款类单据选择"外部委托付款"交易类型，付款单位账户选择成员单位的内部账户。

（2）业务单位业务财务上传付款原始凭证（如发票等）。

（3）业务单位财务经理审批付款结算单。

（4）财务共享服务中心应付初审岗审核付款结算单。

（5）业务单位业务财务对"结算"下的付款结算单执行"委托办理"，提交结算中心并自动生成付款委托书。

（6）结算中心资金审核岗对委托付款书填写支付银行信息等并执行"经办"。

（7）结算中心主任岗对委托付款书执行"审批"。

（8）财务共享服务中心出纳岗对委托付款书执行"支付"，提交银行付款指令。

三、【实验项目】外部委托付款

（一）系统配置

（1）点击"系统流程配置"任务，以集团管理员身份点击"开始任务"，进入 NCC 平台轻量端，需要启用工作流定义—集团中的"资金结算—委托付款书"，如图 6-42 所示。

第六章 资金管理共享业务处理

图 6-42　启用委托付款书工作流

2. 点击"系统流程配置"任务，以集团管理员身份点击"开始任务"，进入 NCC 平台轻量端，需要启用工作流定义—集团中的"现金结算—主付款结算单"，如图 6-43 所示。

图 6-43　启用主付款结算单工作流

（二）实验项目实操

1）以业务财务身份进入系统，完成付款结算单的填写，并扫描上传影像后提交

以业务财务身份进入系统，点击"付款结算"，选择付款交易类型为"外部委托付款"，点击"新增"，根据测试用例填写相应信息，点击"保存"，如图 6-44 所示。

图 6-44　新增付款结算单

251

如果需要上传所附原始单据，则需要使用影像扫描系统，将原始单据分别上传至财务共享服务平台。可以采用高拍仪、扫描仪等设备将原始单据图像上传，也可导入已经扫描或拍摄的图片上传系统，使用影像扫描功能前必须确保已经安装高拍仪（或扫描仪），并且已经安装影像控件程序。

点击"影像扫描"或"导入"按钮，将原始单据图片上传后"保存""提交"，如图 6-45 所示。

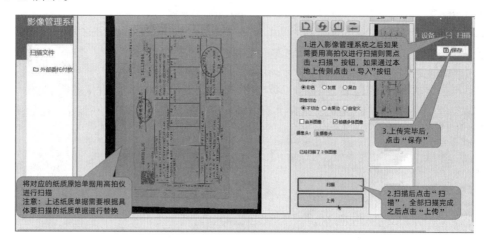

图 6-45　影像扫描

2）以财务经理身份进入系统进行审批

以财务经理身份上岗并点击"开始任务"进入审批中心，点击"未处理 1"进入审批中心，打开付款结算单，审核无误后点击"批准"，如图 6-46 所示。

图 6-46　财务经理审批

3）以应付初审岗身份进入系统进行审核

以应付初审岗身份上岗财务共享服务平台，点击"提取任务"，通过任务提取的形式提取该任务。提取完的任务通过待处理的状态查询此单据，点击单据编号，检查无误后点击"批准"即可完成审批，如图 6-47 所示。

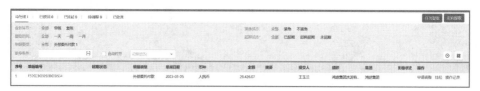

图 6-47　应付初审岗审核

4）以业务财务身份进入系统完成付款委托办理

以业务财务身份进入系统，点击"结算"，填写查询财务组织，填写查询时间，点击查询，点击"待结算"，点击单据编号以打开单据，点击"委托"。点击"展开"查看详情，点击"收起"关闭详情，如图6-48所示。

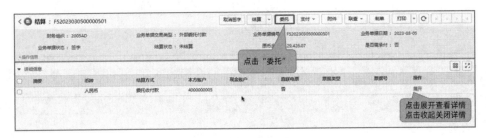

图6-48　付款委托办理

5）以资金审核身份进入系统完成委托付款书经办

以资金审核身份进入系统，点击"委托付款"，输入查询条件查找需要经办的委托付款书，点击"查询"，点击打开委托付款书，检查凭证是否无误，如果检查无问题点击"经办"，修改"支付银行账户"，保存，如图6-49、图6-50所示。

图6-49　付款书经办

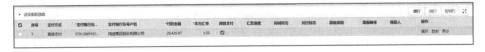

图6-50　修改银行账户信息

6）以结算中心主任身份进入系统完成委托付款书的审批

以结算中心主任身份进入审批中心，点击"未处理1"，打开传递过来的委托付款书，点击"批准"，完成审批工作，如图6-51所示。

图6-51　结算中心主任审批委托付款书

7）以中心出纳岗身份进入系统完成委托付款书支付

以中心出纳岗身份进入系统，点击"委托付款支付"，选择查询时间日期，点击以打开委托付款书，点击"网银补录"，选择"收款地区名—郑州—确定"，点击"支付"，点击"支付指令状态"，选择查询信息并点击"查询"，点击打开单据，勾选单据，点击"状态确认"，银行确认支付状态选择"成功"，填写银行确认时间，点击"保存"，点击"提交"，点击"确定"，如图 6-52、图 6-53 所示。

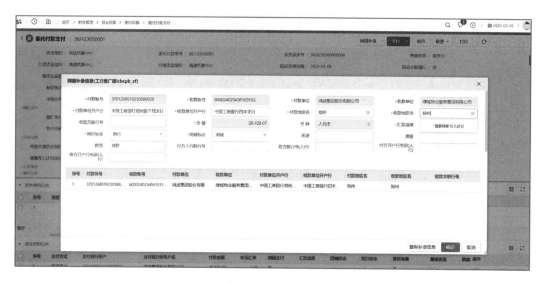

图 6-52 补录网银信息

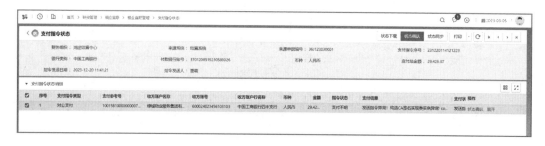

图 6-53 支付状态确认

即测即练

自学自测

扫描此码

第七章

固定资产共享业务处理

学习目标

1. 了解固定资产的定义、类别、日常管理及固定资产的业务场景；
2. 熟悉固定资产新增、固定资产变动、固定资产折旧和固定资产减少的业务场景；
3. 能够绘制共享前和共享后的固定资产新增、固定资产变动、固定资产折旧和固定资产减少业务流程图；
4. 能够在财务共享服务平台中完成固定资产新增和固定资产变动业务；
5. 培养爱岗敬业、诚实守信的会计职业道德和精益求精的工匠精神，提升队协作和沟通协调能力。

德技并修

思政主题：

爱国情怀　共享思维

实施路径：

通过资产管理学习，资产日常增减和变动、盘点操作，使学生认识到责任意识的重要性，引导学生明确职业规范和职业道德。

第一节　固定资产新增

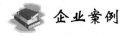

鸿途集团水泥有限公司采用单共享中心模式，该集团公司所有收付款均以网银（银企直联）方式完成，为了让共享服务中心审核有据，所有进入 FSSC 审核的业务单据，

必须随附外部原始凭证的影像，走作业组的业务单据，用影像上传的方法随附影像，不走作业组的业务单据，用拍照后添加附件的方法随附影像。为了简化构建测试工作，共享后流程中审批环节最高只设计到子公司总经理。鸿途集团是重资产行业，主要资产集中于大型生产设施、设备。固定资产的采购由综合办公室询价，向纳入集团内供应商档案的合作方发起订单申请。鸿途集团的生活设备的残值率为 0。

要求：阅读企业固定资产管理相关规定；绘制共享后固定资产新增的流程图；小组内分析固定资产新增业务场景的现状，结合实施财务共享模式，设计固定资产新增业务共享后设计。

新增固定资产

2023 年 3 月 15 日，鸿途集团水泥有限公司质控处办公室需购置一台空调（属于生活设备），经 OA 审批通过后，具体由综合办公室向庆峰五金贸易公司发起采购申请。请购信息如下（其中单价含有 13% 的增值税，无税单价：1769.03 元，税额 229.97 元）。发票信息如图 7-1 和图 7-2 所示。

- 商品名称：空调
- 商品产地：中国大陆
- 变频/定频：定频
- 商品匹数：1.5 匹（15~25 m²）
- 物料分类：壁挂式空调
- 含税价格：1999 元

2023 年 3 月 20 日收到货物和发票并进行了会计处理，3 月 25 日支付了全额款项。2023 年 3 月 31 日记录资产新增，资产编码为 202303310001。

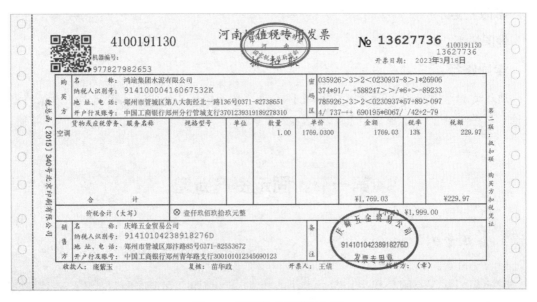

图 7-1 固定资产发票抵扣联

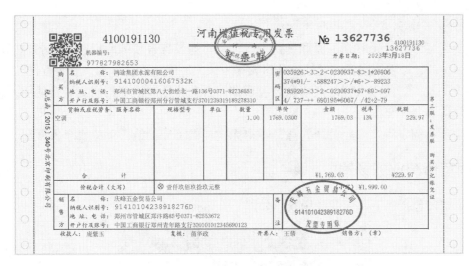

图 7-2 固定资产发票发票联

一、固定资产的定义

固定资产是指企业为生产产品、提供劳务、出租或者经营管理而持有的、使用时间超过 12 个月的，价值达到一定标准的非货币性资产，包括房屋、建筑物、机器、机械、运输工具以及其他与生产经营活动有关的设备、器具、工具等。

二、固定资产的类别

固定资产包括房屋及建筑物、机器设备、运输工具、办公设备、生活设备、电子设备。具体分类如下。

（1）运输工具：指车辆等。

（2）办公设备：摄像机、照相机、碎纸机、麦克风、测试手机、移动硬盘、保险柜、路由器等。

（3）生活设备：空调、净化器、电视机、冰箱、饮水机、各式桌椅等。

（4）电子设备：计算机、各式平板电脑、打印机、复印机、扫描仪、传真机、电话会议系统等。

三、固定资产的日常管理

固定资产的价值管理由财务部负责，固定资产的实物管理由综合办公室负责。

（1）公司固定资产实物管理工作归口综合办公室负责，财务部按照《企业会计准则》负责固定资产的财务核算管理工作。综合办公室与财务部应配合共同定期检查核实公司固定资产情况，确保资产安全、账实相符。

（2）公司各项固定资产，由综合办公室负责统筹计划，统一采购，统一建立实物卡片，登记入账。固定资产使用部门对使用的固定资产定期检查和维护。综合办公室对各部门保管和使用的固定资产进行定期或不定期检查。

（3）每年年终公司对固定资产进行一次盘点，如发现有流失或损害等情况，应及时查明原因，追究处理使用者的责任。凡遗失和因个人原因造成损害的，应由责任人赔偿。

（4）固定资产使用人因故离职前，应通知综合办公室对该部门固定资产使用人进行核实，并认真办理交接手续。

（5）所有固定资产未经公司同意，不得无偿提供（借）给外单位或个人使用。

四、固定资产业务场景

固定资产包括以下六大业务场景，如图 7-3 所示。

图 7-3　固定资产业务场景

五、固定资产新增的场景

固定资产主要有以下四个新增的场景。

（1）手工新增。是指不通过资产新增申请等业务流程，直接手工增加固定资产卡片。适用于对固定资产管理比较粗放的企业。

（2）资产购置申请。使用部门需要新增固定资产时，提交新增资产申请，由部门领导和主管部门经办人、领导审批后，增加固定资产。

（3）工程转固。工程项目竣工后，形成的产出物达到预计可使用状态，转为固定资产管理。

（4）盘盈新增。企业在定期的资产盘点中，如发现有盘盈资产，需要将盘盈的资产入账。

六、固定资产的请购

1. 请购流程

（1）固定资产的请购由固定资产使用部门提出申请并填制"固定资产请购单"。

（2）"固定资产请购单"由部门经理审核签字后交至综合办公室经理，若属预算外采购，还需递交预算外固定资产请购说明。

（3）综合办公室经理对使用部门提交的"请购单"进行审核，签字后提交至财务部经理。

（4）财务部经理审核签字后提交至副总经理（财务）。

（5）副总经理（财务）审核签字后提交至主管领导或总经理。

（6）总经理审批签字或主管领导批准后送交综合办公室进行采购。

2. 请购环节控制

（1）固定资产使用部门应根据年度固定资产预算以及实际的使用需要详细填列"固定资产请购单"。

（2）"固定资产请购单"的内容应包括固定资产名称、规格、型号、预算金额、实际价格、主要制造厂商以及购置原因等。

（3）预算外请购应详细说明购置原因。

（4）请购审核审批的内容包括购置目的、购置金额大小、购置的数量、是否符合公司实际需要、请购申请是否由部门经理审核、是否属于预算外购置、是否超预算和超预算原因等。

项目实验

一、现状分析

（一）固定资产的类别

根据《固定资产管理制度》，鸿途集团固定资产分类如表 7-1 所示。

表 7-1　固定资产类别

固定资产类别	折旧计提年限（年）
房屋及建筑物	25
机器设备	10
运输工具	5
办公设备	5
生活设备	5
电子设备	3

（二）固定资产管理的权责

鸿途集团固定资产的实物和价值管理分属不同部门负责，具体分工如图 7-4 所示。

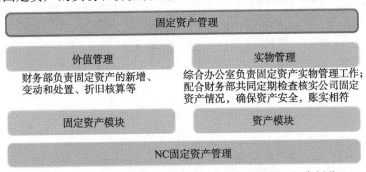

图 7-4　鸿图集团固定资产的价值管理与实物管理权责划分

(三)新增固定资产业务流程现状

现有的工作流程如下:

订单采购 ⟹ 支付货款 ⟹ 确认资产

具体流程图如图 7-5、图 7-6 和图 7-7 所示。

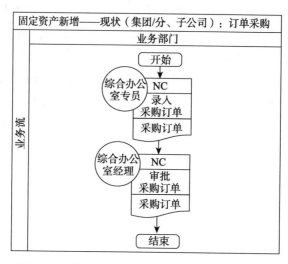

图 7-5 新增固定资产业务共享前订单采购流程图

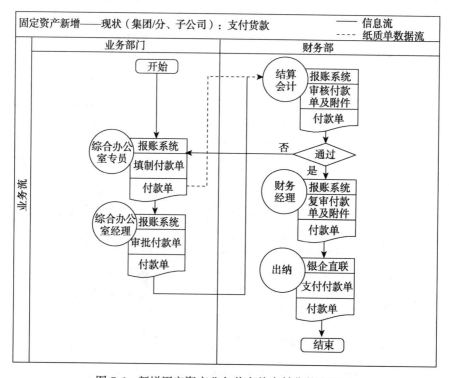

图 7-6 新增固定资产业务共享前支付货款流程图

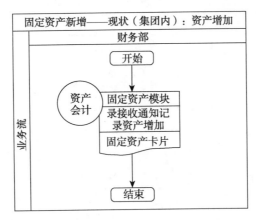

图 7-7 新增固定资产业务共享前确认资产流程图

二、规划设计

（一）规划财务共享服务业务单据

固定资产新增业务财务共享业务单据如表 7-2 所示。

表 7-2 新增固定资产共享业务单据

序号	名称	是否进 FSSC	是否属于作业组工作	流程设计工具
1	采购订单	N	—	审批流
2	采购发票	N	—	审批流
3	应付单	Y	Y	工作流
4	付款单	Y	Y	工作流
5	固定资产卡片	Y	Y	审批流

是否进 FSSC：表示该业务单据的处理过程是否需要财务共享服务中心参与。"Y"表示需要，"N"表示不需要。

是否属于作业组工作：表示是否需要分配到某个 FSSC 作业组、必须由该组成员从作业平台上提取进行处理。"Y"表示属于，"N"表示不属于。只有进 FSSC 的业务单据才有这个问题。

流程设计工具：是指用 NCC 的哪一个流程平台来对该业务单据进行流程建模。NCC 中有"业务流""工作流""审批流"三种流程建模平台，在本课程实训环节，业务流部分已经预置到教学平台中，因此只需要进行工作流或审批流的建模。

（二）共享后流程设计

根据鸿途集团固定资产新增业务的流程现状，设计一个统一的共享后固定资产新增业务流程。可使用 Visio 等工具软件完成共享后固定资产新增业务流程设计，该流程将在用友 NCC 中构建测试和运行。鸿途集团共享后固定资产新增业务——确认应付流程如图 7-8，其中业务审批子流程支付货款和确认资产如图 7-9、图 7-10 所示。

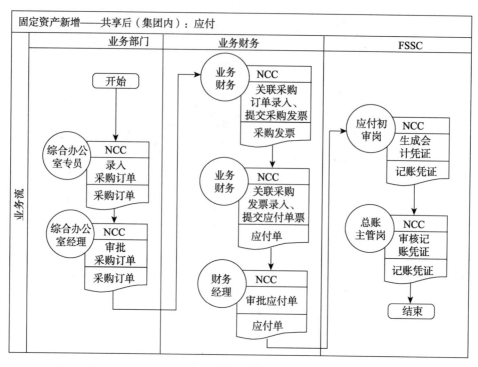

图 7-8 鸿途集团固定资产新增业务共享后流程——确认应付

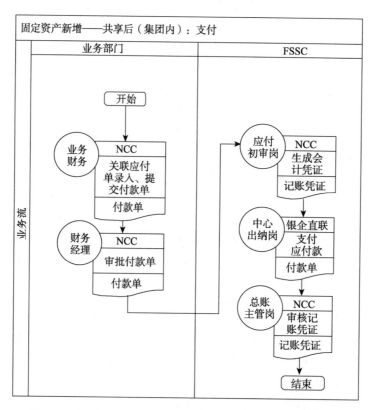

图 7-9 鸿途集团固定资产新增业务共享后流程——支付货款

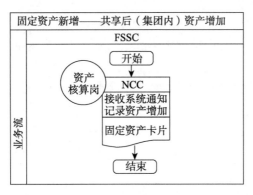

图 7-10　鸿途集团固定资产新增业务共享后流程——确认资产

三、【实验项目】固定资产新增

（一）系统配置

点击"系统流程配置"任务，以集团管理员身份点击"开始任务"，进入 NCC 平台轻量端，启用审批流定义—集团中的采购管理—采购订单—固定资产采购，如图 7-11 所示。

图 7-11　启用固定资产采购审批流

点击"系统流程配置"任务，以集团管理员身份点击"开始任务"，进入 NCC 平台轻量端，启用工作流定义—集团中的应付管理—付款单，如图 7-12 所示。

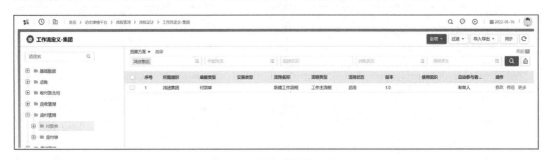

图 7-12　启用付款单工作流

点击"系统流程配置"任务,以集团管理员身份点击"开始任务",进入 NCC 平台轻量端,启用工作流定义—集团中的固定资产—新增资产审批单,如图 7-13 所示。

图 7-13　启用新增资产审批单工作流

点击"系统流程配置"任务,以集团管理员身份点击"开始任务",进入 NCC 平台轻量端,启用工作流定义—集团中的应付管理—应付单,如图 7-14 所示。

图 7-14　启用应付单工作流

(二)实验项目实操

1. 确认应付

1)以综合办公室专员角色进入系统完成采购订单的填写及提交

以综合办公室专员角色进入系统,点击"采购订单维护",点击"新增""自制",按照测试用例要求录入采购订单并点击"保存"提交,如图 7-15 所示。

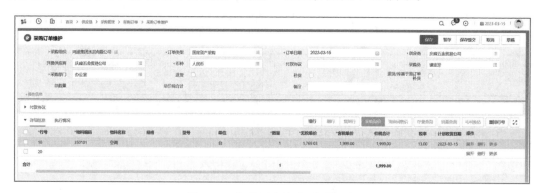

图 7-15　新增固定资产采购订单

2)以综合办公室经理角色进入系统完成采购订单的审批

以综合办公室经理角色进入系统，点击"审批中心—未处理"，打开传递过来的采购订单，点击"批准"，如图7-16所示。

图7-16　综合办公室经理审批

3)以业务财务角色进入系统关联采购订单提交采购发票

以业务财务角色进入系统，点击"采购发票维护"，点击"新增—采购收票"，填写搜索信息后，点击查询，勾选发票后点击"生成发票"，点击"保存"，如图7-17所示。

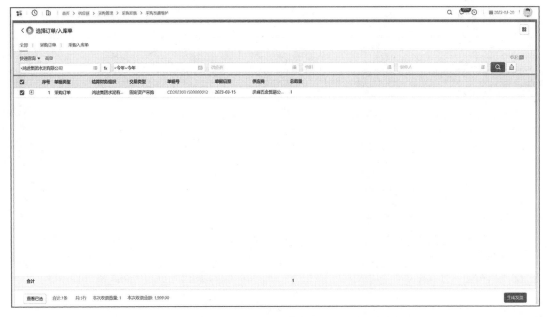

图7-17　选择采购订单生成发票

如果需要上传所附原始单据，则需要使用影像扫描系统，将原始单据分别上传至财务共享服务平台。影像上传可以采用高拍仪、扫描仪等设备将原始单据图像上传，也可导入已经扫描或拍摄的图片上传系统，使用影像扫描功能前必须确保已经安装高拍仪（或扫描仪），并且已经安装影像控件程序。

点击"影像扫描"或"导入"按钮，将原始单据图片上传后"保存""提交"，如图7-18所示。

265

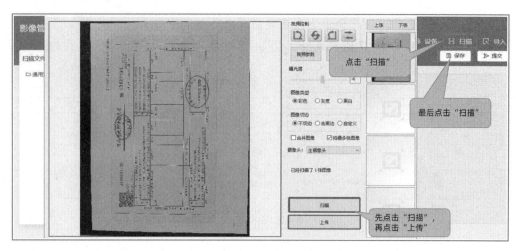

图 7-18 影像扫描

4）以业务财务角色进入系统关联采购发票提交应付单

以业务财务角色进入系统，点击"应付单管理"，填写筛选条件，点击"查询"，点击以打开单据，点击"提交"，如图 7-19 所示。

图 7-19 提交应付单

5）以财务经理角色进入系统完成应付单的审批

以财务经理角色进入系统，点击审批中心"未处理"，点击打开单据，点击"财务经理角色批准"，如图 7-20 所示。

图 7-20 财务经理审批应付单

6）以应付初审角色进入系统完成应付单的审核

以应付初审岗角色进入系统，点击"审批中心""待处理"，点击"任务提取"，打开单据，点击"批准"，如图 7-21 所示。

第七章 固定资产共享业务处理

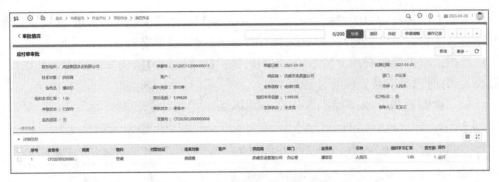

图 7-21　应付初审岗审批

7）以应付复核角色进入系统进行复核

以应付复核角色进行上岗，点击"开始任务"按钮进入 NCC 系统，完成应付单的复核。如果工作流中没有设计共享复核环节则直接点击"完成任务"即可。

8）以总账主管角色进入系统进行记账凭证审核

以总账主管角色上岗进入系统，点击"凭证审核"，选择"财务组织、日期"，选择"待审核"，点击"查询"，检查凭证无误，点击"审核"，如图 7-22 所示。

图 7-22　总账主管审核凭证

2. 支付货款

1）以业务财务角色进入系统关联应付单提交付款单

以业务财务角色进入系统，点击"付款单管理"，点击"新增""应付单"，输入查询条件查找应付单，点击"查询"，点击"生成下游单据"，填写相应信息后点击"保存"，如图 7-23 所示。

图 7-23　新增付款单

如果需要上传所附原始单据，则需要使用影像扫描系统，将原始单据分别上传至财务共享服务平台。影像上传可以采用高拍仪、扫描仪等设备将原始单据图像上传，也可导入已经扫描或拍摄的图片上传系统，使用影像扫描功能前必须确保已经安装高拍仪（或扫描仪），并且已经安装影像控件程序。

点击"影像扫描"或"导入"按钮，将原始单据图片上传后"保存""提交"，如图 7-24 所示。

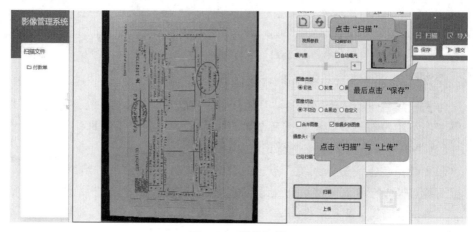

图 7-24　影像扫描

2）以财务经理角色进入系统完成付款单的审批

以财务经理角色上岗并点击"开始任务"进入审批中心，点击"未处理 1"进入审批中心，打开付款单，审核无误后点击"批准"，如图 7-25 所示。

图 7-25　财务经理审批

3）以应付初审角色进入系统进行付款单审核

以应付初审岗角色上岗财务共享服务平台，点击"提取任务"，通过任务提取的形式提取该任务。提取完的任务通过待处理的状态查询此单据，点击单据编号，检查无误后点击"批准"即可完成审批，如图 7-26 所示。

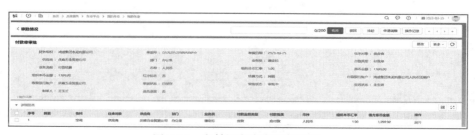

图 7-26　应付初审岗审核付款单

4)以应付复核角色进入系统进行付款单的复核

以应付复核角色进行上岗,点击"开始任务"按钮进入 NCC 系统,完成应付单的复核。如果工作流中没有设计共享复核环节则直接点击"完成任务"即可。

5)以中心出纳岗角色进入系统,完成固定资产新增货款的付款

以中心出纳岗角色进入系统,点击"结算",选择"财务组织、日期—搜索"通过"待结算"查询此单据,检查无误后点击"支付—网上转账"按钮,即可完成付款结算,如图 7-27 所示。

图 7-27　中心出纳付款结算

6)以总账主管角色进入系统进行记账凭证审核

以总账主管角色上岗进入系统,点击"凭证审核",选择"财务组织、日期",选择"待审核",点击"查询",检查凭证无误,点击"审核",如图 7-28 所示。

图 7-28　总账主管审核凭证

3. 确认资产

1)以综合办公室专员角色进入系统接收系统通知新增资产审批单

以综合办公室专员角色进入系统,点击"新增资产审批单维护",点击"新增",按照测试用例要求录入资产审批单并点击"保存提交",如图 7-29 所示。

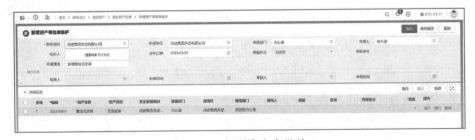

图 7-29　新增资产审批单

2）以综合办公室经理角色进入系统进行资产审批单审批

以综合办公室经理角色进入系统，点击"审批中心""未处理"，检查填写的资产审批单是否无误，如果无问题点击"综合办公室经理<批准>"，如图7-30所示。

图7-30　综合办公室经理审批

3）以资产核算角色进入系统审核资产审批单

以资产核算角色进入系统，点击"待提取"，点击"任务提取"，检查无误后点击"批准"，点击"待生成固定资产卡片"，输入查询条件，点击"生成固定资产卡片"，选择增加方式和使用状况，勾选信息，点击保存，如图7-31、图7-32所示。

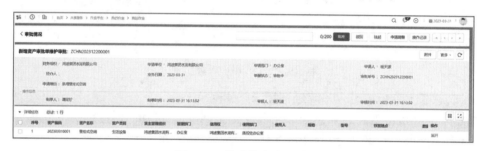

图7-31　批准资产审批单

图7-32　生成固定资产卡片

4）以资产核算角色进入系统确认资产新增

以资产核算角色进入系统，点击"固定资产卡片维护"，输入查询条件，找到审批通过的资产审批单，检查固定资产卡片有无问题，如果有问题点击修改，如图7-33所示。

图 7-33 确认资产新增

第二节 固定资产变动

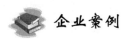

鸿途集团水泥有限公司采用单共享中心模式，该集团公司所有收付款均以网银（银企直联）方式完成，为了让共享服务中心审核有据，所有进入 FSSC 审核的业务单据，必须随附外部原始凭证的影像，走作业组的业务单据，用影像上传的方法随附影像，不走作业组的业务单据，用拍照后添加附件的方法随附影像。为了简化构建测试工作，共享后流程中审批环节最高只设计到子公司总经理。鸿途集团是重资产行业，主要资产集中于大型生产设施、设备。固定资产的采购由综合办公室询价，向纳入集团内供应商档案的合作方发起订单申请。鸿途集团的生活设备的残值率为 0。

要求：绘制集团共享前和共享后的固定资产变动流程图；根据案例资料，在用友 NCC 中完成固定资产变动业务的完整流程。

2023 年 3 月 12 日，鸿途集团水泥有限公司原由销售服务办公室（部门编码：0501）使用的一台笔记本电脑（属于：电子设备）调整至供应处办公室（部门编码：0601）。2023 年 3 月 31 日，鸿途集团水泥有限公司资产核算岗完成当月固定资产折旧的计提。

具体笔记本电脑信息如下。

- 商品名称：ThinkPad 翼 480
- 屏幕尺寸：14.0 英寸
- 系列：ThinkPad-E 系列
- 分类：轻薄本
- 原值：4900 元

固定资产变动的场景

固定资产在其全生命周期的管理过程中发生变化如：使用部门调整、管理部门调整、存放地点调整等。固定资产变动业务具体可以分为以下子场景。

1. 价值调整

价值调整是指固定资产原值调整，包括对设备技术改造或者维修过程中，发生的维修费用的资本化，以及项目产出物价值调整。对固定资产的后续支出，如果使可能流入企业的经济利益超过原先的估计。例如延长固定资产的使用寿命，或使产品的质量实质性提高，或是产品成本实质性降低，则可予以资本化，计入固定资产的账面价值，这时可利用系统的固定资产变动功能，调整固定资产原值。

2. 资产追溯调整

根据企业的实际情况，对固定资产折旧方法、预计使用寿命、预计净残值等折旧要素进行变更，当与固定资产相关的会计政策发生变更或出现重大的前期差错时，可能需要对资产进行追溯调整。

3. 使用部门调整

如固定资产的使用情况、使用部门、存放地点等发生变动，这时也需要在固定资产系统中，通过系统提供的变动功能，将变更的信息录入到系统中，以确保固定资产数据的正确性，便于以后的跟踪管理。

4. 其他变动

其他资产属性的变动业务。

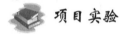 项目实验

一、现状分析

固定资产变动业务流程现状如图 7-34 所示。固定资产使用部门变动由资产管理部门综合办公室发起，经审批后由财务部资产会计办理处理。

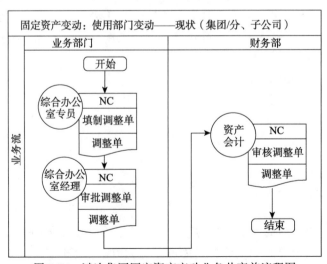

图 7-34 鸿途集团固定资产变动业务共享前流程图

二、规划设计

(一)规划财务共享服务业务单据

鸿途集团固定资产使用部门变动业务在财务共享平台规划的业务单据如表 7-3 所示。

表 7-3 固定资产变动业务共享后业务单据

序号	名称	是否进 FSSC	是否属于作业组工作	流程设计工具
1	使用部门调整单	Y	N	审批流

(二)共享后流程设计

根据鸿途集团固定资产变动业务的流程现状,设计一个统一的共享后固定资产变动业务流程。可使用 Visio 等工具软件完成共享后固定资产变动业务流程设计,该流程将在用友 NCC 中构建测试和运行。鸿途集团共享后固定资产变动业务流程如图 7-35 所示。

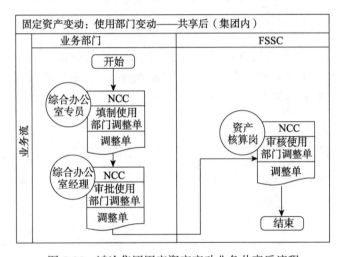

图 7-35 鸿途集团固定资产变动业务共享后流程

三、【实验项目】固定资产变动

(一)系统配置

点击"系统流程配置"任务,以集团管理员角色点击"开始任务",进入 NCC 平台轻量端,需要启用工作流定义—集团中的"固定资产—资产变动",如图 7-36 所示。

图 7-36 启用资产变动工作流

（二）实验项目实操

1）以综合办公室专员角色进入系统完成资产变动单的填写及提交

以综合办公室专员角色进入系统，点击"固定资产变动"，点击"新增"，根据需要点击"增行"，按照测试用例填写相应信息，检查无误后点击"保存提交"，如图 7-37 所示。

图 7-37 填写资产变动单

2）以综合办公室经理角色进入系统完成资产变动单的审批

以综合办公室经理角色进入系统，点击"审批中心""未处理"，检查提交的资产变动单是否无误，如果无问题点击"综合办公室经理<批准>"，如图 7-38 所示。

图 7-38 综合办公室经理审批

3）以资产核算角色进入系统完成资产变动单的审核

以资产核算角色进入系统，点击"待提取"，点击"任务提取"，点击以打开单据，点击"展开"以查看详细信息，审核无误则点击"批准"，如图 7-39 所示。

图 7-39 资产核算角色审核资产变动单

第三节 固定资产折旧

一、固定资产折旧的定义

固定资产折旧是指在固定资产使用寿命内，按照确定的方法对应计折旧额进行的系统分摊。

对固定资产计提折旧和分摊，就是要将前期发生的资产投资支出，在资产投入使用后的有效使用期内，以折旧的形式在产品销售收入中得到补偿，这从权责发生制或收入与费用配比的原则上都是必要的。不提折旧或不正确的计提折旧，都将错误地计算企业的产品或营业成本与损益。

二、固定资产折旧的责任单位

（1）财务部负责固定资产的折旧核算。
（2）综合办公室和固定资产使用部门协助完成折旧核算。
（3）副总经理（财务）批准固定资产的折旧方法、使用年限及净残值率。

三、固定资产折旧范围

（一）在用固定资产折旧范围

（1）房屋和建筑物。
（2）季节性停用和大修停用的固定资产。
（3）租赁的固定资产。
（4）在用机器设备、计算机设备、运输工具、工具器具等。

（二）在建固定资产折旧范围

（1）在年度内办理竣工决算手续的，按照实际成本调整原来的暂估价值，并调整已计提的折旧额，作为调整当月的成本、费用处理。
（2）如果在年度内尚未办理竣工决算的，应当按照估计价值暂估入账，并计提折旧，待办理了竣工决算手续后，再按照实际成本调整原来的暂估价值，调整原已计提的折旧额，同时调整年初留存收益各项目。

（三）不需计提折旧的固定资产

（1）房屋、建筑物以外的未使用、不需用固定资产。
（2）以租赁方式租出的固定资产。
（3）已提足折旧且继续使用的固定资产。
（4）按规定单独估价作为固定资产入账的土地。

四、固定资产折旧时间和总额

（1）固定资产都按月提取折旧，当月增加的固定资产，当月不提折旧，从下月起计提折旧，当月减少的固定资产，当月照提折旧，从下月起不提折旧。

（2）公司在每年年底对固定资产的使用寿命、预计净残值和折旧方法进行复核，并根据复核结果进行调整。具体内容如下：

①使用寿命预计数与原先估计数有差异的，应当调整固定资产使用寿命。

②预计净残值预计数与原先估计数有差异的，应当调整预计净残值。

③与固定资产有关的经济利益预期实现方式有重大改变的，应当改变固定资产折旧方法。

（3）固定资产提足折旧后，不论能否继续使用，均不再提取折旧。

（4）提前报废的固定资产，其净损失计入当期项目成本或管理费用，也不再补提折旧。

（5）固定资产应提折旧总额=该项固定资产的原值–预计残值+预计清理费用。

五、固定资产折旧方法

固定资产折旧方法及计算公式如表 7-4 所示。

表 7-4　固定资产折旧方法表

折旧方法	原理	计算公式
平均年限法	又称直线法，是最简单并且常用的一种方法。此法是以固定资产的原价减去预计净残值除以预计使用年限，求得每年的折旧费用	年折旧率=（1－预计净残值率）÷预计使用寿命（年）×100% 月折旧额=固定资产原价×年折旧率÷12
工作量法	是根据实际工作量计提折旧额的一种方法。它的理论依据在于资产价值的降低是资产使用状况的函数。根据企业的经营活动情况或设备的使用状况来计提折旧。假定固定资产成本代表了购买一定数量的服务单位（可以是行驶里程数，工作小时数或产量数），然后按服务单位分配成本。这种方法弥补了平均年限法只重使用时间，不考虑使用强度的特点	单位工作量折旧额=固定资产原价×（1－预计净残值率）/预计总工作量 某项固定资产月折旧额=该项固定资产当月工作量×单位工作量折旧额
双倍余额递减法	一种加速折旧法。是指在不考虑固定资产预计净残值的情况下，根据每期期初固定资产原价减去累计折旧后的金额（即固定资产净值）和双倍的直线法折旧率计算固定资产折旧的一种方法	1）在该固定资产预计使用年限到期的两年前： 年折旧率=2/固定资产预计使用年限 月折旧额=固定资产净值×年折旧率/12 2）在该固定资产预计使用年限到期的两年内（含两年）改用直线法： 年折旧额=（到期两年的年初净值–预计净残值）/2 月折旧额=年折旧额/12
年数总和法	一种加速折旧法。是将固定资产的原价减去预计净残值的余额乘以一个固定资产尚可使用寿命为分子、以预计使用寿命逐年数字之和为分母的逐年递减的分数计算每年的折旧额	年折旧率=尚可使用寿命/预计使用寿命的年数总和×100% 月折旧额=（固定资产原价－预计净残值）×年折旧率÷12

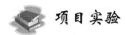项目实验

一、现状分析

（一）固定资产折旧年限和净残值率

鸿途集团固定资产的折旧计提年限及净残值率如表 7-5 所示。

表 7-5　鸿途集团固定资产折旧年限及净残值率表

固定资产类别	折旧计提年限（年）	净残值率
房屋及建筑物	25	
机器设备	10	
运输工具	5	0~5%
办公设备	5	
生活设备	5	
电子设备	3	

（二）固定资产折旧方法

（1）固定资产计提折旧采用年限平均法（即直线法），按各类固定资产的原价和预计使用年限扣除合理的预计净残值后确定其折价率。

（2）年限平均法（直线法）计算公式：

年折旧额 =［固定资产原价 ×（1 - 预计净残值率）］/固定资产预计使用年限

月折旧额 = 固定资产年折旧额/12

（三）固定资产折旧业务流程现状

鸿途集团固定资产折旧业务共享前流程如图 7-40 所示。

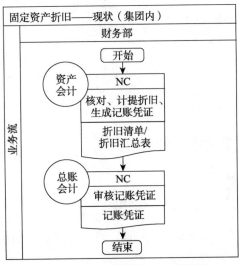

图 7-40　固定资产折旧流程现状

二、业务规划

(一)规划财务共享服务业务单据

鸿途集团固定资产折旧业务在财务共享平台规划的业务单据如表 7-6 所示。

表 7-6　固定资产折旧共享业务单据

序号	名称	是否进 FSSC	是否属于作业组工作	流程设计工具
1	折旧清单/折旧汇总表	Y	Y	工作流

(二)固定资产折旧业务共享后流程设计

根据鸿途集团固定资产折旧业务的流程现状,设计一个统一的共享后固定资产折旧业务流程。可使用 Visio 等工具软件完成共享后固定资产折旧业务流程设计,该流程将在用友 NCC 中构建测试和运行。鸿途集团共享后固定资产折旧业务流程如图 7-41 所示。

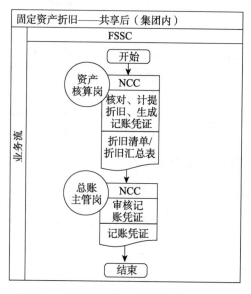

图 7-41　固定资产折旧业务共享后流程图

三、【实验项目】固定资产折旧

(一)实验项目实操

1)以资产核算角色进入系统完成资产折旧计提

以资产核算角色进入系统,点击"折旧与摊销—计提折旧"按钮,查看折旧清单,如图 7-42 所示。

图 7-42 资产核算角色计提资产折旧

2）以总账主管角色进入系统完成审核折旧凭证

以总账主管角色进入系统，点击"凭证审核"，输入查询条件，然后点击"查询"，找到金额为 136.11 元的这笔折旧凭证，点击以打开凭证，查看凭证，然后点击"审核"，如图 7-43 所示。

图 7-43 总账主管审核折旧凭证

同步训练

1. 登录平台，进行固定资产新增业务处理。
2. 登录平台，进行固定资产变动业务处理。
3. 登录平台，进行固定资产折旧业务处理。

即测即练

自学自测　扫描此码

第八章

总账报表与税务共享业务处理

◆ 学习目标

1. 了解总账共享业务场景及解决方案；
2. 熟悉总账月结处理流程，熟悉报表共享应用流程；
3. 能用 RPA 客户端软件和月结机器人模板创建新的机器人；
4. 能够配置创建机器人的运行参数和结果输出参数，并运行自己创建的自动化机器人；
5. 了解税务云与 FSSC 融合的场景和税务云的价值；
6. 会在财务共享模式下开具增值税发票；
7. 能在财务共享模式下完成增值税纳税申报；
8. 了解电子会计档案的基本概念、归档和应用业务。
9. 能利用新技术创新开展工作，具有创新精神。

◆ 德技并修

思政主题：

爱国情怀　共享思维

实施路径：

通过总账、报表和报税共享业务处理中 RPA 财务机器人的应用，可以创新性提升工作效率，增强学生利用新技术创新开展工作、提升工作效率的意识。

第一节　总账报表共享与 RPA 机器人应用

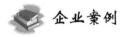 企业案例

鸿途集团财务共享服务中心设有 9 个专业处室，总账报表处主要是制定核算办法，进行各单位总账报表统一编制、上报、查询，进行报表内部外来对账和各单位数据对比

分析，如图 8-1 所示。

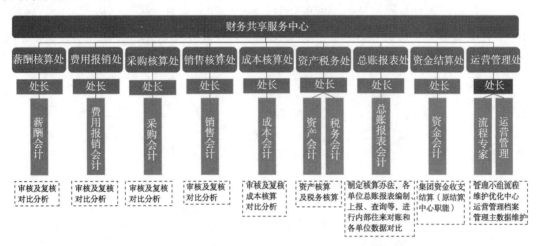

图 8-1　鸿途集团财务共享服务中心机构设置

任务：在财务共享平台中运用 RPA 财务机器人完成总账系统月末结账工作。

一、总账报表共享总体介绍

财务共享服务中心各单位业务处理存在差异，所以财务共享服务中心的业务处理标准需要统一，财务会计业务处理标准的内容主要包括：会计核算方法统一、会计科目核算口径统一、财务报表口径统一、流程标准化、操作规范标准化、岗位职能标准化等，如图 8-2 所示。

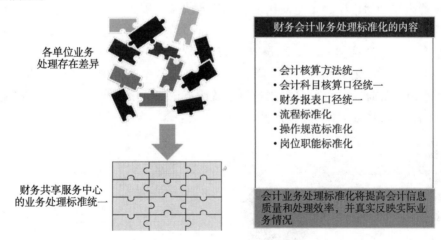

图 8-2　财务共享服务中心的业务处理标准

二、总账业务场景及解决方案

总账业务包括除费用报支、销售应收、采购应付、资金业务、成本业务外，其他无信息系统支撑的，需要手工处理的核算业务，主要是一些计提、结转、调整、分摊等业务。具体包括税金计算及缴纳、工资发放及保险收缴、代收代缴业务、股权投资及处理、押金保证金业务、金融资产业务、罚款滞纳金等营业外收支业务、所有者权益业务、政府补助业务、其他总账业务等。总账业务场景及解决方案如图8-3所示。

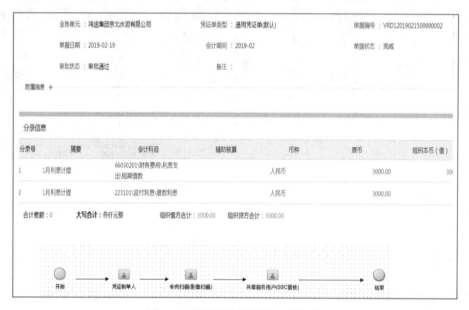

图 8-3　总账业务场景及解决方案

税费业务主要包括增值税、消费税、企业所得税、城市维护建设税、教育费附加、地方教育费附加、房产税、土地使用税、土地增值税、资源税、车船税、个人所得税、社会保险费等。税管员登录申报系统划出款项，付款成功后，银行会推送相关到账信息到共享平台到账通知认领池，税管员在认领池认领并完善相关信息，扫描完税证明后并提交。提交成功后，财务领导审批，单据线上流转至共享服务中心审核人员，审核通过后生成税费缴款凭证，凭证信息推送核算系统生成记账凭证。税费业务流程和税费业务场景及解决方案如图8-4和图8-5所示。

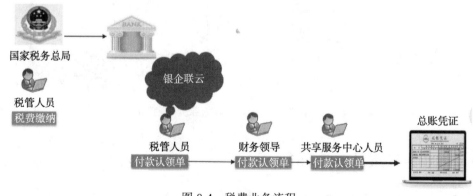

图 8-4　税费业务流程

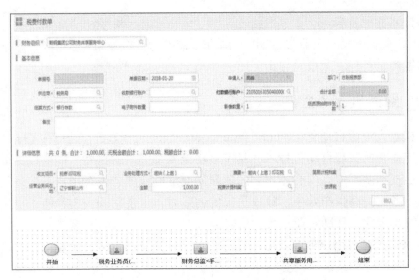

图 8-5 税费业务场景及解决方案

三、总账月结处理

总账月结时可以设置月结检查清单,包括系统预置检查项和自定义检查项。月结协作工作台可以直观查看多个账簿月结进度,可按负责人编辑检查项执行情况,可按账簿查看月结详情,详细了解账簿未完成的原因,并可执行批量结账,如图 8-6 所示。

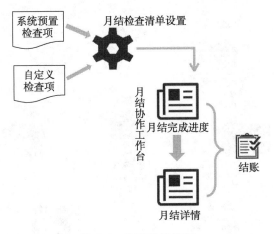

图 8-6 总账月结处理

四、报表共享应用

企业基础的财务报表主要包括资产负债表、利润表和现金流量表,报表共享之后不再需要各分、子公司自己编制报表并上报,而是在财务共享平台上由总账报表人员统一对集团及成员单位的基础财务报表进行编制、上报、查询和导出,满足企业对财务报表的基础编报和管理需求。

在 NNC 系统中完成企业报告期间的结账状态检查，企业资产负债表、利润表和现金流量表的编制、审核、上报及导出工作。

五、RPA 财务机器人应用

RPA 机器人流程自动化（robotic process automation，RPA），是一种基于软件机器人或人工智能概念的进程自动化技术，具有多功能、跨应用的特性，能够以更低成本、更快速度、更高准度模拟人类的操作，通过预先设定的程序与现有用户系统进行交互并完成预期的任务，提高生产效率，释放员工的创造力，为企业带去更智能、更优化、更新颖的财务管理方式，帮助企业扩大竞争优势。

RPA 机器人通过用户界面使用和理解企业已有的应用，将基于规则的常规操作自动化，执行读取邮件和系统、计算、生成、检查文件和报告等操作，它是记录人在计算机上的操作，并重复运行的软件。

（一）RPA 的特点

RPA 可以模拟人在电脑端不同系统间的操作行为，替代人在电脑前执行具有规律与重复性高的办公流程。因为它可以完成办公自动化，实现 7×24 小时全天候工作，消除人为错误，提高生产效率，具有非侵入性程序及可高度扩展性，因此受到了很多发达国家企业的青睐。它的特点主要体现在以下几方面，如图 8-7 所示。

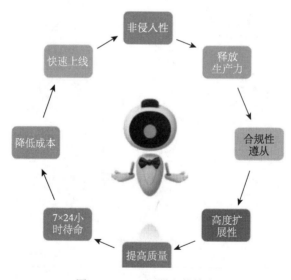

图 8-7　RPA 机器人的特点

（1）程序自动化，完全替代人工操作。

（2）工作不间断，7×24 小时运行。

（3）高效执行代码程序，效率秒级提升，几乎零差错。

（4）实施简单，独立应用，无须作任何系统接口开发。

（5）可以部署在任何电脑、服务器或虚拟机上。

（二）RPA 的价值

RPA 正在席卷全球各行各业，从金融到医疗再到零售业，多种重复有规律的工作流程正在被代替。通过 RPA 的实施，将员工从简单、重复的工作中释放出来，使他们得以专注于具有更高附加值的数据分析、决策和创新工作，以此提高公司在市场上的竞争力，实现共赢。

（1）节约成本，避免人工的操作风险，实施 RPA 首先会考虑投产比。

（2）优化财务任务处理，帮助财务人员降低运营成本，提高数据的质量与一致性，优化分析水平。

（3）实施简单，部署灵活，非侵入式系统，有数据对接，能迅速弥补现有系统短板，对现有系统形成有效的补充。

（4）工作可回溯，满足合规性及审计需求。

（5）RPA 可以完成包含大容量数据、高频交易处理的财务管理任务，且不需要人工触发，自动执行流程，帮助企业释放财务管理人力资源。

（三）RPA 的应用场景

RPA 在财务共享领域的应用场景丰富，主要体现在以下几个方面。

（1）财务自动化：财务工作具有数据量大、高度重复、烦琐的特点，需要将现有的软件系统和 IT 系统进行整合，跨平台、跨系统操作。通过 RPA 可以登录不同系统、调用不同的工具、使用不同的应用程序，访问网页，包括在不同的终端进行操作。可以实现让 RPA 智能分析和学习各类业务，如果再次出现类似业务或者科目再发生时，会自动触发业务模板生成各类结果。

（2）账单处理自动化：当日常收付款业务的交易量大、笔数多时，传统手工下载银行对账单并进行人工对账的效率会比较低，而且准确率也不高。但如果使用对账机器人，就能够按照规则自动从银行下载交易明细并自动与企业信息系统中的收付款单自动核对，大大减少了人工对账的出错率，提高了工作效率。

（3）税务自动化：通过 RPA 税务机器人可以实现销项发票的一键开票、进项发票智能识别与处理、发票签收与在线认证、税务智能申报等功能。

（4）发票查验自动化：通过 RPA 机器人自主登录增值税查验平台，逐个查询增值税发票，自动判断发票真伪，减少原先需要的大量人力和时间，极大地提高了业务部门的工作效率。

（5）审单自动化：报销单据提交后，RPA 机器人根据单据类型自动提取检查方案，并根据检查方案比对相应的检查项，对接结果在检查点执行情况中通过标注的形式显示出来，方便后续进行人工干预。还可以通过系统建立报销人信用机制，对信用等级高的员工提起的费用报销单通过系统自动审核，对于信用等级较低的员工则需要财务共享服务中心的审核人员进行人工审核，结合流程抽检，极大提升了财务审单的工作效率。

（6）月结自动化：在 RPA 机器人月结工作台内定义月结任务并设定月结规则，执行月结任务并进行月结检查，自动生成月结报告并发送到对应岗位。

（7）报表统计自动化：RPA 报表机器人可以根据系统设置的报表编报方式，在固定的时点按设置要求自动批量编制报表、上报报表和汇总报表，提高了企业财务人员信息报送的效率和报送的质量。在保证合规的同时，大幅提高了企业的风险管控工作效率及管理能力。

（8）人力资源管理自动化：通过 RPA 机器人自主登录 HR 系统，自动下载薪资发放表单，并且自动审核表单以及提交业务人员，修改后提交表单。

（四）RPA 的类型及功能

（1）月结机器人：根据单位范围结账，并自动记录结账中的问题。人工设置待结账单位清单，由机器人按待结账单位清单自动结账，将结账过程中的问题自动生成结账报告。

（2）发票验伪机器人：业务人员收到纸质发票后，拍照上传到指定文件夹，发票机器人将定时启动，对文件夹中的纸质发票进行 OCR 识别，并自动进行验伪检查。支持业务员将纸质发票拍照，机器人定时调取发票图片，导入 OCR 扫描记录，同时根据电子底账记录进行发票验伪，验伪通过后生成收票数据；对于需要验伪的发票，机器人会重复操作"生成发票"，直到返回验伪结果后才停止此操作；对于验伪不通过的发票，只生成 OCR 扫描记录数据；支持设置验伪接收人，同时在验伪结束后，给接收人发送验伪结果，验伪结果可查看验伪失败原因及生成收票失败原因等明细信息。

（3）发票认证机器人：定时启动发票认证机器人，可以自动对采购发票进行认证。支持设置接收人邮箱以及本月需认证税额合计数；支持查询出 360 天内待认证的发票，自动勾选满足条件的发票进行直连认证，其中需按日期从小到大勾选待认证发票，所勾选待认证发票税额合计小于或等于机器人设置的本月需认证的税额合计。

（4）三单匹配机器人：入库单匹配机器人针对验伪通过的发票，与 NCC 中的采购入库单进行智能匹配，匹配成功后自动生成 NCC 中的采购发票，并自动进行采购结算，然后自动生成应付单，确定应付款。支持对验伪通过且生成收票的发票进行智能匹配入库单，智能勾选，确认匹配结果，自动生成供应链的审核态的采购发票，自动结算，是否自动传应付根据业务流程配置；本次入库匹配的发票范围："验伪通过发票"文件夹下的"验伪通过发票清单"内已生成收票的发票；支持给接收人发送匹配结果，匹配结果可查看匹配失败的原因。

（5）预算报表填报机器人：可以将多个单位多张报表进行批量导入，自动捕获异常信息并生成报告。

（6）总账月结检查机器人：根据提供的账簿以及会计期间，自动检查人工检查项的完结情况，并可以进行自动结账、生成结账报告。人工设置待结账单位 Excel 清单，设置待结账单位检查项相关的 Excel 清单信息，由机器人按以上清单自动检查出厂提供的月结检查项清单中的检查项，执行检查操作；做完上述检查操作后，由机器人按待结账单位清单自动执行结账，结账过程中的问题自动生成结账报告。

（7）内部交易对账机器人：根据查询条件自动进行查询并进行对账，同时记录对账结果。在自动对账报告 Excel 清单中设置对账单位以及对账条件，由机器人按自动对账报告 Excel 清单中的设置自动执行对账，对账执行情况自动生成内部交易对账结果报告。

（8）银行对账机器人：根据对账参数文件中的内容进行自动对账，并生成对账报告。根据对账参数文件中的内容进行自动对账；对账完成后，自动生成对账报告。

项目实验

【实验项目】

一、规划设计

在 NCC 平台完成机器人的客户端软件下载与安装，完成总账机器人月结检查运行工作。

二、业务实操

1. 客户端管理

若客户端已下载安装完成，则直接从 RPA 客户端登录开始操作，否则执行下面操作。

以总账主管角色上岗，进入 NCC 系统，完成机器人管理配置。用总账主管岗登录 NCC 后，打开【RPA 自动化机器人】模块下的【客户端管理】菜单，如图 8-8 所示。

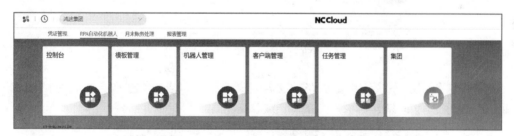

图 8-8　NCC 自动化机器人的客户端管理

点击"下载客户端"，如图 8-9 所示。

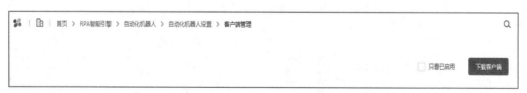

图 8-9　NCC 自动化机器人客户端下载入口

下载完成后解压缩，双击该安装程序，如图 8-10 所示。

图 8-10　NCC 自动化机器人客户端下载文件

点击"下一步",进入机器人客户端安装界面,如图 8-11 所示。

图 8-11　NCC 自动化机器人客户端安装 1

选择安装路径,系统给出默认路径,若要修改路径,点击"更改"按钮后点击"下一步",如图 8-12 所示。

图 8-12　NCC 自动化机器人客户端安装 2

点击"下一步"进行安装,如图 8-13、图 8-14 和图 8-15 所示。

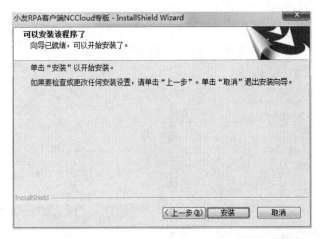

图 8-13　NCC 自动化机器人客户端安装 3

图 8-14　NCC 自动化机器人客户端安装 4

图 8-15　NCC 自动化机器人客户端安装 5

安装完成后，桌面即创建了一个名为"小友 RPA 客户端 NC Cloud 专版"的客户端图标，如图 8-16 所示。

双击小友 RPA 客户端，点击设置按钮，配置 RPA 服务器地址，地址为 http://，NCC 服务器 IP:28289，NCC 服务器 IP 由老师告知，如图 8-17、图 8-18 所示。

图 8-16　NCC 小友机器人客户端快捷图标

图 8-17　小友 RPA 客户端登录界面

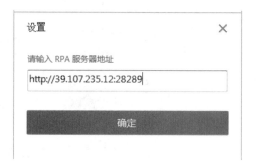

图 8-18　配置 RPA 服务器地址

选择企业账号（需要登录的 NCC 数据源），输入相应的用户名和密码（用户名为 z0**004，**代表团队组别，如第二组学生为 z002004，以此类推，密码均为 qwe123），进行登录。RPA 客户端状态栏图标如图 8-19 所示。

图 8-19　RPA 客户端状态栏图标

NCC 数据源查看方法如下：在新道云教学班级首页，点击如下图标可查看 NCC 数据源名称，如图 8-20 所示。

图 8-20　查看 NCC 数据源名称

2. 机器人管理

1）以总账主管角色进入系统进行机器人管理

用总账主管角色登录 NCC 后，打开【RPA 自动化机器人】模块下的【机器人管理】菜单，如图 8-21 所示。

图 8-21　NCC 自动化机器人管理界面

点击"创建机器人"，如图 8-22 所示。

图 8-22　NCC 自动化机器人创建

录入机器人名称和描述，下拉选择机器人运行的客户端，点击"下一步"，如图 8-23 所示。

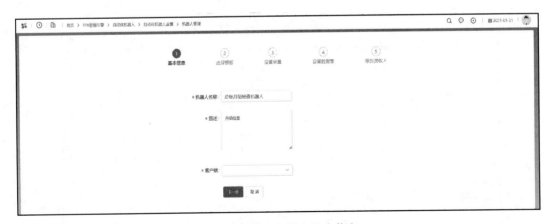

图 8-23　设置机器人基本信息

选择"总账月结检查机器人"模板，点击"下一步"，如图 8-24 所示。

图 8-24 "总账月结检查机器人"模板选择

修改 NCC 服务器 IP（IP 为 NCC 网址冒号前面部分），端口为 IP 后面的内容，如图 8-25 所示。

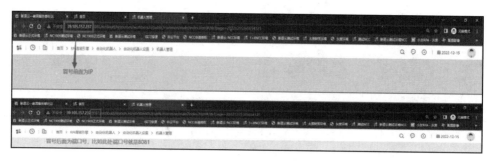

图 8-25 修改 NCC 服务器 IP

将查询到的 NCC 服务器 IP 和端口号分别替换下图 NCC 服务器的 IP 地址和 NCC 服务的端口号，如图 8-26 所示。

图 8-26 设置机器人变量

NCC 数据源查看方法如下： 在新道云教学班级首页，点击图标可查看 NCC 数据源名称，如图 8-27 所示。

图 8-27　查看 NCC 数据源

根据查询结果修改下图的 NCC 数据源名称，如图 8-28 所示。

图 8-28　修改 NCC 数据源名称

NCC 集团编码，根据组别维护相应的值，第一组为 HTJT，第二组为 HTJT2，第三组为 HTJT3，第四组为 HTJT4，以此类推，如图 8-29 所示。

图 8-29　NCC 集团编码

输出结果路径：在本地建立文件夹路径，D 盘下新建命名为"rpa"的文件夹，rpa 文件夹下新建命名为"result"的空白 excel 文件（后缀是 xlsx），如图 8-30、图 8-31 所示。

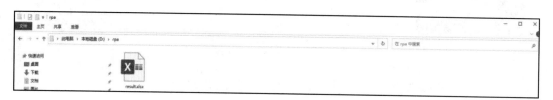

图 8-30　输出结果路径 1

图 8-31　输入结果路径 2

月结报告路径：文件路径同输出结果路径，如图 8-32 所示。

图 8-32　月结报告路径

《月结账簿列表》需要从【任务指南】【任务资料】或新道云教学平台—首页上方的【教学应用】【资源】中进行下载，下载后放到 D 盘下的 rpa 文件夹下，如图 8-33 所示。

图 8-33　下载《月结账簿列表》

接下来需要修改《月结账簿列表》里面的内容：结账单位账簿编码及结账单位账簿名称，学生需要维护成自己组 NCC 系统对应的账簿信息，如图 8-34 所示。

图 8-34　修改《月结账簿列表》内容

用总账岗登录 NCC 后，查看方法如下：打开"凭证维护"菜单，点击查询条件中"财务核算账簿"选项即可查看本组财务账簿信息，如图 8-35 所示。

图 8-35　查看本组财务账簿信息

提供 api 的地址：IP 同 NCC 服务器 IP，IP 后面为固定值（:28289/rpaserver），如图 8-36 所示。

图 8-36　设置变量

录入用户名和密码（用户名为 z0**004，**代表团队组别，例如第二组学生为 z002004，以此类推，密码均为 qwe123），点击"下一步"，如图 8-37 所示。

图 8-37　录入用户名和密码

再次点击下一步,维护收件人姓名和邮箱(学生自己邮箱),点击"是否启用"按钮启用报告接收,如图 8-38 所示。

图 8-38　维护收件人姓名和邮箱

点击完成,总账月结检查机器人创建结束,如图 8-39 所示。

图 8-39　总账月结检查机器人创建完成

2)运行总账月结检查机器人

以总账主管岗进行上岗,点击"待机"下拉选择"运行",机器人开始自动执行总账月结检查操作,如图 8-40 所示。

图 8-40　运行机器人

机器人运行结束后，邮箱可收到运行结果报告，如图 8-41 所示。

图 8-41　运行结果报告

第二节　税务云在 FSSC 的应用

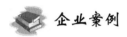

打开共享服务中心税务管理界面，依据任务资料完成共享服务中心税务管理任务。

1. 开具增值税专用发票

2023 年 3 月 1 日，鸿途集团水泥有限公司销售经理周进代表公司与天海中天精细化工有限公司签订销售合同，销售 1000 吨天然石膏，约定发货时间为 2023 年 3 月 6 日。客户开票信息如下。

客户名称：天海中天精细化工有限公司

纳税人识别号：91141022254836101T

地址、电话：山西省临汾市翼城县红旗街 28 号，0357-49273518

开户行及账号：中国工商银行翼城县支行　40033902304942123

按照销售订单（图 8-42）和出库单（图 8-43）信息，手工开具单张增值税专用发票。

图 8-42　销售订单

出库单

2023 年 3 月 5 日　　　　　　　　　　　　NO: 3214537001

序号	名称	规格	单位	数量	单价	含税单价	金额	备注	第三联：财务部
1	天然石膏	sq-001	吨	1000	200	226	226000	销售给天海中天精细化工有限公司	
合计									

制单：周进　　　　　　复核：王宝珠　　　　　　经办人：周进

图 8-43　销售出库单

2. 增值税纳税申报

鸿途集团水泥有限公司是一般纳税人，一般纳税人增值税纳税申报表分为主表、附表一、附表二、附表三、附表四，共 5 张表，对应 5 个页签。在企业开票、受票、抵扣、认证等数据都在财务共享税务云服务上维护与管理的情况下，系统可以自动生成增值税纳税申报表的相关内容。

任务：取数生成并查询增值税纳税申报表主表、附表一、附表二、附表三、附表四信息。

3. 附加税申报

税务会计岗登录财务共享平台税务共享系统，完成附加税费申报表的填写。

财务经理审核增值税与附加税费申报表并填写数据，完成申报。

4. 个税申报

根据《工资薪金表》填写《个税人员信息表模板》和《正常工资薪金所得模板》，完成案例企业个税计算和个人所得税的纳税申报。

一、税务云基本情况介绍

在新的税务政策实施、金税三期系统监管和电子发票普及的大背景下，作业方式从手工到自动开票、查验、认证、申报自动化；税务管理从粗放到规范报销流程、三单匹配、申报来源规范；信息共享从分散到集中销项、进项、申报数据的集中；风险管理从被动到主动防止虚开、不合规发票、稽查风险。纳税人企业的财务、税务、发票管理必须适应税务监管和企业财税转型的需要，借助"互联网+税务"契机，规范企业发票管理，打通业财税管理流程，实现税务集中管理，成为更多企业财税数字化的切入点。税务领域变革如图 8-44 所示。

图 8-44　税务领域变革

税务云是基于最新的互联网、云计算、大数据等技术,基于社会化商业这一新的商业模式,为企业提供以销项管理、进项管理、纳税申报为核心的增值税服务,为企业提供经营过程中所有涉税环节的解决方案。税务云打通企业业务、财务、税务数据,为企业提供智能税务服务,帮助企业做最佳税务决策,建立高校智能化的税务云平台。

二、税务云与 FSSC 融合场景

1. 加速报销

税务云可以实现从接入税务服务、自动归集、一键报销,到自动查验查重、异常发票监控等一系列流程的场景重塑,缩短发票收集—报账—财务审核—付款—入账处理的时间,如图 8-45 所示。

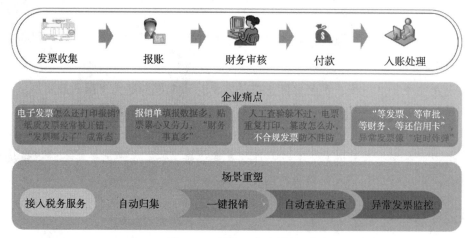

图 8-45　税务云加速报销

2. 企业报销认证流程优化

税务云可以降低企业发票风险,企业报账系统与税务云对接,税务云可以提供发票防伪验证服务。发票池为报销系统提供数据,报账人可以直接在报销系统勾选发票,报账系统可以管理更多的发票信息,方便统计。财务系统与税务云认证接口对接,企业可根据实际情况,实现即时的自动勾选认证,无须登录税务局平台选择确认,如图 8-46 所示。

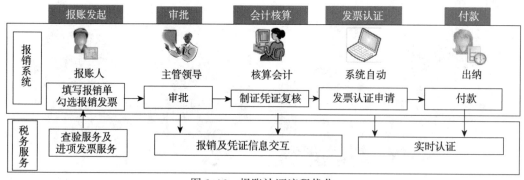

图 8-46　报账认证流程优化

3. 极简开票

开具发票时经常会遇到如下业务痛点：抬头税号记不住，税号输入错误，销货清单项目太多；线上业务，线下开票，货票不同行，邮递成本高；开票网点多，无法防止虚开错开，监控难；开票信息不能回写和记账，月末销项开票数据统计难。税务云可以实现发票集中受理，职责分离和风险控制，如图 8-47 所示。

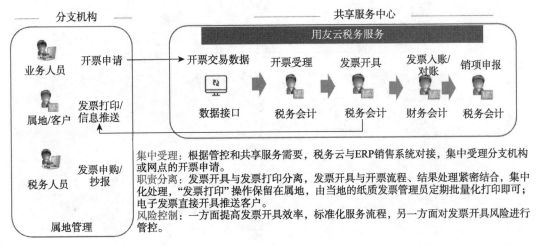

图 8-47　极简开票

4. 进项管理建设

现在增值税征管方式是以票控税，因此建立企业进项发票台账，既是进项管理的基础，又提供多种发票数字化手段，形成企业发票池。逐张进行数据重复性校验，防止重复，这也是企业进项管理的关键步骤。发票池中均为开票的真实数，为报销和分析提供数据基础，如图 8-48 所示。

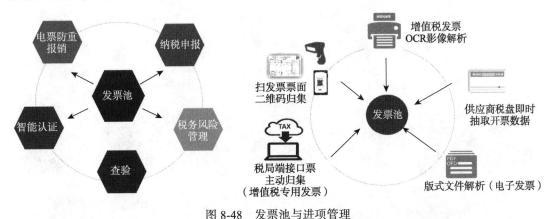

图 8-48　发票池与进项管理

5. 销项发票统计

税务服务云可以自动生成销项发票汇总、销项发票明细、销售统计表，平均效率提升 60%。

6. 一键申报

纳税申报时经常会有如下痛点：每月申报最抓狂，财务未结账，认证结果未反馈，数据七零八散；数据核对少不了，人工填报劳心又劳力；反复多次上传财务报表和申报表，改来改去又没底稿。税务云可以实现一键申报，如图8-49所示。

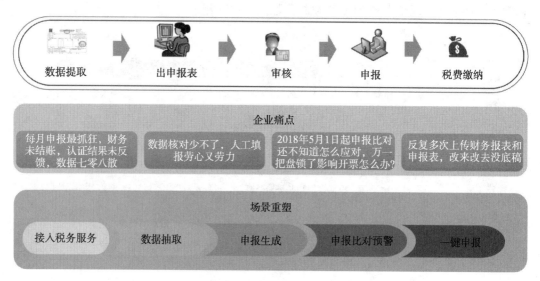

图8-49 税务云一键申报

7. 智能认证

企业经常会遇到如下痛点：专票信息手工录入费时费力，容易出错；人工核对发票、入库单和采购单工作量大，易出错，处理不及时；月末专票量大，入账和认证不及时，核对工作量大；进项转出发票没标记，转出记账麻烦多。税务云可以实现智能认证，如图8-50所示。

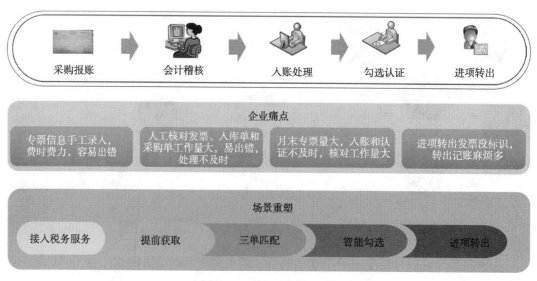

图8-50 税务云智能认证

8. 风险预警

企业经常会遇到如下问题：网点多难管控，开票与实际业务不符；未开票收入的统计和核对不准确，存在隐瞒收入风险；不合规发票报账有隐患，逾期、未达、异常发票有损失；面对金税系统申报比对被稽查风险，企业需要建立自身风险预警体系，如图 8-51 所示。

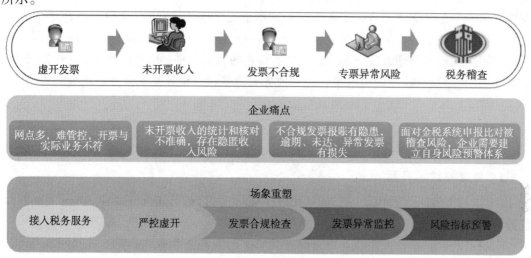

图 8-51　风险预警

三、税务云产生的价值

税务云具有如下应用价值：一键开票，自助开票，提高效率，提升客户体验；自动查验、查重，建立发票池，控制不合规风险；对接报销、采购、财务，提高财务进项发票处理效率；智能认证提效率，对未达、逾期和异常预警，降低损失；辅助纳税申报提高申报效率，控制申报比对风险，如图 8-52 所示。

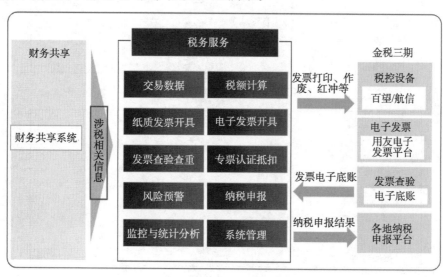

图 8-52　税务云的价值

多场景的发票开具服务。支持与财务共享系统对接实现一键开票,支持扫描开票、支付开票、App 开票、公众号开票、预约开票等多种开票场景,同时支持纸质发票和电子发票开具,支持企业销项发票集中管理和监控。

深度融合的税务服务。支持发票信息,支持与财务共享系统对接,实现电子发票报销和发票查验查重,支持与选择确认平台对接,与财务共享中的应收应付、供应链销售发票和采购发票的深度融合,实现在财务共享系统直接开具发票,并回写实现进项发票获取,智能勾选认证,支持财务数据抽取、进销项发票管理,辅助生成纳税申报表。

集团化的税务管理解决方案。包括集团企业的发票管理、增值税管理、所得税管理、影像及 OCR 系统对接、纳税申报管理、税务风险管理、税务共享服务解决方案等。

项目实验

1. 共享模式下开票

1)以税务会计角色上岗,打开共享服务中心税务管理,完成开具增值税电子普通发票任务

以税务会计角色进入系统,登录财务共享平台税务云服务,点击"企业开票""开具蓝票"或者直接点击"开具增值税专票",根据案例资料填写发票信息,如图 8-53、图 8-54、图 8-55 所示。

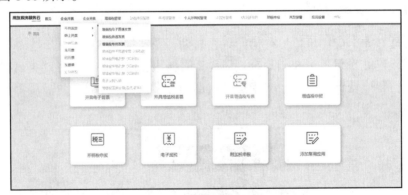

图 8-53　点击"开具增值税专票"

图 8-54　填写发票信息

图 8-55 点击"开票"

2）以税务会计角色上岗，进入税务云系统，完成发票查验

以税务会计角色进入系统，点击"企业受票""发票查验"，输入发票信息，点击"查验"，如图 8-56 所示。

图 8-56 发票查验

3）以税务会计角色上岗，进入税务云系统，完成报销受票

以税务会计角色进入系统，进行企业受票（报销受票）。点击"企业受票""报销台账"，进入报销受票页面，点击"下载模板"，并根据范例填写报销发票信息，填写完成后，点击"上传模板"，如图 8-57 所示。

图 8-57 报销受票

4）以税务会计角色上岗，进入税务云系统，完成采购受票

以税务会计角色进入系统，进行企业受票（采购受票）。点击"企业受票""采购台

账",进入采购受票页面,点击"下载模板",并根据范例填写采购发票信息,填写完成后,点击"上传模板",如图8-58所示。

图8-58 采购受票

5)以税务会计角色上岗,进入税务云,完成进项税认证

以税务会计角色上岗,点击"增值税管理""进项认证管理""发票勾选",根据任务描述,选择案例企业纳税人名称,点击"抵扣勾选统计""发票勾选",勾选相应发票,点击"勾选保存",选择勾选状态为"已勾选未确认",点击"查询",勾选相应发票,点击"确认勾选",点击"确定",如图8-59、图8-60所示。

图8-59 勾选相应发票

图8-60 抵扣勾选统计

2. 增值税申报填写

1)以税务会计角色上岗,进入税务云系统,完成增值税申报表填写任务

以税务会计角色上岗,点击"纳税申报""增值税申报表"进入增值税纳税申报表页面。根据选择的纳税人的性质不同,页面显示的内容不同。一般纳税人的页面如图 8-61 所示。

图 8-61　一般纳税人增值税纳税申报

鸿途集团水泥有限公司是一般纳税人,以下以一般纳税人为例介绍增值税纳税申报表的编制与查询。一般纳税人增值税纳税申报表分为主表、附表一、附表二、附表三、附表四,共 5 张表,对应 5 个页签。在企业开票、受票、抵扣、认证等数据都在财务共享税务云服务上维护与管理的情况下,系统可以自动生成增值税纳税申报表的相关内容。

在"增值税申报表"页面点击"主表"页签,如图 8-62 所示,点击"取数"可自动生成增值税纳税申报表主表数据。

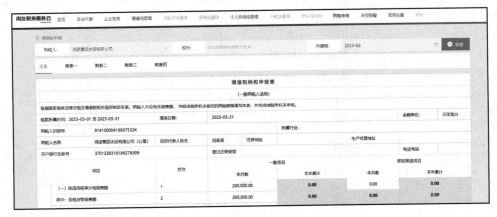

图 8-62　增值税纳税申报表主表

在"增值税申报表"页面点击"附表一"页签,点击"取数"可自动生成增值税纳税申报表附表一的数据,即"增值税纳税申报表附列资料(一)——本期销售情况明细",将查询期间的销售数据按照不同的报表项目和维度进行取值计算,从而得到报表结果数据,如图 8-63 所示。

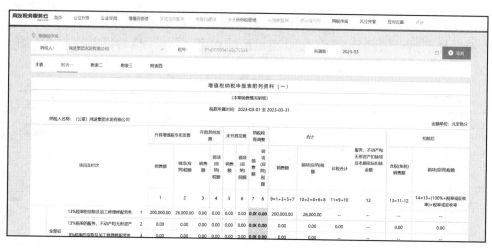

图 8-63 增值税纳税申报表附表一

在"增值税申报表"页面点击"附表二"页签,点击"取数"可自动生成增值税纳税申报表附表二的数据,即"增值税纳税申报表附列资料(二)——本期进项税额明细",将查询期间的进项税数据按照不同的报表项目和维度进行取值计算,从而得到报表结果数据,点击"其他—金额—手动填写3031.94",点击"其他—税额—手动填写238.66",如图 8-64 所示。

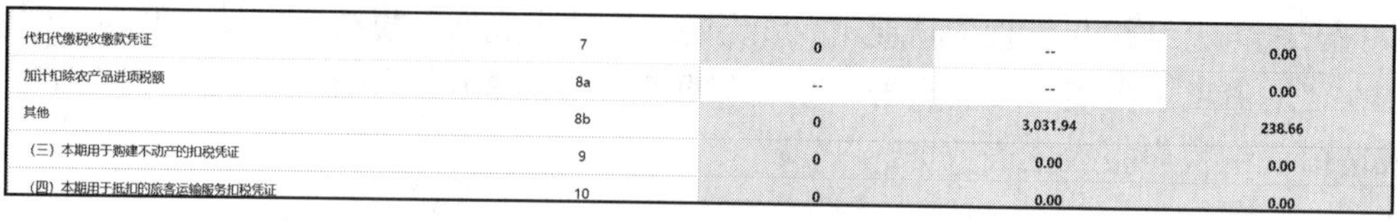

图 8-64 增值税纳税申报表附表二

在"增值税申报表"页面点击"附表三"页签,如图 8-65 所示,点击"取数"可自动生成增值税纳税申报表附表三的数据,即"增值税纳税申报表附列资料(三)——服务、不动产和无形资产扣除项目明细",将查询期间的服务、不动产和无形资产扣除项目数据按照不同的报表项目和维度进行取值计算,从而得到报表结果数据。

图 8-65 增值税纳税申报表附表三

在"增值税申报表"页面点击"附表四"页签,如图 8-66 所示,点击"取数"可自动生成增值税纳税申报表附表四的数据,即"增值税纳税申报表附列资料(四)——税额抵减情况表",将查询期间的税额抵减数据按照不同的抵减项目和维度进行取值计算,从而得到报表结果数据。

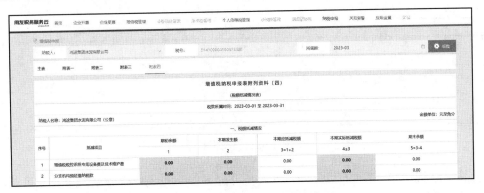

图 8-66　增值税纳税申报表附表四

2)以税务会计角色上岗,进入税务云系统,完成附加税费申报表填写

以税务会计角色进入系统,点击"纳税申报""附加税费申报表"进入附加纳税申报表页面。根据增值税纳税申报表数据填写附加税费申报表,填写完成后点击保存,如图 8-67、图 8-68 所示。

图 8-67　附加税费申报表

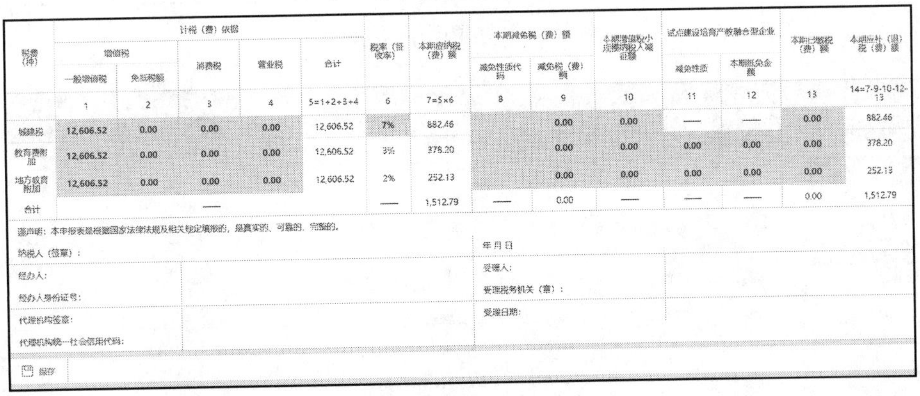

图 8-68　保存附加税费申报表

3. 增值税与附加税申报

以财务经理角色上岗，进入税务云系统，完成增值税与附加税费申报。以财务经理角色进入系统，点击"纳税申报""电子报税"进入申报界面，点击申报完成税费申报，如图8-69所示。

图 8-69　税费申报

点击"纳税申报""电子税务局"进入税务局界面，完成税款缴纳。企业账号登录采用纳税人识别号：91410000416067532K，密码：123456，如图8-70、图8-71、图8-72、图8-73所示。

图 8-70　登录电子税务局

图 8-71　税费申报及缴纳

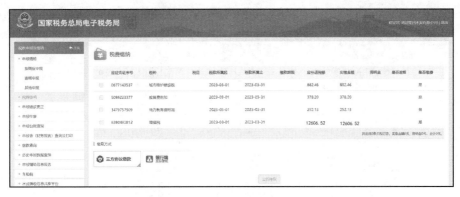

图 8-72　勾选要缴纳的款项

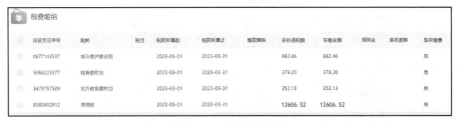

图 8-73　税费缴纳成功

4. 个税申报

以税务会计进入系统，点击"个税申报"任务，输入企业纳税人识别号和密码登录，企业纳税人识别号：91410000416067532K，密码：123456。根据所给资料填写信息，填写完成后点击发送申报，如图 8-74、图 8-75、图 8-76、图 8-77、图 8-78、图 8-79 所示。

图 8-74　登录自然人税收管理系统扣缴客户端

图 8-75　填写人员信息并申报

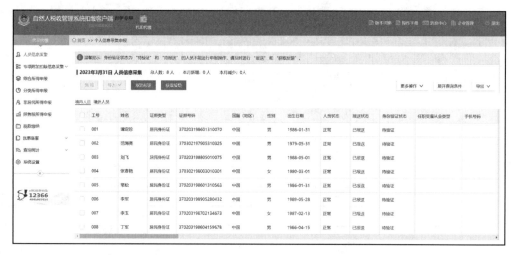

图 8-76　人员信息采集

图 8-77　综合所得申报——录入工资薪金所得

图 8-78　税款计算

图 8-79　发送申报

第三节 电子会计档案共享

一、电子会计档案介绍

2020年3月31日，财政部、国家档案局联合发布了《关于规范电子会计凭证报销入账归档的通知》，明确了电子会计档案的法律地位，来源合法、真实的电子会计凭证与纸质会计凭证具有同等法律效力，规定了电子会计档案单套制归档，可不再另以纸质形式保存，提出了电子会计凭证电子化单轨制报销入账归档全流程电子化的要求。目前，包括电子发票、财政电子票据、电子客票、电子行程单、电子海关专用缴款书、银行电子回单在内的电子票据，都属于电子会计档案。

（一）传统档案管理的缺点

1. 传统档案管理无法满足信息化的要求

（1）纸质凭证等档案资料打印量大，耗材及存储成本高。
（2）核算系统形成的会计资料归档保管，占用空间大，人工管理成本高。
（3）会计资料不能自动归档，手工装册归档的工作量巨大。
（4）纸质档案归档、检索、调阅、鉴定效率低。
（5）传统档案不便于上级单位对下级单位的监管。

2. 传统会计档案不符合长期保管和备份要求

（1）会计档案的保管要求有备份机制，以应对意外事故、自然灾害、人为破坏等特殊情况，但纸质会计档案容易被损坏、丢失和泄密。
（2）建立电子会计档案备份制度，能够有效防范自然灾害、意外事故和人为破坏。
（3）电子档案管理系统能够有效接收、管理、利用电子会计档案，符合电子档案的长期保管要求。

（二）电子会计档案与纸质会计档案

（1）建立电子会计档案与纸质档案索引关系，记录存储位置。
（2）准确查询，提高查询使用效率。
（3）根据纸质档案快速查询电子会计档案信息，在线浏览。

（三）电子会计档案

会计业务是处理历史资料，如果要求会计行业的档案电子化，说明前端业务早实现了电子化，才能在会计层面进行电子化管理。会计档案管理逐步电子化，并且已就电子化进行相关立法规范，企业对服务器的需要或对数据的管理需要将大幅提高，与会计相联系的审计、税务部门等其他单位，也迫切需要企业财务数据电子化。电子会计档案发展历程如图8-80所示。

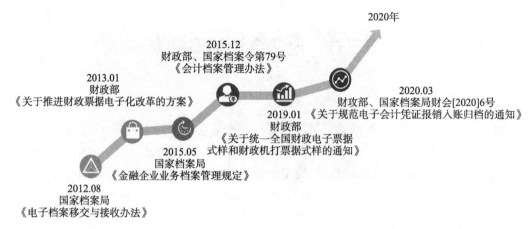

图 8-80　电子会计档案发展历程

（四）《会计档案管理办法》

2015 年 12 月 14 日，财政部、国家档案局发布了《会计档案管理办法》（财政部、国家档案局令第 79 号），并于 2016 年 1 月 1 日起施行。

1. 相关重要规定

（1）满足本办法第八条规定条件，单位从外部接收的电子会计资料附有符合《中华人民共和国电子签名法》规定的电子签名的，可仅以电子形式归档保存，形成电子会计档案。

（2）单位可以利用计算机、网络通信等信息技术手段管理会计档案。

（3）单位内部形成的电子会计资料和从外部接收的电子会计资料在满足一定条件时可以仅以电子形式归档保存，形成电子会计档案。

2. 对会计档案归档的要求

1）归档范围

会计凭证：包括原始凭证、记账凭证。

会计账簿：包括总账、明细账、日记账、固定资产卡片及其他辅助性账簿。

财务会计报告：包括月度、季度、半年度、年度财务会计报告。

其他会计资料：包括银行存款余额调节表、银行对账单、纳税申报表、会计档案移交清册、会计档案保管清册、会计档案销毁清册、会计档案鉴定意见书及其他具有保存价值的会计资料。

2）归档时间

当年形成的会计档案，在会计年度终了后，可由单位会计管理机构临时保管一年，再移交单位档案管理机构保管。因工作需要确需推迟移交的，应当经单位档案管理机构同意。单位会计管理机构临时保管会计档案最长不超过三年。

二、电子会计档案建立方案

企业档案管理全过程的信息化支撑如图 8-81 所示。

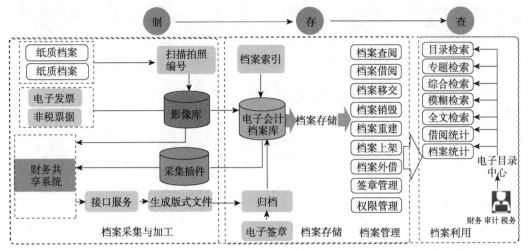

图 8-81　企业档案管理全过程的信息化支撑

构建电子会计档案的三个关键方面：优化业务流程、系统间数据对接和归档范围。

（一）优化业务流程

财务核算系统、业务系统、会计档案系统为企业档案管理全过程提供信息化支撑，从收单、制单到归档，再到存储以及档案的利用。

（二）电子会计档案与 ERP 数据接口

核心是总账、报表（合并）系统，其次是生成记账凭证的原始凭证所在系统，如图 8-82 所示。

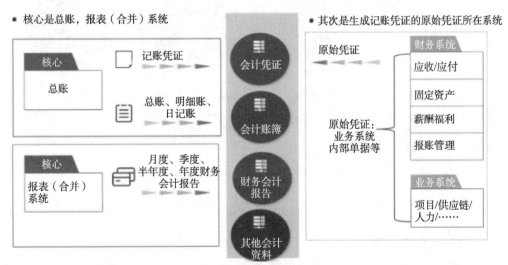

图 8-82　电子会计档案与 ERP 数据接口

（三）归档范围与处理原则

电子会计档案的归档范围如图 8-83 所示。

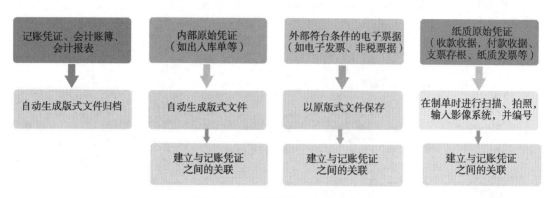

图 8-83　电子会计档案归档范围

电子会计档案管理的总体原则是通过加密、索引、数字签名、数字版权等技术保证电子文件的安全性以及可用性。

三、电子会计档案应用场景

电子会计档案的应用场景包括：影像件采集，装册、归档、上架，检索，档案管理，索引，反查找。

（一）影像件采集

影像件采集的总体过程如图 8-84 所示，系统根据影像件采集的地点和时间，可以分为多种采集方式。

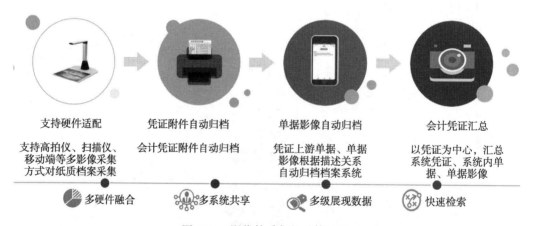

图 8-84　影像件采集的总体过程

1. 报销人影像采集

由报销人（报账人）在制单后立即自助扫描影像并上传，如图 8-85 所示。

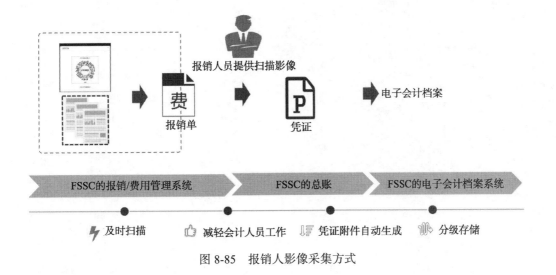

图 8-85 报销人影像采集方式

2. 电子会计档案系统补扫采集

在业务系统处理完所有工作后,由专职扫描人员补扫影像并上传电子会计档案系统,如图 8-86 所示。

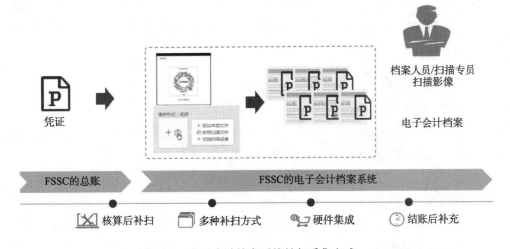

图 8-86 电子会计档案系统补扫采集方式

3. 业务系统实时采集

单据由业务系统(采购、销售、应收、应付、合同等)处理完毕,转到 ERP 财务系统处理,指定扫描专岗或专人扫描影像并上传,流程如图 8-87 所示。

(二)自动装册、归档、上架

自动装册:凭证以及影像文件的不同维度、不同方式装册、拆册、浏览。

自动归档:档案装册完成,所有已装册的档案盒自动归档。

自动上架:归档的档案盒对应的纸质档案自动上架到档案保管位置,方便调阅。

图 8-87　业务系统实时采集方式

（三）多维度检索

系统支持对会计凭证、账簿、报表、其他会计资料的信息检索。用户可以在电子会计档案系统对会计档案进行检索查阅，检索时在不同节点支持不同查询条件，例如：题名、文号、关键字、摘要、责任人、凭证号、册号等条件进行快速检索。可进行全文检索、模糊检索、综合检索和目录检索。

（四）严格档案管理工作

档案管理是指档案的查阅、借阅、移交等工作。

档案管理工作中对档案管理员的基本要求有：严格区分用户、角色、单位可操作档案范围；权限外使用需审批通过；移交需申请通过；档案系统记录行为日志。

档案管理工作中对高层使用者的要求有：对各类审批进行审批处理；定期检查、监督档案管理工作；档案合理利用。

档案管理工作中对外部人员使用档案的要求：外部人员在线查阅需申请；纸质档案外借需审批；纸质档案到期未归还系统催还；档案系统记录行为日志。

（五）建立电子会计档案与纸质档案索引

归档成功后档案按照企业管理要求上架到指定档案室，系统记录上架的档案室信息，上架的档案支持外借申请，外借后支持归还、催还。

（六）纸质档案反向查找电子会计档案

纸质凭证要生成二维码，扫描识别二维码批扫纸质文件；打印二维码与纸质档案装订，并且支持扫描二维码查找电子会计档案。共享服务中心单据及档案管理如图 8-88 所示。

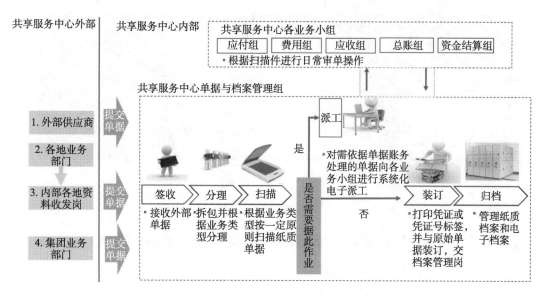

图 8-88 共享服务中心单据及档案管理

四、【实验项目】电子档案归档

（一）档案管理

1. 立卷

（1）以档案综合岗登录新道云系统，点击"电子档案"，看到如图 8-89 所示的界面，先点击"档案管理"，并点击"立卷"。

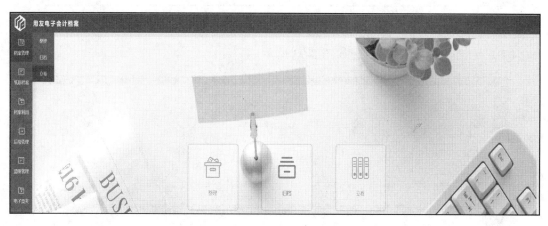

图 8-89 立卷界面

（2）点击蓝色小框里的"立卷"，录入立卷所需要的相关信息，并点击"确定"，如图 8-90 所示。

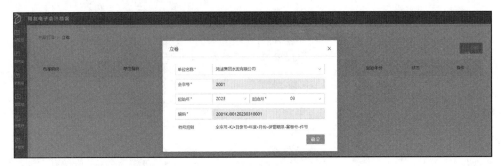

图 8-90　录入相关信息

（3）点击"确定"后，显示一下界面，完成立卷，如图 8-91 所示。

图 8-91　完成立卷

2. 整理

（1）点击"档案管理"，再点击"整理"，如图 8-92 所示。

图 8-92　整理界面

（2）点击图中显示的项目，如图 8-93 所示。

图 8-93　具体项目

（3）点击"新增"，如图 8-94 所示。

图 8-94　新增项目

（4）输入题名和日期，然后点击下方加号进行影像采集，并点"确定"，如图 8-95、图 8-96 所示。

图 8-95　影像采集

图 8-96　新增具体项目

（5）点击"装册"，并点击"已装册"，显示档案列表，如图 8-97 所示。

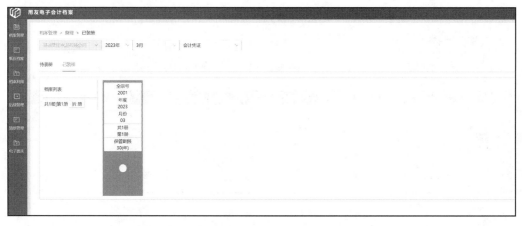

图 8-97　装册完成

3. 归档

（1）点击"档案管理"，再点击"归档"，如图 8-98 所示。

图 8-98　归档界面

（2）点击蓝框里的"归档"，并点击"确定"，如图 8-99 所示。

图 8-99　确定归档

（3）完成归档，如图 8-100 所示。

图 8-100　归档完成

（二）查询与借阅管理

1. 档案外借

（1）点开"纸质档案"，并点击"档案外借"，如图 8-101 所示。

图 8-101　外借界面

（2）点击蓝框里的"外借申请"，勾选项目，并点击"选择"，如图 8-102 所示。

图 8-102　选择项目

（3）输入相关的信息，并点击"保存"，如图 8-103 所示。

图 8-103　信息填报

（4）点击"保存"后，显示一下界面，并点击"确定"，如图 8-104 所示。

图 8-104　确定借出

（5）外借审批通过，外借成功，如图 8-105 所示。

图 8-105　外借成功

2. 档案归还

（1）点击"纸质档案"，再点击"档案归还"，如图 8-106 所示。

图 8-106　归还界面

（2）点击界面上的时钟标志，输入相关信息，并点击"归还"，如图 8-107 所示。

图 8-107　归还信息

（3）点击"归还"后，再点击"确定"，如图 8-108 所示。

图 8-108　确定归还

（4）点击"确定"后，再点击"已归还"，显示档案归还成功，如图 8-109 所示。

图 8-109　归还成功

同步训练

1. 登录平台，运行发票认证机器人。
2. 登录平台，运行银行对账机器人。
3. 登录平台，完成发票开具和纳税申报工作。

即测即练

第九章 财务共享服务中心运营管理

学习目标

1. 了解财务共享绩效看板的功能和内容;
2. 了解财务共享作业质量稽核的概念;
3. 熟悉财务共享作业绩效看板的配置方法;
4. 熟悉财务共享作业稽核内容和配置方法;
5. 能够根据集团公司需求完成财务共享服务中心绩效看板展示并形成文案;
6. 掌握财务共享作业绩效看板和作业稽核的需求;
7. 能够测试所配置的财务共享服务中心绩效看板展示方案和作业稽核方案。

德技并修

思政主题:

爱国情怀 共享思维

实施路径:

财务共享服务中心的质量稽核和绩效管理对于共享服务中心运营管理至关重要,在质量稽核中培养学生精益求精、严谨认真的工匠精神。

第一节 财务共享作业绩效管理

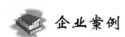 企业案例

一、财务共享作业绩效

财务共享作业绩效管理,就是利用技术手段自动提取 FSSC 作业处理的数据、加工

处理数据,并将这些数据以可视化的形式展现出来,以便用于日常绩效显示、监控以及为员工评价提供参考依据等。如图 9-1 所示就是一个财务共享作业绩效看板示例。

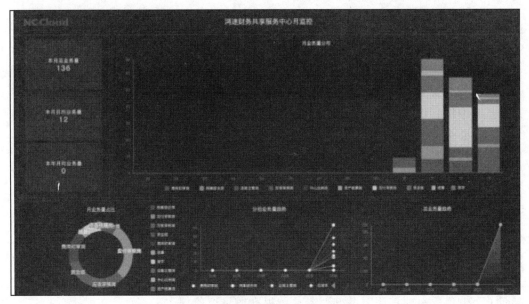

图 9-1　财务共享作业绩效看板示例

二、财务共享作业绩效看板价值

财务共享作业绩效看板是集中以可视化形式展示 FSSC 作业处理数据的载体,它可以满足共享服务中心管理层对共享整体业务管理、监管的需要,实现对共享业务数字化跟踪管理,方便时时查看相关业务数据。财务共享作业绩效看板价值在于可以关注、对比、分析共享流程中每个环节的工作量、工作效率、工作质量。通过绩效看板可以帮助企业集团了解共享服务中心任务的执行情况和运行效率,提高企业内部管理决策方面的有效性、可靠性和准确性。

三、衡量财务共享作业绩效的数据

用来衡量财务共享作业绩效的指标有很多,NCC 系统能够跟踪每一个业务单据在处理时的许多指标数据,如图 9-2 所示。

单据号	交易类型	单据日期	单据金额	报账人	单据提交时间	专岗扫描开始时间	专岗扫描完成时间	专岗扫描时长	专岗扫描人	入池时间	共享初核处理时间	初核处理时长	共享初核人	共享复核处理时间	复核处理时长	共享复核人	签字处理时间	签字处理时长	签字处理人	结算处理时间	结算处理时长	结算处理人	共享审批流程时长	共享付款流程时长	本地流程时长	共享流程时长	全流程时长

图 9-2　NCC 支持的财务共享作业绩效指标

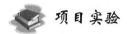

项目实验

一、现状分析

试根据鸿途集团的财务共享服务中心作业绩效考评方案,分析哪些绩效考评指标可以通过绩效看板获取相关数据。请设计财务共享服务中心的绩效看板指标与展示方案,并在系统中进行设置与展示。展示形式与风格尽量美观大方,展示内容适合财务共享服务中心作业绩效大屏投放。

(一)评价组织与标准

1. 评价组织

财务共享服务中心各处室业务处理人员既是质量管理对象,又是一级质量管理员,在保证本岗位工作质量的同时,还负责管控上一工序工作质量,并进行本工序的交叉复核,提供质量检测数据。

财务共享服务中心总经理负责共享服务中心工作质量、效率、态度的日常评价,并定期(至少每月)向集团财务部财务总监提交质量评价报告。

集团财务部财务总监负责财务共享服务中心工作质量效率、态度的总体评价,评价频率根据财务部财务稽核工作计划安排。

财务共享服务中心运营管理处处长负责组织与整体协调质量管理有关工作,组建质量管理团队;对各处室的质量管控工作进行指导;组织质量检查工作;按时发布各类质量报告,提供考核依据;督促有关人员对有关问题进行整改,对整改情况进行通报;负责质量管理体系的建立和完善;负责质量环境建设规范工作;协助培训负责人组织质量管理培训工作。

2. 业务质量评价标准(表 9-1)

表 9-1 共享服务中心业务质量评价指标表

业务类型	评价标的	责任人	考核办法
扫描 (100分)	1. 扫描质量	扫描员	扫描影像不清楚或重叠,单据漏扫或夹页,每单扣5分,共50分
	2. 原始单据	扫描员	原始单据不符合公司要求的,每单扣2分,共20分
	3. 单据台账记录	扫描员	台账内容未核对,每发现一次扣5分,共20分
	4. 影像效果	扫描员	单据影像未上传或不能辨认的,每单扣5分,共10分
归档 (100分)	1. 档案装订质量	归档员	档案装订错误,包括:倒装、缺页、装订错页、卷宗编号错误等。每单扣5分,共20分
	2. 单据匹配	归档员	匹配错误,每单扣5分,共30分
	3. 归档及时性	归档员	未及时归档,每发现一次,扣5分,共15分
	4. 档案调阅	归档员	档案调阅未经审批、登记,每单扣5分,共15分
	5. 档案安全	归档员	档案丢失、毁损,每单扣5分,共20分

续表

业务类型	评价标的	责任人	考核办法
审核核算（100分）	1. 审核报账信息准确	审核会计	未依照制度正确审核，每单扣5分，共30分
	2. 会计核算的科目、金额、币种、期间等正确	审核会计	科目核算信息错误，每单扣5分，共20分
	3. 原始凭证审核无误	审核会计	使用不当原始凭证做账，每单扣5分，共20分
	4. 其他信息准确无误，包括摘要规范、调整说明等	审核会计	错误处理，每单业务扣5分，共20分
	5. 内部对账准确、及时	审核会计	未按时对账或对账错误未查明，每检测出一次扣5分，共10分
资金结算（100分）	1. 准确支付：账户信息准确、金额准确、及时处理未成功支付问题	出纳	支付错误，每单扣5分，共50分
	2. 收付款及时准确	出纳	未及时准确进行收付款确认，每单扣5分，共30分
	3. 系统密码及银行支付保密工具管理	出纳	未按照规定保管密匙和其他银行加密工具，每一项扣5分，共20分
企业报表（100分）	1. 及时编制个体报表	报表会计	未按时提交报表，每延迟一天扣10分，共40分
	2. 保证报表的信息准确	报表会计	报表信息错误，每检测出一项扣10分，共60分

3. 工作时效评价标准

时效目标值是每笔业务从发起到流程处理完毕关闭期间所用时间的目标值。

评价频率：时效评价每月进行一次，在次月的6日前完成上月度的时效评价。

财务共享服务中心时效考核指标见表9-2。

表9-2 财务共享服务中心时效考核指标表

考察内容	考察岗位	说明	时效目标	评价人
单据接收	票据档案岗	从员工提交实物单据到会计初审岗在影像系统中完成接收	2个工作日	绩效负责人
扫描上传		从影像系统接收到扫描并影像上传完成	2个工作日	绩效负责人
单据邮寄		从员工提交单据（项目部无扫描点）或单据扫描上传后到整理汇总邮寄至共享服务中心	1周	绩效负责人
单据移交		从单据扫描上传后到分类整理移交至归档岗	2个工作日	绩效负责人
打印凭证	归档岗	从账务处理完成到打印生成的会计凭证	2个工作日	绩效负责人
匹配顺号		将打印的凭证与原始单据匹配并顺号	2个工作日	绩效负责人
影像复核		从实物单据匹配顺号到影像复核无误确认	2个工作日	绩效负责人
装订归档		从影像复核无误到会计档案装订成册并移送至档案室	2个工作日	绩效负责人
单据初审	结算/费用审核岗	从接收审核任务到初审完成	2个工作日	绩效负责人
单据复审		从接收到复审任务到复审完成生成会计凭证	2个工作日	绩效负责人
出纳付款	资金结算岗	从生成会计凭证到出纳付款成功并确认	2个工作日	绩效负责人

（二）工作质量评价方法

工作质量评价所覆盖的范围主要是业务处理的全过程，包括账务处理，审批流及相关附件单据的真实性、准确性及完整性。质量检测的主要方法为工序检测及分析性检测，因此评价对象既包括财务共享服务中心工作岗位，也包括在机构财务部门设置的财务初审及扫描岗位。

1. 工序性检测规范（表9-3）

表9-3　工序性检测岗位及内容

岗位	内容
会计初审岗（本地财务）	• 原始单据粘贴规范性 • 原始凭证完整性、合规性 • 发票真实性、合规性
票据档案岗	• 实物单据提交及时完整，并按索引号顺序排列 • 单据登记与实物单据一致，无缺漏或不符情况 • 原始实物单据与会计凭证匹配无误，装订整洁、及时 • 会计档案借阅经过审批、登记，并及时归还
费用/结算审核岗（含收入、费用、成本、工程、资产）	• 单据影像清晰，符合扫描要求，没有夹单、漏扫现象 • 原始单据提供完整，并符合相关法律法规要求 • 报销内容符合公司财务制度，报销金额无误 • 业务类型、科目、辅助等选择正确 • 前端审批流程完整 • 系统自动生成的凭证中会计分录正确，金额无误 • 税金计提、申报、缴纳是否及时、准确
资金审核/支付岗	• 银行收款信息与经办人提交信息一致 • 付款信息、网银制单信息完整准确 • 资金收付确认及时、准确
总账主管岗	• 账务处理及时准确 • 总账凭证稽核完整 • 对账、结账及时 • 会计档案归档完整，装订规范
报表分析岗	• 报表编制准确、及时 • 报表项目无遗漏，无错误 • 财务分析编制及时 • 响应业务管理需求分析

2. 分析性检测规范

1）分析性检测的定义

分析性检测是通过数据的逻辑性判断检查质量、工序问题，即通过抽样、专项检查、专项统计、专项分析、流程梳理等方法，定期或专项对工序、质量等指标进行逻辑性、合理性、实操性、规范性等方面的检测、检查和核对。通过检测、检查、核对纠正偏差，完善质量体系和工序，查找偏差的原因，以保证集中核算工作的质量和时效。

2）分析性检测的主要内容

分析性检测由共享服务中心运营管理处通过对会计核算、资金结算、稽核管理、档案管理、运营支撑管理等数据、工序的逻辑性判断,检查其是否符合质量规范的要求。

二、规划设计

用友 NCC 共享服务新一代绩效看板,采用了最新的技术,可以定义多组绩效看板,同时在多个大屏上展示不同的内容。每组绩效看板可以定义多块展板,每块展板可以设置不同的停留时间。每块展板按照 16 宫格细分,可以自由合并或拆分,并定义展示内容。绩效看板支持多个共享中心定义看板,根据案例企业的需求描述,设计案例企业财务共享服务中心作业绩效看板展示方案。

(一)业务流程

财务共享服务中心作业绩效看板操作流程如图 9-3 所示。

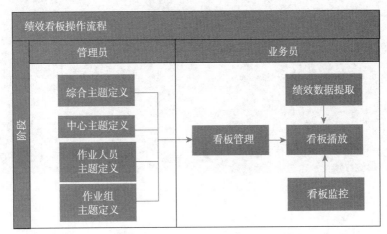

图 9-3　NCC 绩效看板业务流程

(二)应用点清单(表 9-4)

表 9-4　应用点清单具体内容

领域	产品模块	应用点/功能节点	应用类型	职责类型
共享服务	绩效看板	综合主题定义	小应用	管理类
		中心主题定义	小应用	管理类
		作业人员主题定义	小应用	管理类
		作业组主题定义	小应用	管理类
		看板管理	小应用	业务类
		绩效数据提取	小部件	管理+业务类
		看板监控	小部件	管理+业务类

三、业务实操

(一)综合主题定义

(1)以共享中心运营管理岗位进入 NCC 轻量端。

（2）点击"看板管理"—"看板管理"模块。

（3）在"看板管理"界面，点击"综合主题定义"功能，选择共享中心下的作业组，可以查询到对应的日监控和月监控图表，界面如图9-4所示。

图9-4 绩效看板定义——综合主题定义

注意：

（1）确定一个共享服务中心，系统会自动根据这个中心找到已定义的作业组，作业组只能单选，在作业组下可以定义日监控主题和月监控主题。

（2）通过保存图表功能可以把当前图表保存起来，之后能被看板定义时引用。

（3）通过图表清单功能查看当前主题下定义的图表，可进行删除操作。

（4）日监控主题包含的内容有：当日关键数据统计（待处理、已处理、当日新增、上日留存、驳回次数等），业务量日排行（按人）柱形图（大图），分时已处理趋势图，平均处理时长（按人）柱形图，分时待处理趋势图。

（5）月监控主题包含的内容有：当月关键数据统计（本月新增、已处理、日均处理量、驳回次数等），业务量月排行（按人）柱形图（大图），已处理趋势图，平均处理时长（按人）柱形图，驳回量趋势图。

（二）中心主题定义

（1）以共享中心运营管理岗位进入NCC轻量端。

（2）点击"看板管理"—"看板管理"模块。

（3）在"看板管理"界面，点击"中心主题定义"功能，选择共享中心下的作业组，可以查询到对应的月监控图和当日分组统计图表，界面示意图如图9-5、图9-6所示。

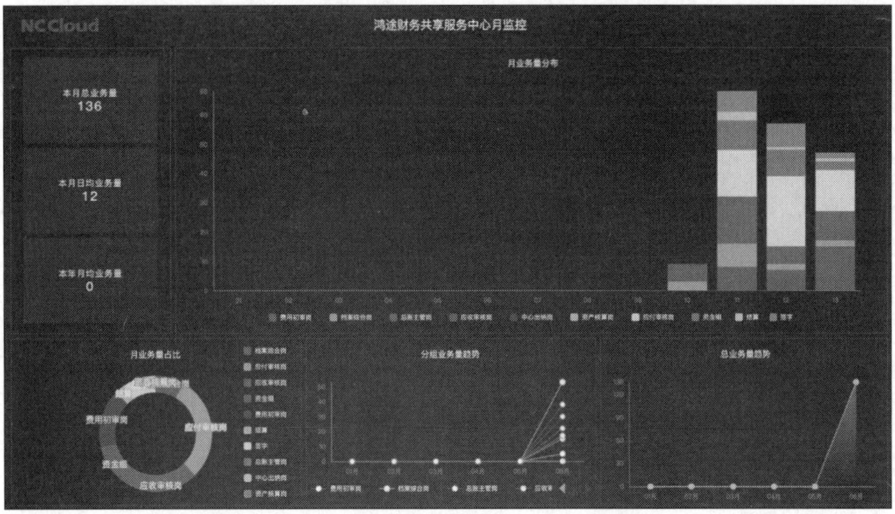

图 9-5　绩效看板定义——月监控图

图 9-6　绩效看板定义——单日分组统计

注意：

（1）确定一个共享服务中心，系统会自动根据这个中心找到已定义的作业组，然后可以选择一个作业组或多个作业组。

（2）选定了当前共享中心作业组后，可以定义该中心的月监控主题。

（3）通过保存图表，把当前图表保存起来，才可以被看板定义时引用。

（4）通过图表清单功能查看当前主题下定义的图表，并进行删除操作。

（5）中心月监控主题包含的内容有：当月关键数据统计（本月总业务量、当月日均业务量、本年月均业务量等），业务量月排行（按人）柱形图（大图），月业务量占比，平均处理时长（按人）柱形图，总业务量趋势图。

（6）中心当日分组统计主题包含的内容有：本月累计单数、当日单据量、已初审（签字）单数、已复审（结算）单数、已退单数、待初审（签字）单数、待复审（结算）单数。

(三)作业组主题定义

(1)以共享中心运营管理岗位进入 NCC 轻量端。

(2)点击"看板管理"—"看板管理"模块。

(3)在"看板管理"界面,点击"作业组主题定义"功能,选择共享中心下的作业组和时间维度与时间范围,可以查看作业组业务量统计表、作业组业务量趋势图、作业组业务量面积堆积图、作业组业务量对比图和作业组单据量分布图,作业组业务量统计表如图 9-7 所示。

图 9-7 绩效看板定义——作业组业务量统计表

注意:

(1)确定一个共享服务中心,系统会自动根据这个中心找到已定义的作业组,然后再选择一个或多个作业组。

(2)选定了当前共享中心作业组后,可以定义所选作业组的各种业务量统计。

(3)定义这些统计表时,还需要确定时间维度,分别是按天、按周、按月,所谓按天是指以每天为单位进行统计和展示,按周是指以周为单位进行统计和展示,不足一周的按整周对待,按月是指以月为单位进行统计和展示,不足一月的按整月对待。

(4)时间范围,是指统计的时间区间,可选值为本周或本月,也可以指定近几个月的,或者自由指定查询统计的时间区间。

(5)选择主题,即确定展示的风格与色调,系统默认了三种风格,还可以自定义主题风格,分别选择文字颜色、图形颜色等,并可上传背景图片。

(6)定义以后还需要操作保存图表,把当前图表保存起来,才可以被看板定义时引用。

(7)可通过图表清单功能查看当前主题下定义的图表,并进行删除操作。

(8)作业组主题包含的内容有:作业组业务量统计表(按指定的时间维度和作业岗位展现的二维表)、作业组业务量趋势图(以折线图展示作业组或岗位的业务量趋势)、作业组业务量面积堆积图、作业组业务量对比图、作业组单据量分布图等,以作业组为集合进行统计和展现的各种形式的图或表。

（四）作业人员主题定义

（1）以共享中心运营管理岗位进入 NCC 轻量端。

（2）点击"看板管理"—"看板管理"模块。

（3）在"看板管理"界面，点击"作业人员主题定义"功能，选择共享中心下的作业组和时间维度与时间范围，可以查看人员作业量统计表、人员驳回率统计图、人员作业量统计图和作业组作业量统计图，如图9-8、图9-9所示。

图 9-8　绩效看板定义——人员作业量统计表

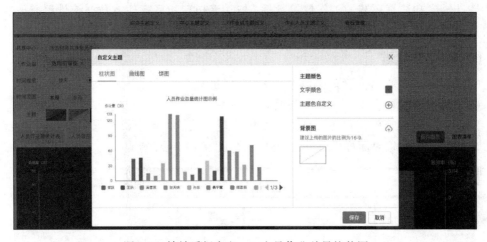

图 9-9　绩效看板定义——人员作业总量柱状图

注意：

（1）确定一个共享服务中心，系统会自动根据这个中心找到已定义的作业组，然后再选择一个或多个末级作业组（代表岗位），所选作业组必须同属于一个上级作业组。

（2）选定了当前共享中心作业组后可以定义统计所选作业组下各个人员的业务量。

（3）定义这些统计表时，还需要确定时间维度，分别是按天、按周、按月，所谓按天，是指以每天为单位进行统计和展示，按周是指以周为单位进行统计和展示，不足一周的按整周对待，按月是指以月为单位进行统计和展示，不足一月的按整月对待。

（4）时间范围，是指统计的时间区间，可选值为本周或本月，也可以指定近几个月的，或者自由指定查询统计的时间区间。

（5）选择主题，即确定展示的风格与色调，系统默认了三种风格，还可以自定义主题风格，分别选择文字颜色、图形颜色，并上传背景图片。

（6）定义以后还需要操作保存图表，把当前图表保存起来，才可以被看板定义时引用。

（7）通过图表清单功能查看当前主题下定义的图表，并进行删除操作。

（8）作业人员主题包含的内容有：人员作业量统计表（按指定的时间维度和作业人员展现的二维表，包含的指标有：通过数量、驳回数量、总处理时长、平均处理时长、驳回率），人员驳回率统计图（以柱形图展示作业人员的审批通过业务量，驳回业务量和驳回率情况），人员作业量统计图（以柱形图展示指定区间内每个作业人员的作业量），作业组业务量统计图等，以所选作业组下的作业人员为单元统计和展现的各种形式的图或表。

（五）资金签字与结算

绩效看板支持同时统计资金签字和结算环节的工作量，由于资金签字和结算环节没有定义在流程中，并且也不能像共享那样定义作业组和作业岗位，所以在实现过程中，就把资金签字和结算固化成两个固定的岗位，如果要取这两个环节的绩效数据时，就不能按照实际客户定义的作业组进行选择统计，只能选择系统固化的资金签字和结算这两个作业组进行统计，否则不能得到正确的统计结果。

统计签字和结算环节的工作量等数据，与共享初审和复审环节数据统计思路要一致，如待处理单据数、已处理单据数等。

（六）看板管理

（1）以共享中心运营管理岗位进入 NCC 轻量端。

（2）点击"看板管理"—"看板管理"模块。

（3）在"看板管理"界面，点击"看板管理"功能，点击"设置"按钮，进入看板设置界面，绩效看板界面如图 9-10、图 9-11、图 9-12 所示。

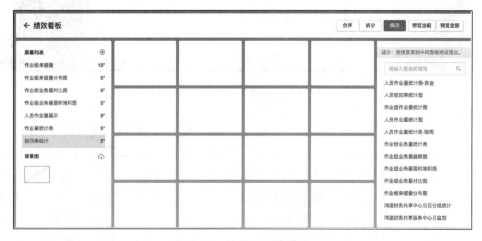

图 9-10　绩效看板管理 1

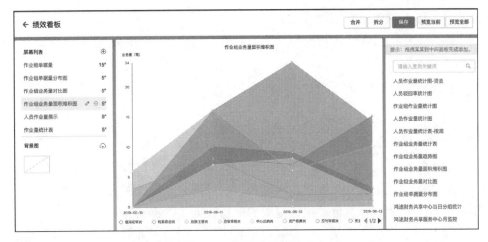

图 9-11　绩效看板管理 2

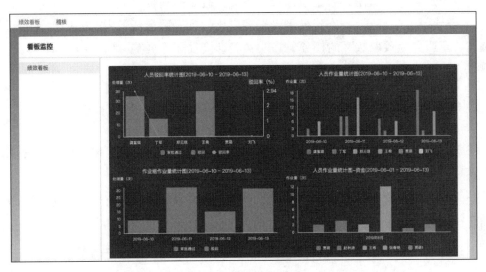

图 9-12　绩效看板管理 3

注意：

（1）打开看板管理，可通过"新增"并录入看板名称和序号后，增加一组看板并对该组看板进行设置。

（2）设置界面的左侧为已增加的每一块看板及排列顺序，中间为当前看板的预览效果图，右侧为待选的资源，具体为之前在各个主题定义保存的各类图表。

（3）设置界面左侧的屏幕列表里增加一块看板，录入每一块看板的名称、显示时间、排列序号后，"确定"即增加一块空的看板。

（4）空的看板默认为 16 宫格，16 宫格是最细的颗粒度，不能再细分了。一张图表只能在同一个宫格展现，不可以跨宫格展现。可以拖选相邻的四方格，进行合并宫格的操作，合并后的区域既可以完整地定义和展现图表，还可以对已合并的宫格进行拆分操作。

（5）通过预览当前展板看看实际效果，当整组看板定义好，可通过预览全部看看实际滚动效果，不满意就重新编辑修改。

（6）实际展示的时候，先切换到预览的效果，然后用 Windows 连接到投影仪，把当前浏览器视窗拖到另外界面上。

（七）绩效数据提取

（1）以共享中心运营管理岗位进入 NCC 轻量端。

（2）点击"看板管理"—"绩效数据提取"模块。

（3）绩效看板所使用的数据，需要先进行提取，然后才能被看板统计并展现。第一次使用绩效看板时，需要手工触发提取动作，后续则由系统按照每五分钟的频率自动提取数据。看板实际展示时，自动根据提取的最新数据实时刷新。

（4）绩效数据提取自动执行，是通过预置了一个后台任务实现的，当数据提取失败时，可以通过定义后台任务的通知方式，如邮件通知提醒客户。

（5）配置方法：打开"动态建模平台—客户化配置—后台任务中心—后台任务部署"，找到"共享服务绩效取数"的任务，修改，消息接收配置页签，增加用户即可。

（八）看板监控

（1）以共享中心运营管理岗位进入 NCC 轻量端。

（2）点击"看板管理"—"看板监控"模块。

（3）"看板监控"小部件的功能主要面向管理员使用，在有多组看板的情况下，可以在该小部件上轮流展示每一组看板。

（4）当看板监控上展示有异常情况时，实际大屏上该组的看板展示也是异常的，可提醒管理员及时处理，绩效看板监控界面如图 9-13 所示。

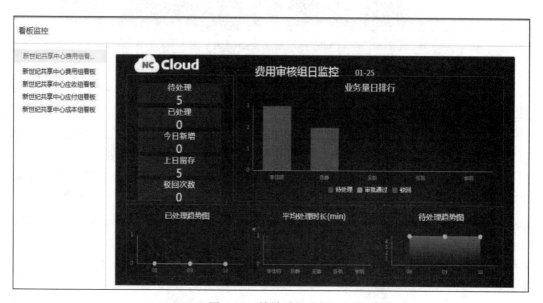

图 9-13　绩效看板监控

第二节　财务共享作业稽核

一、财务共享作业稽核内容

（一）稽核

稽核是稽查和复核的简称，会计稽核是会计机构本身对于会计核算工作进行的一种自我检查或审核工作。内部稽核制度是内部控制制度的重要组成部分，其目的在于防止会计核算工作上的差错和有关人员的舞弊。通过稽核，对日常会计核算工作中出现的疏忽、错误等及时加以纠正或者制止，以提高会计核算工作的质量。会计稽核是会计工作的重要内容，也是规范会计行为、提高会计资料质量的重要保证。

（二）样本

所考察对象的某一数值指标的全体构成的集合作为总体，构成总体的每一个元素作为个体，从总体中抽取一部分个体所组成的集合叫做样本，样本中的个体数目叫做样本数量。

（三）分层抽样

抽样时，将总体分成互不交叉的层，然后按照一定的比例，从各层中独立抽取一定数量的个体，得到所需样本，这样的抽样方法为分层抽样。

（四）共享稽核

共享稽核，是针对流入共享中心的单据进行的稽核，即以共享服务中心的作业任务为对象而进行的。通过检查共享服务各个岗位人员是否按照操作规范及操作要求处理作业，加强中心所有员工的质量意识，生产出符合质量保证的作业成果；同时根据检查结果不断总结、归纳发生问题的原因，并提出解决办法，从而为不断完善制度和规则提供依据。

二、共享稽核的价值

利用分层抽样的技术，从共享服务处理的历史作业任务中抽取有代表性的单据，进行检查，对发现的问题进行记录，通知作业人员整改，描述整改过程，进而评估共享服务的作业处理情况，指导共享服务中心建立健全内控制度，堵塞漏洞，提高管理水平。

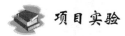

一、现状分析

（一）总体描述

根据鸿途集团财务共享绩效稽核需求，参照鸿途集团财务共享服务中心作业绩效考评方案，设计并创建鸿途集团财务共享服务中心稽核任务，抽查并稽核单据，最终能够查看到鸿途集团财务共享中心作业稽核报告。

鸿途财务共享服务中心建成之后，共享中心会计核算质量管理主要面临以下几个问题：

1. 核算规范

共享中心服务的各成员单位管理水平及业务复杂程度存在差异化，没有一套标准、规范的核算管理办法；共享中心随着业务规模的逐步增加，新员工不断增加，各核算岗位不能按照统一的规范操作。

2. 质量检测

会计核算集中后，如何通过常规检查和随机检查相配合的方式控制核算质量；如何将监督手段与员工日常工作相结合，保证质量检测常态化和持续化。

3. 质量评价

如何建立一套切实可行的会计核算管理体系，保证质量评价的客观公正性。

面对上述问题与挑战，财务共享服务中心必须实现日常岗位操作规范、财务信息处理检查机制与管理评价的有机衔接，从组织、文化、制度、培训四个方面营造核算质量管理氛围，建立起一套完善的财务信息稽核管理体系。

（二）需求描述

1. 范围

已生效的共享单据，能够支持抽检，结果反映到共享单据上，支持统计结果的查询。抽检时需要根据财务共享服务中心作业绩效考评方案，结合鸿途集团财务共享服务中心的业务量及资源情况设计稽核方案，并在系统中录入相关内容，出具稽核报告。

2. 稽核方案设计考虑因素

（1）范围的设定（组织、交易类型、审核人、收支项目、是否抽检等）。

（2）时间的设定。

（3）抽检的比例。

（4）对抽检结果的统计分析等。

二、规划设计

（一）业务流程

共享作业稽核，是针对流入了共享中心的单据为目标范围进行的稽核，即以共享服务中心的作业任务为对象而进行的。通过检查共享服务各个岗位人员是否按照操作规范及操作要求处理作业，加强中心所有员工的质量意识，产出符合质量保证的作业成果；同时根据检查结果不断总结、归纳发生问题的原因，并提出解决办法，从而为不断完善制度和规则提供依据。

财务共享稽核业务流程如图 9-14 所示,其中"整改"环节为信息系统外的线下操作。

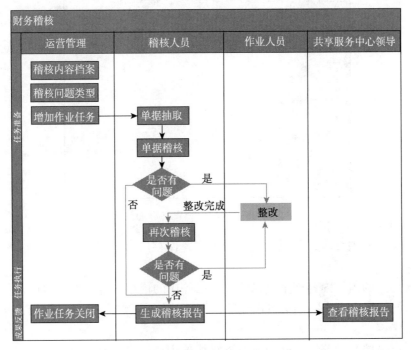

图 9-14　财务共享作业稽核操作流程

(二)NCC 相关功能节点清单(表 9-5)

表 9-5　NCC 相关功能节点清单

领域	产品模块	应用点/功能节点
共享服务	共享作业稽核	稽核内容
		稽核问题类型
		稽核任务
		单据抽取
		单据稽核
		稽核报告

三、业务实操

(一)稽核内容定义

(1)以共享中心运营管理岗位进入 NCC 轻量端。

(2)点击"共享稽核"—"稽核内容"模块。

(3)在"root 稽核内容"右侧点击"⊕",添加内容编码和内容名称,稽核内容的定义界面如图 9-15 所示。

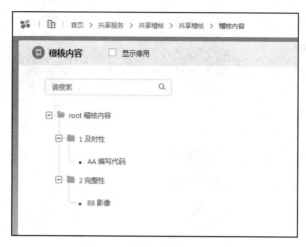

图 9-15 稽核内容定义界面

（4）定义稽核内容时，可以设置多级档案，保存后自动启用。

注意：

（1）已启用的稽核内容档案可以停用，已停用的稽核内容档案不可以被稽核任务引用；已停用的稽核内容末级档案可以删除，即使该档案已被稽核任务引用；非末级档案不可以删除。

（2）非末级档案的停用，会把所有下级均停用，但启用时，只启用本级。

（3）已删除的稽核内容档案不会再显示在单据稽核界面，即使它已经被分配给当前任务。

（4）这是一个全局型的档案，可以被所有的共享服务中心使用。

（5）随着业务复杂度的提高，需要检查稽核的内容也越来越多，会导致在稽核时漏掉关键内容未检查，所以要先定义稽核的检查内容，然后再明确到任务中，在稽核时给予提醒，以确保稽核的有效性。

（二）稽核问题类型定义

（1）以共享中心运营管理岗位进入 NCC 轻量端。

（2）点击"共享稽核"—"稽核问题类型"模块。

（3）在"root 稽核问题类型"右侧点击"⊕"，添加问题类型编码、名称，录入扣分标准，选择"严重程度"，稽核问题的严重程度系统默认为五类：非常严重、严重、一般、轻微、很轻微，定义界面如图 9-16 所示。

图 9-16 稽核问题类型定义界面

注意：

（1）在启用稽核任务时，应先尽可能列举出可能会出现的所有问题，统一规划并对这些问题进行归类，确定其严重程度和扣分值。

（2）定义稽核问题时，可以设置多级档案，保存后自动启用。

（3）已启用的稽核问题档案可以停用，已停用的稽核问题档案不可以被稽核时选择和计算；已停用的稽核问题末级档案可以删除，但如果该档案已被稽核时选择引用，则不可以删除。

（4）非末级档案不可以删除；已被使用的问题档案不可以修改扣分标准和严重程度等内容。

（5）非末级档案的停用，会把所有下级均停用，但启用时，只启用本级。

（6）已被使用的稽核问题档案也不可以被修改，应谨慎并事先规划好各类问题档案。

（7）这是一个全局型的档案，可以被所有的共享服务中心使用。

（8）稽核问题类型用于在稽核时发现了问题以后，标记出该问题的类型，自动显示当前问题的严重程度，进而计算出因为该问题的出现应扣的分数，统一标准，减少稽核人员的主观性，使评价更为客观。

（三）稽核任务创建

每一次稽核都需要由管理人员发起一个稽核事项，明确本次稽核包含的单据范围，比如时间区间、作业组、本次稽核要关注的重点内容等，以及稽核以后的阶段性评价和成果汇报，这个事项的表现形式就是稽核任务。

稽核任务有多个状态，内容及含义如表 9-6 所示。

表 9-6 稽核任务状态及内容

序号	状态	解释
1	保存	任务保存或启用后的取消
2	已启用	任务已启用
3	已抽取	单据按照抽样范围进行了抽取
4	已确认	对单据抽取的结果进行了确认
5	已稽核	只要有一张单据的稽核状态为已稽核
6	已报告	生成了稽核报告
7	已关闭	报告审核通过后自动关闭

操作步骤：

（1）以共享中心运营管理岗位进入 NCC 轻量端。

（2）点击"共享稽核"—"稽核任务"模块。

（3）在"稽核任务"窗口，点击"新增"按钮，录入稽核任务参数后点击"保存"按钮，定义界面如图 9-17 所示。

稽核任务是在每一个共享服务中心下定义的，不同的共享服务中心不可以共用同一个稽核任务；稽核任务定义以后，还需要给这些任务分配稽核内容，用以稽核人员在稽核时，都清楚自己要关注哪些方面。稽核内容在稽核任务保存以后可以随时分配和取消

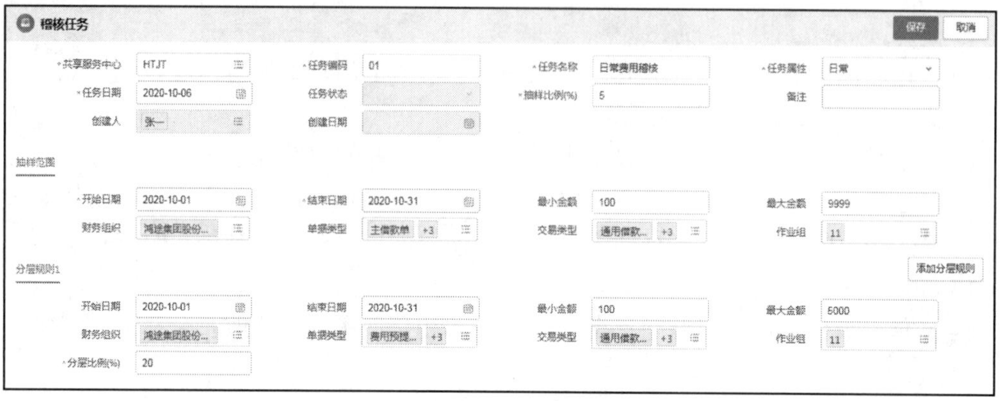

图 9-17　财务共享稽核任务创建界面

分配,只要该任务未关闭;稽核时按照最新的分配内容显示。

定义稽核任务时,必须要确定抽样范围及抽样比例,抽样范围有日期范围、组织范围、金额范围、单据范围、作业组等维度,其中日期范围是必须指定的,其他的维度可指定也可不指定;定义稽核任务时,如果对稽核的单据有较高的要求,希望能尽最大可能地抽出有代表性的单据,也可以定义分层规则。

所谓分层规则,就是在大的样本总体里划分出若干区域,然后将这些区域分别对待,根据每个区域的重要程度和风险程度指定不同的抽样比例;分层规则最多只能定义五个,也可以不定义。分层规则的说明如下:

分层比例是指按照这一规则下抽取的样本数占所有样本的比例要在指定的比例之上,除非按照分层比例的所有单据合计数达不到分层比例;所有的分层比例之和就小于等于 100%,如果小于 100%,剩余的抽取就随机了;如果不同的分层规则条件圈定的范围相互之间有交叉,则按照各自的规则抽取,即一张单据可同时满足两个或两个以上的分层规则;分层规则的分层条件不能全部为空,至少应限定一个条件。

【举例】财务共享单据库里总共有 10 万多张单据。本次指定的抽样如下:

(1)总体范围:财务组织 A、B、C,日期为 2020 年 7 月 1 日至 2020 年 7 月 31 日,总体单据数为 1000 张。指定的抽样比例为 10%。则抽样样本数为:1000 × 10% = 100(张)单据。

(2)定义分层规则:因为指定了财务组织的范围,所以分层规则只能在 A、B、C 三个组织内定义;因为指定了日期范围,所以分层规则只能是 8 月份的单据,其他不限。

(3)如果定义了分层规则,财务组织 A,金额范围为 1000~10000 元,分层比例为 20%,则抽取满足这个要求的单据数至少为 100 × 20% = 20(张)。如果在这个范围的单据不足 20 张时,也算符合要求。(由于已经在抽样的总体范围里指定了要抽取 8 月份单据,所以如果分层规则没有指定日期范围,则仍然隐含着要抽 8 月份的单据条件)假如此次抽取了 10 张。

注意:指定分层时,不应超过抽样范围,否则会导致不能正确地抽取样本单据。

(4)如果又定义了一条规则,财务组织 A、B,日期为 2020 年 8 月 5 日至 2020 年 8

月 31 日的单据，分层比例为 15%，则在上一个条件抽取完单据后，按照这个条件接着抽取，只要满足这个条件即可，即使这个规则与上一个规则的集合有部分交叉也不影响。此次足额抽取了 15 张单据。

（5）还应继续抽取 100－10－15＝75（张）单据，这些单据应该在剩余的 1000－10－15＝975（张）单据里随机抽取，这些单据有的符合上面两个分层条件，有的不符合，均属正常。

规则分层的集合关系如图 9-18 所示。

图 9-18　规则分层图示

（四）单据抽取和确认

（1）以共享中心作业组长岗位进入 NCC 轻量端。
（2）点击"共享稽核"—"单据抽取"模块。
（3）在"单据抽取"界面，选择共享服务中心、稽核任务、财务组织等信息，点击"查询"，进行"抽取"数据处理，待稽核的共享单据抽取后，需要进行确认。单据抽取和确认的界面如图 9-19 所示。

图 9-19　单据抽取及确认界面

任务启用以后，就可以进行单据抽取了。单据抽取就是按照当前稽核任务所定义的抽样范围和分层规则从样本总体里随机抽取单据，供稽核使用；在当前抽取的结果未确认前，可以无限次抽取单据，下一次抽取的结果覆盖上一次的结果；抽取结果未确认前，任务还可以取消启用；抽取结果确认后，任务就不可以取消启用了；抽取结果确认后，不可以再抽取单据；未进行稽核的任务可以取消单据抽取的确认；稽核结果同时会反馈到已抽取的单据列表中，如果想实时查看当前任务的每张单据稽核明细情况，可以在此查看。

（五）单据稽核

单据抽取的结果确认以后，就可以进行单据稽核了。一旦开始稽核操作，单据抽取的结果就可以取消确认；如果已稽核了多张单据，发现还需要重新抽取单据，则需要把每张已稽核的单据恢复为未稽核的状态，才可以取消确认，重新抽取单据。

多个单据可以同时稽核，只要有当前任务的权限；稽核时，应参照稽核内容的提示进行稽核；可以标注稽核说明以备忘；针对无问题的单据，可以直接点"通过"，当前单据自动更新为已稽核的状态；如果发现了当前单据的一个或多个问题，则需要选择发现的问题类型，系统自动带出所选问题的严重程度和扣分标准；对当前单据严重程度的评价，自动取所选择的最严重问题的严重程度。发现了稽核问题，如果需要整改，应线下通知共享作业人员进行整改，并对整改的结果进行检查，符合要求后，记录整改过程，并完成稽核，如果不符合要求，可以要求作业人员重新整改。

稽核时，支持根据单据列表上下翻页依次稽核；可以查看当前单据的卡片界面，联查凭证、联查影像、联查附件、联查电子发票、联查工作流、联查上下游单据等与当前单据有关的所有信息，但不可做任何修改。

操作步骤：

（1）以共享中心作业组长岗位进入 NCC 轻量端。

（2）点击"共享稽核"—"单据稽核"模块。

（3）在"单据稽核"界面，选择共享服务中心、稽核任务、财务组织等信息，点击"查询"进入财务共享稽核作业及处理界面，如图 9-20、图 9-21 所示。

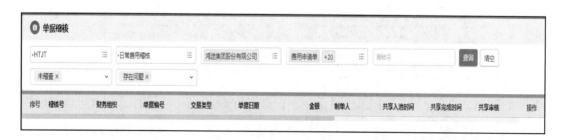

图 9-20　财务共享作业稽核查询界面

图 9-21　财务共享作业稽核处理界面

（六）稽核报告

当前任务的所有单据均已稽核后，就可以生成稽核报告了。生成报告时，系统会自动计算出当前任务的单据抽取情况、稽核结果情况，并根据稽核的结果自动给出一个评分（满分 100）和该评分对应的此次整个稽核任务的评价。系统默认给出的评分是可以根据对稽核情况的评价进行人工修正。

稽核评分与评价的对应情况见表 9-7。

表 9-7　稽核评分及评价对应表

序号	评分区间	稽核评价
1	90～100 分	优秀
2	80～89 分	良好
3	60～79 分	中等
4	59 分以下	差

报告生成的同时可以统计出各种稽核的问题，并可以按这些问题联查单据的明细情况。生成稽核报告时，还可以通过图形展示出抽样情况统计、稽核情况统计、稽核结果统计，一目了然。生成的稽核报告需要审核后才生效，审核通过后，此次的稽核任务工作就算全部完成了，系统会自动关闭当前稽核任务。此时不能对当前稽核任务做任何处理和修改了。

如果取消审核当前的稽核报告，系统会自动打开当前的稽核任务。生成稽核报告以后，可以将稽核报告截图或打印出来送共享服务中心领导审阅。

操作步骤：

（1）以共享中心作业组长岗位进入 NCC 轻量端。

（2）点击"共享稽核"—"稽核报告"模块。

（3）在"稽核报告"界面，选择共享服务中心、稽核任务等信息，点击"查询"后生成一个财务共享作业稽核报告，如图 9-22 所示。

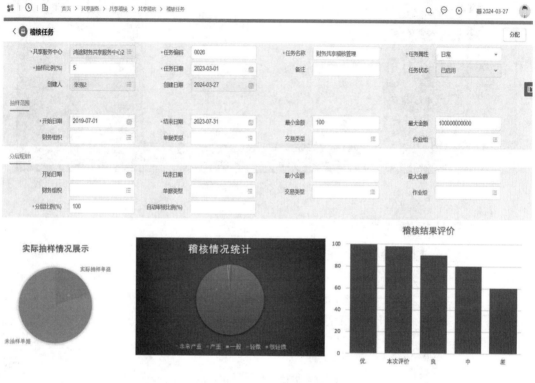

图 9-22　财务共享稽核报告

同步训练

1. 根据鸿途集团 FSSC 绩效看板需求，设计鸿途集团财务共享作业绩效看板设计方案，并分配角色；
2. 分小组完成 NCC 系统的配置；
3. 按照角色进行分工，协作处理绩效看板设置与展示；
4. 以小组形式汇集构建配置与测试过程视频或截图，并以 PPT 文件形式上传分享。

即测即练

自学自测　扫描此码

参 考 文 献

[1] 张洪波，李迎，翟晶晶. 财务共享服务实务[M]. 北京：高等教育出版社，2021.
[2] 陈虎，孙彦丛. 财务共享服务[M]. 大连：东北财经大学出版社，2022.
[3] 石贵泉，宋国荣. 智能财务共享[M]. 北京：高等教育出版社，2021.
[4] 付建华，刘梅玲. 财务共享—财务数字化案例精选[M]. 上海：立信会计出版社，2021.
[5] 董红杰. 财务共享虚拟仿真实训教程[M]. 北京：经济科学出版社，2022.
[6] 新道科技股份有限公司. 财务共享服务业务处理[M]. 北京：高等教育出版社，2021.

教师服务

感谢您选用清华大学出版社的教材！为了更好地服务教学，我们为授课教师提供本书的教学辅助资源，以及本学科重点教材信息。请您扫码获取。

≫ 教辅获取

本书教辅资源，授课教师扫码获取

≫ 样书赠送

企业管理类重点教材，教师扫码获取样书

 清华大学出版社

E-mail: tupfuwu@163.com
电话: 010-83470332 / 83470142
地址: 北京市海淀区双清路学研大厦B座509

网址: https://www.tup.com.cn/
传真: 8610-83470107
邮编: 100084